KB202419

한 번 읽으면
절대 잊을 수 없는
철학 교과서

한 번 읽으면
절대 잊을 수 없는
철학 교과서

네오고등유민 지음 | 김정환 옮김

시그마북스
Sigma Books

한 번 읽으면 절대 잊을 수 없는

철학 교과서

발행일 2024년 11월 5일 초판 1쇄 발행
지은이 네오고등유민
옮긴이 김정환
발행인 강학경
발행처 시그마북스
마케팅 정제용
에디터 신영선, 최연정, 최윤정, 양수진
디자인 이상화, 강경희, 정민애

등록번호 제10-965호
주소 서울특별시 영등포구 양평로 22길 21 선유도코오롱디지털타워 A402호
전자우편 sigmabooks@spress.co.kr
홈페이지 http://www.sigmabooks.co.kr
전화 (02) 2062-5288~9
팩시밀리 (02) 323-4197
ISBN 979-11-6862-286-9 (03100)

철학에는 '하나의' 스토리가 있다!

"어려운 용어만 잔뜩 나올 뿐 뭐가 재밌는 건지 모르겠어."

"애초에 정답이 없는 추상적인 문제로 말장난을 하는 게 전부 아니야?"

철학에 관해 이런 식으로 생각하는 사람이 많지 않을까 싶다. 대학원에서 고대 그리스 철학을 연구해 석사 학위를 받았고 그 후 일본 최초의 철학 유튜버로서 약 6년 동안(2024년 3월 시점) 활동하고 있는 나로서도 충분히 수긍이 가는 평가다.

왜 철학은 난해하며 공부하기 어렵다는 말을 듣고, 용기를 내서 공부를 시작해도 제대로 이해하지 못한 채 도중에 좌절해 버리는 사람이 많은 것일까? 본문에서 자세히 설명하겠지만, 그 주된 이유로는 '수학이나 어학 같은 교과서가 없다는 점', '해설서의 구성에 문제가 있다는 점' 등을 들 수 있다.

철학에는 공식이나 문법 같은 규칙이 존재하지 않는다. 그래서 모두가 수긍할 수 있는 답이나 출발점을 만들어내기가 너무나 어렵다. 가령 철학자 데카르트는 "나는 생각한다. 고로 나는 존재한다."라는 유명한 말을 남겼는데, 수많은 철학서가 이 말의 의미를 해설했지만 실제로는 그가 말한 '사고'라든가 '존재'라는 단어를 어떻게 이해할 것인가에 관해서조차 아직까지 정설이 없으며 공통된 견해도 없는 것이 현실이다. 지금도 수많은 연구자가 거의 매일같이 새로운 해석을 내놓고 있다.

또한 '정확함과 이해하기 쉬움의 균형을 맞추지 못한 해설서가 많은' 것도 사실이다. 정확함만을 추구하면 앞에서 이야기한 '어렵고', '추상적인' 책이 되어 버린다. 반대로 이해하기 쉬움만을 추구하면 잘못된 이해를 초래할 우려가 있으며, 수박 겉핥기 수준의 가벼운 지식밖에 얻지 못한다.

이런 이유에서 철학은 공부를 갓 시작한 사람에게 매우 허들이 높고 재미없는 학문이라는 잘못된 인식이 널리 퍼진 것이다.

아울러 세상에는 철학 용어를 순서대로 나열하면서 '정답'이나 '정설'을 해설하는 형식의 철학 입문서가 다수 존재한다. 그러나 철학 공부의 참맛은 정답이나 정설을 알지 못하더라도 의문을 품고 '어째서일까?', '더 나은 삶을 살려면 어떻게 해야 할까?' 등을 열심히 궁리하는 데 있다. 그런 궁리는 우리의 삶의 자세를 되돌아보는 계기가 되어 주기도 한다. 요컨대 철학은 '더 나은 삶을 살기 위한 도구'라고 말할 수 있는 것이다.

이 책에서는 하나의 스토리를 따라가면서 철학자들이 품었던 의문의 역사를 해설한다. 시대를 넷으로 구분하고 시대별로 15명씩 총 60명의 철학자를 주인공으로 삼아 한 번만 읽어도 철학의 기본을 이해할 수 있도록 구성했다. 또한 스토리의 기본적인 관점으로는 '두 가지 원류 사상과 대립축'이라는 콘셉트를 설정했다. 이것은 철학이 고대에 탄생한 두 가지 사상에서 시작되었다는 관점이다. 그 두 가지 사상은 같은 사항에 의문을 품으면서도 각기 다른 생각에 도달했다. 이후 시간이 흐르면서 시대에 따라 철학자들의 관심과 전제가 조금씩 변화하고 의문 자체도 형태를 바꿔 나갔는데, 바로 그 과정이 철학의 역사다.

이 콘셉트를 통해서 위대한 철학자들이 내놓은 주장의 가장 중요한 포인트와 그들의 사고 과정을 하나의 스토리로 읽어 나가다 보면 그토록 다가가기 어렵게 느껴졌던 철학이 어느 순간 친근하고 재미있는 학문으로 느껴지기 시작할 것이다. 고대부터 현대에 이르는 철학의 정수를 눈 깜짝할 사이에 정신없이 읽어 나갈 수 있도록 이 책을 썼다. 특히 앞으로 철학을 공부해 보려는 학생이나 사회인에게는 여러 번 읽을 가치가 있는 최적의 책이라고 생각한다.

네오고등유민

차례

제1장   [고대] 자연철학 vs 형이상학

제2장 [중세] 크리스트교 vs 그리스 철학

제3장 [근대] 자연 세계 vs 인간 이성

제4장 [현대] 구철학 vs 신철학

'철학의 역사'가 이해되지 않는 이유는 구성에 문제가 있기 때문

 지금까지의 철학 역사는 균형이 잡혀 있지 않았다

철학은 매우 어려운 학문이다. 그러나 철학의 중요성을 인식하고 관심을 품는 사람 또한 많은데, 철학자들의 생각을 역사의 형태로 정리하는 방법(이른바 철학사)은 그런 사람들의 철학 입문을 돕는 재료로서 매우 중시되고 있다.

다만 해설서를 읽는다고 해도 철학의 역사를 이해하기는 역시 쉽지 않을 것이다. 그 이유 중 하나가 구성의 문제다. 예를 들면, 명목상으로는 고대에서 현대까지의 통사(通史)임에도 고대나 중세의 분량이 근현대보다 적은 경우가 많다. 고대는 **소크라테스·플라톤·아리스토텔레스**가 중심이고, 중세는 거의 무시당하는 것이 현실이다(최근에는 재조명되고 있지만).

그러나 **철학을 역사의 형태로 공부하는 의미 중 하나는 옛 시대에 철학자들이 의문을 품었던 문제가 근현대에도 형태만 바뀐 채 반복되고 있음을 깨닫게 된다**는 점이다. 실제로 고대와 중세의 철학을 공부하면 근현대의 철학이 보이는 경우가 꽤 있다. 그런데도 처음부터 옛 시대를 경시하는 구성이면 당연히 본래 이해할 수 있었을 것도 이해하지 못하게 된다.

요컨대 철학이 이해되지 않는 원인은 독자의 소양 부족이라기보다 잘못된 책 구성에 있다. 중세를 경시하는 것은 근대 특유의 가치관에 불과하며, 아직도 그 가치관을 답습하고 있는 철학사는 이제 슬슬 퇴장시켜야 한다. 그래서 이 책에서는 **각 시대의 중요성을 동등하게 평가한다는 방침에 따라 시대별로 15명의 철학자를 소개**한다. 특히 중세를 이 정도로 비중 있게 다루는 것은 통사 형식의 입문서에서는 거의 유례를 찾아볼 수 없는 획기적인 구성이다.

시대 구분

고대 1,000년	중세 1,000년	근대 200~300년	현대 100~200년

기존 철학사의 구성

고대 3명+α	중세 0~3명	근대 다수	현대 다수

• 통사라면서 고대와 중세는 분량이 왜 이것뿐이지?
• 시대를 초월한 문제의식을 파악할 수 없군.

이 책의 구성

고대 15명	중세 15명	근대 15명	현대 15명

• 고대부터 현대까지 전부 분량이 같네!
• 전체적인 흐름과 포인트가 일목요연해.

어려운 철학을 정확하고 쉽게 이해하는 방법

 '정확함과 이해하기 쉬움의 균형'이라는 '딜레마'

이 책에서 철학자의 사상을 해설할 때 의식한 포인트는 두 가지다.

- **무엇이 중요한가? (요점)**

- **왜 중요한가? (의의)**

이 두 가지를 해결함으로써 정확함과 이해하기 쉬움의 균형을 맞추려고 노력했다. 철학의 주제는 애초에 복잡하고 어려운 이야기다. 화제도 광범위하다. 그래서 난해한 철학을 정확히 설명하려 하면 그 설명 역시 난해하고 이해하기 어려워진다. 문제는 그렇다고 해서 쉬운 이해를 우선해 단순화하거나 비유를 사용하면 자칫 오해를 부를 수 있다는 것이다.

그 결과 수많은 철학 입문서가 '내용은 정확하지만 이해하기 어렵게 쓰인 책' 아니면 '이해하기 쉽게 쓰였지만 내용이 부정확한 책'이 되고 말았다. 좋은 입문서가 되려면 정확함과 이해하기 쉬움의 균형을 잘 잡아야 한다.

이 책의 경우는 '무엇이 중요한가?'에서 정확함을, '왜 중요한가?'에서 이해하기 쉬움을 의식했다. 각 철학자의 특히 중요한 이야기를 정확하게 파악하고 그들의 사고 흐름과 현대의 관점에서 바라본 의의를 해설했다. **철학자들은 다들 난해한 이야기를 하지만, 그런 이야기를 하게 된 이유나 과정은 의외로 단순하다.**

각 철학자의 포인트를 해설하면서 전체의 흐름을 조망할 수 있도록 하나의 거대한 스토리성을 부여했다. 이에 관해서는 다음 항목에서 설명하겠다.

① 철학의 화제는 굉장히 많다

[기존의 철학사]

┌─ 철학 ─
│ 형이상학
│ 윤리학
│ 정치철학
└

플라톤의
• 형이상학
• 윤리학
• 정치철학

아리스토텔레스의
• 형이상학
• 윤리학
• 정치철학

[이 책]

형이상학을 주된 화제로 삼고 다른 것은 최소한으로

| 형이상학 |

플라톤

| 형이상학 |

아리스토텔레스

※ 형이상학은 세계 또는 존재의 근거를 고찰하는 철학

② 정확함과 이해하기 쉬움의 균형이라는 딜레마

[기존의 철학사]

정확하지만
이해하기
어렵다

or

이해하기
쉽지만
부정확하다

[이 책]

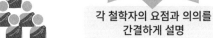

입문자의
눈높이에 맞춘 획기적인
철학사 입문서!

각 철학자의 요점과 의의를
간결하게 설명

17

철학을 공부하는 가장 좋은 방법은 '두 사상의 원류와 대립축'을 '하나의 흐름'으로 공부하는 것!

 ## 철학은 존재의 원리를 생각하는 학문

이 책의 '스토리'의 근간을 이루는 두 가지 원류 사상은 '자연철학'과 '형이상학'이다. 이 두 사상은 무엇이 다를까? 아주 간단히 설명하면 자연 또는 존재의 원리(근본적인 원인이나 구조 등)에 차이가 있다.

• **자연철학: 자연 속의 원리로 자연 또는 존재를 설명하는 철학**

• **형이상학: 자연을 초월한 원리로 자연 또는 존재를 설명하는 철학**

자연(세계)의 근원은 무엇일까? 존재한다는 것은 어떤 것일까? 철학은 우리의 존재나 지식을 성립시키는 근본적인 원리에 대한 의문에서 시작되었다. 따라서 이 책에서는 **철학을 '자연 또는 존재의 원리를 탐구하는 학문'으로 규정하고 그 역사의 흐름을 추적한다.**

철학이 시작된 고대 그리스에서는 자연철학적인 생각과 형이상학적인 생각이 뚜렷하게 대립했다. 그 대립 양상이 선명하게 드러난 두 철학자가 **피타고라스**와 **헤라클레이토스**다. 그랬던 것이 중세 이후에는 서서히 양쪽 모두 존재의 원리를 생각하는 그리스적인 학문으로서 동일시되어 갔다. 그 결과 지금은 형이상학이라고 하면 일반적으로 고대 그리스에서 시작된 존재의 원리를 탐구하는 학문을 의미한다.

요컨대 철학의 역사는 이 자연철학과 형이상학이 서로 대립하기도 하고 한쪽을 흡수하기도 하면서 다양한 형태를 띠었던 역사다. 그러므로 일단은 이 두 가지 원류가 있음을 알아 두는 것으로 충분하다.

다음으로는 중세 이후의 대략적인 흐름을 하나의 흐름으로 정리해 설명하겠다.

중세·근대·현대 철학의 흐름과 대립축

중세에는 유럽 세계에 크리스트교가 등장했다. **크리스트교에서 자연 또는 세계의 존재 원리는 신(야훼)이다.** 그때까지의 그리스적인 생각과는 닮은 부분도 있지만 다른 부분도 있다.

양자는 조화될 수 있을까, 아니면 양립이 불가능할까? 성경은 신의 말씀이라는 대전제는 지키는 가운데서도 여러 가지 훌륭한 사색이 남아 있다. 중세 철학에서 논의되었던 사항은 근현대 철학의 기초를 만들었다.

근대에는 과학과 기계를 모델로 삼아 존재의 원리를 생각하려는 경향이 나타났다. 그리고 고대부터 중세에 걸쳐 뿌리 깊게 존재했던 '목적론'이라는 존재의 원리를 틀렸다고 생각하게 되었다. 목적론이란 사물은 어떤 의지에 따라서 존재한다는 생각인데, '확실성(의심할 여지가 없는 것)'이 있는 인식이 아님이 차례차례 밝혀지면서 배제되어 갔다.

그리고 이와 동시에 **확실성을 판단하는 주체인 인간 이성의 능력을 자세히 살피는 것이 근대 철학의 커다란 관심사**가 되었다. 무엇을 "확실하다=의심할 여지가 없다."라고 말할 수 있는지 명확히 하자는 주제다. 이렇게 해서 근대 철학은 자신의 내부에 있는 불확실한 인식과 확실한 인식의 대립 그리고 극복 또한 주제로 삼게 되었다.

현대에 들어와서는 고대부터 근대까지의 철학을 총괄하는 관점을 확보하고 지금까지 논의되지 않았던 것, 간과되었던 것에 주목하고 있다. 요컨대 **과거의 철학 전체와의 대결을 기반으로 새로운 철학을 시작하려는 것이 현대의 철학**이다. 현대 철학에서 소개하는 인물들은 모두 뛰어난 총괄의 시점을 제시한 매우 중요한 철학자들이다.

마지막으로 중요한 점을 한 가지 보충 설명하겠다. 이 대립축은 어디까지나 전체의 흐름을 대략적으로 이해하기 위한 틀에 불과하다. 이 틀의 관점에 너무 집착하면 이해가 빈약해지거나 아예 잘못 이해하는 사태를 초래할 수 있다. 그러니 철학자 한 명 한 명의 포인트를 확실히 이해하는 데 중점을 두면서 책을 읽기 바란다.

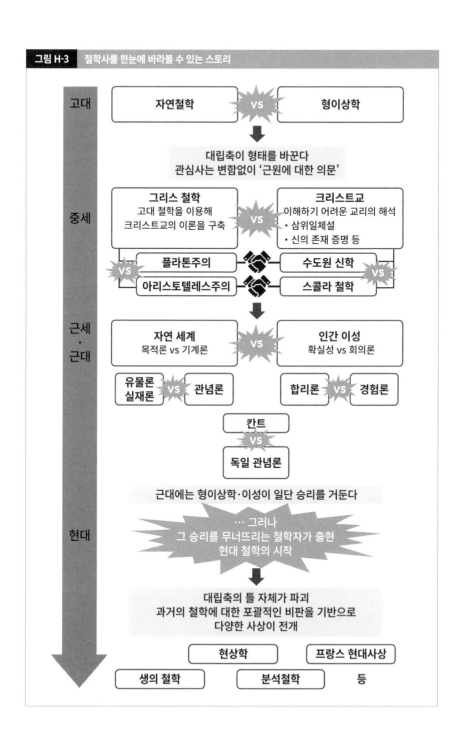

그림 H-3   철학사를 한눈에 바라볼 수 있는 스토리

고대

자연철학   VS   형이상학

대립축이 형태를 바꾼다
관심사는 변함없이 '근원에 대한 의문'

중세

그리스 철학
고대 철학을 이용해
크리스트교의 이론을 구축

VS

크리스트교
이해하기 어려운 교리의 해석
· 삼위일체설
· 신의 존재 증명 등

플라톤주의   VS
아리스토텔레스주의

수도원 신학
스콜라 철학   VS

**근세
·
근대**

자연 세계
목적론 vs 기계론

VS

인간 이성
확실성 vs 회의론

유물론
실재론   VS   관념론

합리론   VS   경험론

칸트
VS
독일 관념론

근대에는 형이상학·이성이 일단 승리를 거둔다

··· 그러나
그 승리를 무너뜨리는 철학자가 출현
현대 철학의 시작

대립축의 틀 자체가 파괴
과거의 철학에 대한 포괄적인 비판을 기반으로
다양한 사상이 전개

현대

현상학   프랑스 현대사상

생의 철학   분석철학   등

제 1 장

[고대]
자연철학
vs 형이상학

이탈리아
로마
아드리아 해
키케로 시대 철학의
중심지
엘레아
파르메니데스의 출생지
시칠리아 섬
아크라가스
시라쿠사
플라톤이 철인 정치를
시도했던 도시

트라키아
마케도니아
흑해
프로타고라스의 출생지
아리스토텔레스의 출생지
압데라
스타게이라
시노페
통 속의 디오게네스의 출생지
델포이
트로이아
아테나이
클라조메나이
이오니아 해
에페소스
헤라클레이토스의 출생지
밀레토스
탈레스가 활약했던 도시
스파르타
사모스 섬
페니키아
피타고라스와 에피쿠로스의
출생지로 추정
지중해

키레네
예루살렘
알렉산드리아
플로티노스가 공부했던
학술 도시

철학의 무대

고대 그리스는 철학이 탄생한 장소. 모든 철학이 이곳에 있었다

고대 철학의 주요 무대는 그리스의 도시들이다.

그리스의 도시라고 하면 아테나이(아테네)가 제일 먼저 떠오르겠지만, 철학은 밀레토스와 엘레아 등의 도시에서 시작되었다. 그 후 아테나이가 문명 문화의 중심지가 됨에 따라 지식인들이 아테나이로 모여들었고, 시간이 더 흐르면서 철학의 주요 무대는 로마와 알렉산드리아로 넘어간다.

고대의 시대 구분은 초기, 고전기, 후기로 나눌 수 있다. 즉 오른쪽 페이지와 같은 흐름으로 현대까지 이어지는 철학의 기본형이 완성된다. 아니, 어떤 의미에서는 정점에 이르렀다고도 말할 수 있을 것이다. 그런 까닭에 철학의 분야에서는 21세기인 지금도 단순히 '고대 철학을 공부하는' 것이 아니라 '고대 철학에서 배움을 얻을' 수 있다.

초기

먼저, 초기 그리스 철학(소크라테스 이전의 철학)의 시대에 '자연철학'과 '형이상학'의 원류가 등장했다. 자연철학의 시조는 밀레토스에서 태어난 것으로 알려진 **탈레스** 혹은 그의 제자인 **아낙시만드로스**이며(이오니아 철학), 형이상학의 시조는 사모스 섬의 **피타고라스**다(이탈리아 철학).

고전기

이윽고 역사의 무대는 아테나이로 넘어간다. **소크라테스, 플라톤, 아리스토텔레스**가 활약하는 고전기에 접어들면서 철학은 엄밀한 논리를 추구하는 학문이 되었다. 셋 중에서 소크라테스와 플라톤은 형이상학의 원류가 된 철학자이지만, 아리스토텔레스는 플라톤의 학원에서 20년 이상 공부하면서도 스승을 비판하고 자연 연구를 기반으로 삼은 철학자다.

후기①: 헬레니즘기

이어진 헬레니즘 철학의 시대에는 세 학파가 등장한다. 형이상학적인 견지의 스토아학파는 자연의 원리를 로고스라고 불렀다. 자연철학적인 견지의 에피쿠로스학파는 원자를 자연의 원리로 설정했다. 한편 회의학파는 자신들의 입장을 명시하기를 회피했으며, 모든 것을 의심했다. 현대에도 지극히 평범하게 받아들여지고 있는 독특한 사상이다.

후기②: 로마기

로마 시대에는 **키케로** 등의 로마인도 그리스 철학을 받아들였다. 또한 고대가 끝날 무렵에는 알렉산드리아에서 공부한 뒤 로마로 이주한 **플로티노스**로 대표되는 신플라톤주의가 등장한다. 그 명칭에서 짐작할 수 있듯이 플라톤의 영향을 받은 형이상학이지만, 신비적인 요소가 강하고 말로는 표현할 수 없는 것을 체계적인 이론으로 이야기하고자 노력한 학파다.

'만물의 근원은 물'이 철학인 이유는?

 탈레스를 최초의 철학자라고 부르는 일반적인 이유

탈레스는 서양 철학의 역사에서 최초의 철학자로 유명하다. 그 이유에 대해서는 "아리스토텔레스가 『형이상학』이라는 책에서 그렇게 말했기 때문"이라는 설명이 일반적인데, 이 책에서는 여기에서 한 발 더 나아간 이야기를 소개하겠다.

탈레스 본인이 한 말은 현재 단 한마디도 남아 있지 않다. 후세의 보고를 통해서 **"만물의 근원은 물=세계의 근본은 물이다."**라는 주장이 탈레스의 학설로서 전해지고 있을 뿐이다. 그 밖에 "무생물에도 혼이 있다.", "우주는 살아 있으며, 신들로 가득하다." 등도 그의 학설로서 전해지고 있다.

 '만물의 근원인 물'은 신화보다도 비합리적이다

탈레스가 철학자인 이유를 설명할 때 자주 등장하는 말로 "신화에서 철학으로"가 있다. 탈레스가 등장하기 전까지는 신화가 세상을 구성하는 요소나 자연 현상의 원인을 설명하는 수단이었는데 탈레스가 신화 대신 **물, 즉 물질을 통해서 자연 현상의 원인을 합리적으로 설명하려고 시도했다**는 이야기다. 요컨대 과학이 시작되었다는 것이다. 그러나 이 설명은 두 가지 측면에서 적절하지 못하다.

첫째는 "만물의 근원은 물이다."가 과학적이지도 합리적이지도 않다는 점이다. 과학적인 근거가 전혀 없는 것이다. 게다가 애초에 탈레스는 만물의 근원이 물인 이유를 전혀 설명하

제1장
[고대]
형이상학 vs 자연철학

제2장
[중세]
그리스도교 vs 철학

제3장
[근대]
인간 vs 자연 이성 세계

제4장
[현대]
신 철학 vs 구 철학

지 않았다. 그런 까닭에 탈레스의 이야기는 신화보다도 훨씬 비합리적이다. 신화는 이를테면 "번개는 제우스 신의 분노다."와 같은 식으로 자연 현상을 설명하기라도 한다. 그저 설명 방법이 과학적이지 못할 뿐이다.

둘째는 탈레스가 딱히 신화나 신들을 부정하지 않았다는 점이다. 아니, 탈레스는 오히려 신들을 경애했다. 이와 같은 이유에서 그의 철학을 '합리적·과학적 사고가 싹틈에 따른 신화의 부정'이라고 생각하는 것은 옳지 않다.

이상과 같은 이유로 '신화에서 철학으로'라는 해석은 잘못되었다. 그렇다면 왜 탈레스는 최초의 철학자로 불리는 것일까?

그가 "만물의 근원은 물이다."라고 말한 의도에 관해서는 고대부터 여러 가지 추측이 있었지만, 결정적인 의도는 알 수 없다. 가령 아리스토텔레스는 "대지는 물에 떠 있으니까", "양분은 물기에 젖어 있으니까" 등의 추측을 내놓았다. 그래서 이 책에서는 다른 각도에서 '탈레스가 최초의 철학자로 불린 이유'를 생각해 보려 한다. 이것을 이해하기 위한 중요한 열쇠는 탈레스와 관련된 일화들이다. 그 일화들은 '철학' 혹은 '철학자'란 무엇인지, 탈레스를 기점으로 무엇이 시작되었는지를 이해하는 데 실마리가 되어 준다.

철학이라는 말을 본격적으로 사용하기 시작한 인물은 소크라테스와 플라톤이다. 그중에서도 플라톤은 철학자(지^知를 사랑하는 자)란 어떤 인물인지 설명할 때 탈레스를 염두에 둔 측면이 있다. 『테아이테토스』라는 작품에서 플라톤이 이야기한 탈레스의 일화를 소개하겠다.

 ## 우물에 빠졌다는 오해를 받았던 탈레스

어느 날, 탈레스가 우물에 빠졌다. 그러자 이 모습을 본 외국인 여성이 "탈레스 씨는 밤하늘에 뜬 별만 바라보느라 발밑에 무엇이 있는지는 못 보시네요."라며 비웃었다.

그런데 이 일화에 관해서는 재미있는 해석이 있다. 탈레스는 사실 우물에 빠진 것이 아니라 천체를 관측하려고 직접 우물 속으로 들어간 것이었다는 해석이다. 요컨대 우물 속에서 천체를 정점 관측(定點觀測)한 것이다. 다만 그런 사정을 모르는 사람의 눈에는 탈레스가 우물에 빠진 것처럼 보였다 해도 이상한 일은 아니다.

여담이지만, 고대 그리스에서도 실용적이지 못한 행동을 하는 사람은 경시되었다. **'메테오롤레스케스＝별을 관찰하는 사람'이라는 고대 그리스어가 있는데, 이것은 '도움이 안 되는 사람'이라는 어감도 담긴 말**이었다.

 ## 철학자는 말하자면 별을 관찰하는 선원

또한 플라톤은 『국가』라는 저서에서 철학자의 이미지에 관해 **"철학자란 '별을 관찰하는 사람'이다."** 라고 말했다. 국가를 배에 비유했을 때, 누가 선장이 될지를 둘러싸고 모두가 다투는 가운데 그런 다툼에는 조금의 관심도 없이 그저 별을 관찰하는 데 열중하는 선원과 같은 존재라는 것이다. 이 비유에 탈레스의 이름이 직접 언급되지는 않았지만, 천체를 관측한다는 공통점이 있다.

그 선원이 별을 관찰하는 이유는 선장이 되고 싶어서가 아니다. 그저 별을 관찰하는 것이 좋아서다. 플라톤은 물었다. 다른 선원들은 그 선원을 비웃지만, 과연 누가 진정으로 선장에 어울리는 사람이겠느냐고. 선장의 자리를 둘러싸고 권력 투쟁을 벌이는 사람들 중 누군가일까? 아니다. 시간이 날 때마다 별을 관찰해 자신들의 현재 위치와 나아가야 할 방향을 이끌어내는 인물이야말로 선장에 어울리는 인물이 아닐까? 이것이 플라톤의 이야기다.

 ## 철학이란 지를 사랑하는 정신＝삶의 자세

'신화에서 과학으로'라는 설명에서는 마치 철학이 이성적이고 합리적인 학문으로서 시작되었다는 인상을 받게 되지만, 이것은 오해다. 고대 그리스에서 철학이 탄생했을 때 문제가 되었던 것은 과학적이냐 신화적이냐 같은 지식의 형태가 아니었다. **지를 사랑하느냐 아니면 명예나 권력 등 다른 무엇인가를 사랑하느냐 같은 인간의 존재 방식**이었다.

그 근거로 아리스토텔레스는 자신의 저서인 『정치학』에서 탈레스가 부를 쌓아 보였던 일화를 소개했다. 이때 탈레스는 "철학자는 마음만 먹으면 어렵지 않게 부자가 될 수 있다. 다만 그런 일에는 관심이 없는 것이다."라고 말했다고 한다. 요컨대 인생에서 무엇에 관심을 두는 가? 어떤 삶을 사는가? 이것이 철학자와 철학자가 아닌 사람을 구별하는 기준이 된다. 그리고 바로 여기에 **플라톤과 아리스토텔레스가 탈레스를 철학자의 모델로 생각한 진짜 이유가 담겨 있다.**

지를 사랑한다는 인간의 존재 방식, 그전까지는 존재할 수 없었던 새로운 인간의 존재 방식의 가능성을 상징하는 인물. 그것이 탈레스라고 고대 그리스인들은 생각했다. "만물의 근원은 물이다."는 과학적인 견해를 나타내는 말이 아니라 지를 사랑하는 삶의 방식을 나타내는 말인 것이다. 이렇게 해석하면 만물의 근원이 물이냐 물이 아니냐 같은 지엽적인 문제와 상관없이 탈레스의 위대함을 느낄 수 있다.

탈레스를 기점으로 인간의 새로운 삶의 방식이 시작되다

탈레스를 기점으로 새로운 삶의 방식, 새로운 지가 시작되었다. 그것이 바로 '이오니아 철학' **으로 불리는, 자연의 근원 또는 원리를 탐구하는 사색**이다. 현재 초기 그리스의 철학자들이 어떤 삶을 살았는지는 일화를 통해서만 알 수 있는데, 어떤 철학자에 관해서든 경의와 비아냥거림, 이해와 몰이해가 뒤섞여 있는 것이 특징이다.

탈레스의 제자인 아낙시만드로스는 '원리'라는 말을 역사상 처음으로 사용했고, 그것을 '무한한 것'이라고 생각했다. 또한 그의 제자인 **아낙시메네스**는 '세계를 감싸고 있는 공기'가 자연의 근원이라고 주장했다.

그러다 이윽고 이 자연철학의 흐름과는 별개의 철학, 다른 인간의 존재 방식이 등장한다. 그것이 바로 피타고라스에게서 시작된, 초월적인 원리를 이야기하는 형이상학이다.

제1장
[고대]
형이상학
자연철학
vs

제2장
중세
그리스트교
철학

제3장
[고대]
인간
이성
vs
자연
세계

제4장
[현대]
신철학
vs
구철학

그림 1-1 탈레스를 비롯한 '이오니아 철학'의 철학자들

기원전
7~6세기경

탈레스
- 최초의 철학자로 알려져 있다
- 학설: 만물의 근원은 '물'이다
- 그리스에 새로운 지식을 가져왔다

기원전
6세기경

아낙시만드로스
- 탈레스의 제자로 알려져 있다
- 학설: 만물의 근원은 '무한'이다
- 만물의 원리를 처음으로 고찰했다

기원전
6세기경

아낙시메네스
- 아낙시만드로스의 제자로 알려져 있다
- 학설: 만물의 근원은 '공기'다
- 자연 세계에 대한 합리적인 설명

"수와 세상은 구조가 같군. 이토록 놀랍고 아름다울 수 있을까?"

제1장
[고대]
형이자
상철
학학
vs

제2장
중세
그리스
트교
철학
vs

제3장
근대
인자
간연
이세
상계
vs

제4장
현대
신철
철학학
vs

 철학(지를 사랑함)이라는 말을 탄생시키다

수학 정리(定理)로 유명한 **피타고라스는 철학이라는 말을 처음 사용한 인물**로 알려져 있다(피타고라스는 철학을 필로소피아라고 불렀는데, 이것은 '지를 사랑함'이라는 의미의 고대 그리스어다. 또한 철학자를 뜻하는 필로소포스는 '지를 사랑하는 자'라는 의미다 – 옮긴이). 또한 '어떻게 살아야 하는가?' 같은 문제를 생각하고 그 삶의 자세를 실천하는 등의 우리가 가진 철학에 대한 이미지는 사실 피타고라스와 그의 교단에서 유래했다.

피타고라스는 탈레스와는 서로 다른 철학의 원류다. 대략적으로 구분하면 **탈레스에게서 시작된 자연철학과 피타고라스에게서 시작된 형이상학, 이 두 가지가 고대 그리스 철학의 흐름**이다.

 만물의 원리는 '수(數)'라고 생각한 형이상학

'수'는 피타고라스학파의 근본 사상이다. '자연(세계)은 1부터 10까지의 수로 구성되어 있다.'라는 것이 그들의 견해였다.

탈레스와 제자들이 생각했던 '물'이나 '공기'와 피타고라스가 생각했던 '수'는 그 성질이 전혀 다르다. 수는 자연 속에 존재하지 않는 추상적인 개념이기 때문이다. **형이상학은 애초에 원리란 물이나 공기 같은 자연 속의 존재와는 별개의 것이라고 생각한다.**

그렇다면 수란 무엇일까? 그들은 다음 페이지의 그림처럼 수가 홀수와 짝수로 구성되어 있

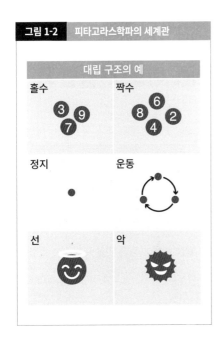

그림 1-2 피타고라스학파의 세계관

대립 구조의 예

홀수	짝수
정지	운동
선	악

다고 분석하고, 수에 대한 분석을 세계에 대한 분석과 대비시켰다. 그들의 생각에 따르면, **수와 세계 모두 서로 다른 두 가지의 대립과 조화의 구조로 이루어져 있다.** 그리고 이것이 만물은 겉으로 보이는 모습과 별개로 수를 가짐으로써 존재하며, 눈에 보이고 계속해서 변화하는 세계보다 눈에 보이지 않고 언제나 똑같은 수가 더 근원적이라는 생각으로 이어졌다.

상당히 심오한 이야기처럼 들리기도 하지만, 사실 이것은 우리가 평소에 수를 사용할 때도 드러난다. 초등학교 수학 시간에 선생님이 "사과 3개와 귤 2개를 더하면 몇 개일까요?"라고 물어보면 아이들은 5개라고 대답한다. 이것은 사과와 귤을 수로 환원했기에 나오는 대답이다. **구체적인 내용을 가진 자연을 수라는 내용을 갖지 않는 추상적인 관념으로 환원한 것**이다. 이렇게 해서 자연과 관념의 분리가 시작되었고, 수가 더 자연의 본질에 가깝다는 발상이 등장했다.

 ## 자연은 수로 표현해도 아름답다

피타고라스학파는 음계나 도형도 수 또는 비율로 표현했다. 그들은 음악에서는 완전한 조화음을, 기하학에서는 정삼각형을 각각 1, 2, 3, 4라는 기본적인 수로 나타낼 수 있음을 보여주었다. **세상의 질서는 수로 표현이 가능한** 것이다. 이것은 놀라운 발견이었다. 화음은 누구에게나 아름답게 들리는데, 그것을 수로 표현해도 아름다웠다. 화음에는 귀로 들을 수 있는 것 이상의 아름다움과 질서가 있음을 발견한 것이다.

이 미적 경험은 피타고라스학파와 형이상학을 이해하기 위해 반드시 필요하다. 그저 논리

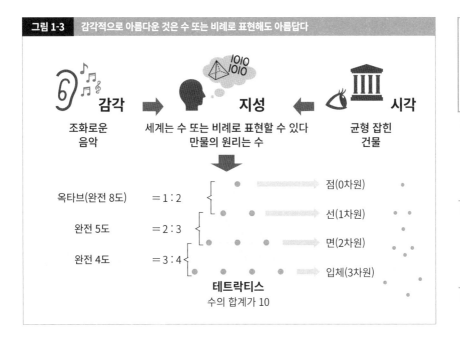

그림 1-3 감각적으로 아름다운 것은 수 또는 비례로 표현해도 아름답다

감각
조화로운
음악

세계는 수 또는 비례로 표현할 수 있다
만물의 원리는 수

지성

시각
균형 잡힌
건물

옥타브(완전 8도) = 1 : 2 점(0차원)

완전 5도 = 2 : 3 선(1차원)

완전 4도 = 3 : 4 면(2차원)

테트락티스
수의 합계가 10

입체(3차원)

제1장
[고대]
형이상학 vs 자연철학

제2장
[중세]
그리스 철학 vs 크리스트교

제3장
[근대]
인간 이성 vs 자연 세계

제4장
[현대]
구조철학 vs 신철학

를 앞세워서 초월적인 무엇인가가 존재한다고 말한 것이 아니다. **철학은 단순히 지식이나 논리를 이야기하는 학문이 아니라 경험이나 삶의 자세를 이야기하는 학문**이기도 하다.

　또한 수는 감각이 아니라 지성을 사용해서 고찰된다는 점도 중요하다. 여기에서 지성은 두뇌 회전 정도의 의미로 생각하길 바란다. 가령 앞에서 언급한 사과와 귤처럼, 우리는 처음에 셈을 감각적으로 배운다. 그러나 계산을 할 때 언제까지나 감각에 의존하는 것은 아니다. 24＋51 등을 계산할 때는 일일이 세는 것이 아니라 머릿속에서 숫자를 조작한다. 바로 이것이 지성을 사용한 고찰이다. 계산에 익숙해질수록 감각은 불필요해진다. 그래서 피타고라스학파는 진리를 탐구하기 위해서는 최대한 감각을 배제하고 지성을 발휘하는 것이 중요하다고 생각하게 되었다.

 ## 수에 비하면 현실의 세계는 추하다

피타고라스학파의 유명한 주장으로 "육체는 영혼의 무덤이다."가 있다. 이것은 문자 그대로

31

해석하면 '**우리의 본질은 영혼=지성이며, 육체=감각은 영혼을 속박해 자유로운 활동을 방해하는 존재다.**'라는 생각이다.

이것은 앞에서 소개한 '수가 자연의 질서나 진리를 표현한다.'라는 피타고라스학파의 기본 철학과 정확히 합치한다. 요컨대 **수로 표현된 질서정연한 세계가 너무나도 아름다운 까닭에 감각으로 파악하는 현실 세계가 추하게 느껴지는** 것이다. 철학이 가치관·삶의 자세를 바꾸는 전형적인 예를 여기에서 발견할 수 있다. 이것이 피타고라스의 철학이다.

그런 까닭에 피타고라스학파는 '영혼의 정화'를 목표로 살아갔다. 육체=감각을 분리시켜 영혼=지성만으로 살고 싶다는 바람의 표현이다.

이렇게 해서 피타고라스 교단은 금욕적인 생활 규율 아래에서 학문에 힘쓰며 살았다. 또한 피타고라스 교단의 생활은 수많은 고대인에게 동경의 대상이 되었으며, 그 결과 '피타고라스 적인 삶의 자세'라는 말까지 유행했다.

형이상학은 철학의 기본 중의 기본

끊임없이 변화하는 이 세계에서 늘 동일한 수의 세계에 대한 동경. 이것이 피타고라스와 함께 시작된 형이상학의 원점이다. 형이상학은 필연적으로 우리가 사는 자연 세계와는 다른 세계를 만들어냈으며, 이것이 피타고라스 교단이 생각하는 '윤회전생(영혼의 환생)' 사상이나 플라톤의 이데아계라는 형태로 나타났다.

그와 동시에 수 또는 이데아로 구성된 이상적인 세계라는 생각은 이 자연 세계를 변혁하는 사상으로서도 작용한다. 추한 세계를 아름다운 세계로 다시 만든다. 다시 말해 형이상학은 정치철학이기도 하다.

모든 측면에서 플라톤은 피타고라스를 직접 계승했다. **철학은 물론이고 삶의 자세까지 전부 피타고라스의 학설을 그대로 계승했다**고 해도 과언이 아니다. 또한 **형이상학은 중세 이후 철학의 기본**이 된다. 중세 이후 철학의 원류에는 크리스트교가 자리하고 있는데, 이들 종교는 피타고라스에게서 유래한 형이상학과 상성이 매우 좋다. 그래서 플라톤 철학과 크리스트교가 융합된 것이 중세 철학의 주요 내용을 형성했다.

  다시 이야기를 피타고라스의 시대로 되돌리자. 탈레스에게서 시작된 자연철학과 피타고라스에게서 시작된 형이상학. 이와 같은 새로운 지를 탐구하는 흐름이 탄생해 성장해 나갔다. 그러나 얼마 지나지 않아 그들이 생각하는 지의 형태를 완전히 부정하는 분노의 철학자가 등장했다. 그 철학자가 바로 **헤라클레이토스**다.

제1장
[고대]
형이상학 vs 자연철학

제2장
[중세]
그리스도교 vs 철학

제3장
[근대]
인간이성 vs 자연세계

제4장
[현대]
신철학 vs 구철학

'철학'에 대한 최대·최강의 비판자

 철학을 가짜라며 부정하다

헤라클레이토스는 역사상 최초로 철학을 비판한 인물이다. 앞에서 '철학'이라는 말을 만들어 낸 사람은 피타고라스라고 말했는데, 헤라클레이토스는 그런 피타고라스를 눈엣가시로 여겼다.

당시 피타고라스는 매우 박학다식한 인물로 알려져 있었다. 그런데 헤라클레이토스는 그를 "박학다식이 지혜를 가르쳐 주지는 않는다.", "가짜 박학다식"이라며 부정했다. 피타고라스가 말하는 '철학(지를 사랑함)'은 여러 가지 사항에 관해 지식을 얻는 것으로 보이는데, 그런 것은 진정으로 인간을 현명하게 만들어 주지 못한다. 헤라클레이토스는 이렇게 주장하며 피타고라스를 신랄하게 비판했다.

철학이라는 말이나 행위가 갓 탄생했던 이 시대에 이미 철학을 철저히 비판하는 견해가 있었던 것이다. 그런데 이처럼 철학을 강하게 비판했던 헤라클레이토스가 지금은 철학자라고밖에 표현할 길이 없는 존재가 되었으니, 철학이란 참으로 넓은 의미를 지닌 말이라고 할 수 있다.

 그가 피타고라스를 절대 용서할 수 없었던 이유

헤라클레이토스는 피타고라스를 '거짓말쟁이의 원조'라고 부르기도 했는데, 왜 이렇게까지 피타고라스에게 악담을 퍼부은 것일까?

앞에서도 이야기했듯이, 피타고라스는 수를 원리로 삼아 자연 속에서 수적 질서를 찾아내려 했다. 이것이 피타고라스가 말하는 '아름다움'이며, 인간의 가치관의 서열을 근본부터 뒤엎어 버릴 정도의 압도적인 영향력이 있었다. 요컨대 피타고라스적인 사상에서는 감각적인 아름다움이 아니라 지적인 아름다움을 진정한 아름다움으로 여겼다. 그러나 수 자체는 눈에 보이지 않으며, 지성의 활동을 통해서만 파악할 수 있다. 그런 까닭에 피타고라스의 철학은 지성을 통해서 자연을 이해한다. 말 그대로 **'지를 사랑하는 행위'**인 것이다.

그러나 헤라클레이토스에게 이것은 용납하기 어려운 일이었다. 그의 생각에 인간의 지성 따위는 자연에 비하면 한없이 보잘것없는 것이었기 때문이다. 피타고라스는 자연을 인간 지성의 범위 안에서 해명할 수 있다고 믿었는데, 이렇게 생각하는 한은 아무리 자연에 관한 지식을 얻는다 한들 단적으로 말해 속임수이며 허위일 뿐이다. 이것이 헤라클레이토스의 주장이었다.

참고로 근대의 과학자인 갈릴레오 갈릴레이는 "자연이라는 책은 숫자라는 언어로 적혀 있다."라는 말을 남겼다고 하는데, 이것도 근원을 거슬러 올라가면 피타고라스적인 발상이라고 할 수 있다.

현대를 사는 우리에게는 이런 과학적인 사고방식이야말로 합리적이고 타당한 지라는 것이 당연한 상식이다. 그러나 헤라클레이토스는 그런 생각에 이론을 제기하며 가짜 박학다식이라고 비판했던 것이다.

일부러 알쏭달쏭한 표현을 사용하다

그렇다면 헤라클레이토스가 말하는 자연은 무엇일까? 자연이 인간의 지성을 초월한 것이라면 어떻게 해야 이해할 수 있고 또 이야기할 수 있을까? 이것은 헤라클레이토스의 화법을 보면 알 수 있다. 그의 문체는 '잠언'으로 불리며, **짧고 알쏭달쏭한 경구를 통해서 사물의 본질에 다가간다.**

그의 잠언 중 가장 유명한 것은 "같은 강에는 두 번 발을 담글 수 없다."이다. 그 밖에도 "싸

제1장
[고대]
형이상학
자연철학
vs

제2장
중세
크리스트교
그리스철학
vs

제3장
[근대]
인간
자연
이성
세계
vs

제4장
현대
신철학
구철학
vs

움은 만물의 아버지다.", "반대되는 것이 협조한다.", "낮과 밤은 하나다." 등이 유명하다.

이런 말들은 모호하고 다의적이라는 특징이 있다. 일반적으로는 최대한 의미가 명확하게 글을 써야 하지만, 헤라클레이토스는 일부러 이해하기 어렵게 썼다. **자연은 결코 숫자처럼 일의적, 즉 누구나 같은 의미로 이해할 수 있는 것이 아니기** 때문이다. 바꿔 말하면, 말로는 온전히 표현할 수 없는 것이 자연이다. 그럼에도 자연을 말로 표현한다면 그 말은 언제나 다의적, 즉 다양한 의미를 지니는 것이어야 한다. 이것이 헤라클레이토스의 생각이었다. 그래서 그는 언제나 말을 할 때 다양한 해석이 가능하도록 궁리했다.

 ## '로고스'를 있는 그대로 이해하라

헤라클레이토스는 자연을 '로고스'와 결부시켰다. 로고스는 **자연 또는 만물의 원리, 말, 이성, 이유, 비(比)** 같은 다양한 의미를 지닌 말로, 그리스 사상의 핵심을 나타낸다. 그런 로고스에 관해 헤라클레이토스는 "로고스는 그대로 있는데 인간들은 그것을 이해하지 못한다."라고 말했다. 이것은 "본래 로고스는 인간의 지성을 초월한 것인데, 인간은 로고스를 자신의 지성으로 이해할 수 있는 범위로 한정시켜서 생각하기 때문에 이해하지 못한다."라는 의미다.

그리고 박학다식에 맞서서 '지는 단 하나뿐'이며 그것은 '신려(신의 생각)를 인식하는 것'이라고 주장했다. 요컨대 **'진정한 지혜는 인간의 지성을 초월한 섭리를 인식하는 것이다.'**라는 주장이다.

다만 인간은 당연히 지성을 초월한 것을 인식하지 못한다. 그래서 헤라클레이토스는 우리의 가치관을 뒤흔드는 말을 했다. "자연은 숨는 것을 좋아한다."라든가, "쓰레기더미처럼 아무렇게나 쌓여 있는 것이야말로 가장 아름다운 세계 질서다." 같은 말들이다. 이 말들은 인간 지성의 한계를 이야기한 것으로도 해석할 수 있다.

 ## 인간 지성을 초월한 자연의 풍부한 아름다움과 질서

참고로 현대 물리학에는 무질서해 보이는 것에도 사실은 질서가 있음을 발견한 이론이 있다.

그래서 '쓰레기더미에도 사실은 수학적인 아름다움이 숨어 있으며, 그 질서를 발견하는 것이 인간 지성의 활동이다.'라는 해석도 가능하다. 다만 이 해석은 헤라클레이토스가 피타고라스의 박학다식을 비판한 것과 모순된다.

그러니 이렇게 생각하는 것은 어떨까? 헤라클레이토스가 말한 쓰레기더미는 인간의 지성으로는 무질서·무가치하다고밖에 생각되지 않는 것의 비유다. 그러나 그런 것에도 사실은 미적인 가치와 질서가 존재한다. 자연은 그런 존재이며, 인간의 지성이 닿지 않는 영역이 있다. 헤라클레이토스는 이렇게 지적한 것이다.

로고스에 귀를 기울이고, 만물이 하나임을 안다

헤라클레이토스는 인간 지성의 오만함과 자만심을 경계하는 사상가이기도 했다. 그는 자연(로고스)에 귀를 기울이라고 역설했으며, 만물은 '하나'이고 그것과 함께 살아야 한다고 말했다. **지성으로는 결코 이해할 수 없지만 분명히 존재하는 것. 그것이 로고스이고, 자연이며, 모든 질서의 원천**이다. 그것과 함께 살라는 것이 헤라클레이토스의 윤리였다.

인간 지성으로 절대 파악할 수 없는 로고스는 불에도 비유된다. 불은 만물의 생성변화의 원인으로 이야기되며, 결코 멈추는 일이 없다(만물유전). 계속 불타오르면서 자신을 소멸시키고도 있는, 그런 존재다. 그리고 헤라클레이토스는 불이 꺼진 곳에 물이나 공기, 흙이 생긴다고 설명했다.

만물유전설의 타도를 목표로 삼았던 플라톤

헤라클레이토스 자신은 체계적인 철학을 구축하지 않았으며, 학파도 형성되지 않았다. 그래서 후세의 철학자들(플라톤 등)은 헤라클레이토스를 '만물유전설'을 제창한 인물로 해석했다. 이것은 학설의 정리라는 측면에서는 틀리지 않았으며, 철학 이론은 만물유전설의 비판과 검토를 통해 정교하고 치밀해져 갔다. **플라톤의 형이상학은 만물유전설과 헤라클레이토스를 타도해야 할 강력한 이론으로 이해했다.**

제1장
[고대]
형이상학
자연철학
vs

제2장
[중세]
크리스트교
그리스철학
vs

제3장
[근대]
인간이성
자연세계
vs

제4장
[현대]
신철학
구철학
vs

다만 헤라클레이토스는 결코 특정 학설을 제창하지 않았다. 그는 피타고라스나 플라톤적인 지성의 형태를 '가짜'라고 지적하고 인간 지성을 아득히 초월한 풍요로운 자연과 질서를 이야기한 사상가였다고 말할 수 있을 것이다.

"없는 것은 없다."는 궁극의 무적 논리

 '존재론'과 '생성변화의 부정'

엘레아학파로 분류되는 철학자인 **파르메니데스**는 **초기 그리스 철학에서 가장 영향력이 컸던 사상가**다. 제자로는 '아킬레우스와 거북' 등의 역설로 유명한 **제논**이 있다.

극단적으로 말하면, 파르메니데스는 고대부터 현대에 이르는 모든 철학의 정점이다. 수많은 철학이 파르메니데스에게 저항하려 했지만 '존재론'을 부정하지는 못했다. 가령 이 책의

그림 1-4 엘레아학파(이탈리아 남부의 폴리스)의 철학자들

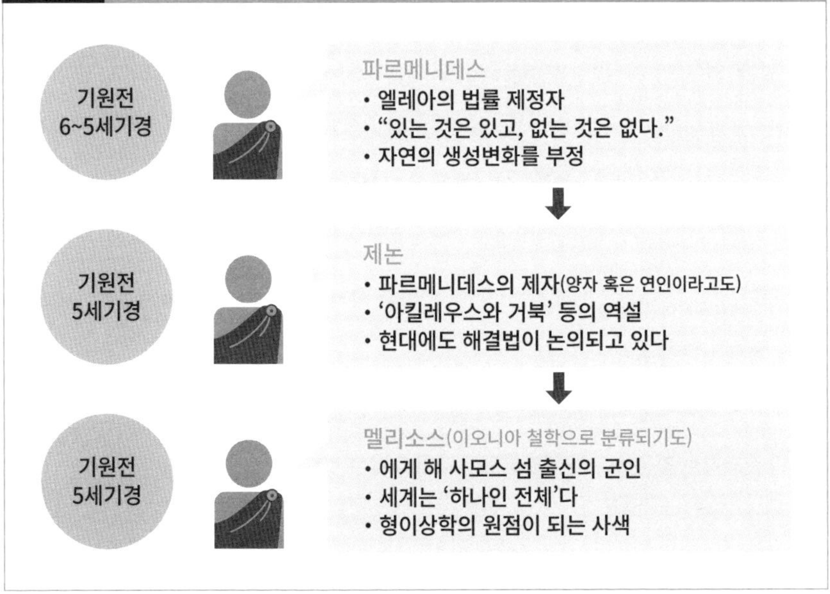

기원전 6~5세기경

파르메니데스
- 엘레아의 법률 제정자
- "있는 것은 있고, 없는 것은 없다."
- 자연의 생성변화를 부정

↓

기원전 5세기경

제논
- 파르메니데스의 제자(양자 혹은 연인이라고도)
- '아킬레우스와 거북' 등의 역설
- 현대에도 해결법이 논의되고 있다

↓

기원전 5세기경

멜리소스(이오니아 철학으로 분류되기도)
- 에게 해 사모스 섬 출신의 군인
- 세계는 '하나인 전체'다
- 형이상학의 원점이 되는 사색

마지막에 등장하는 에마뉘엘 레비나스는 파르메니데스의 존재론을 직접 지명하며 도전한 철학자다.

파르메니데스 철학의 포인트는 두 가지다. 첫째는 **"있는 것은 있고, 없는 것은 없다."라는 존재론**이다. 파르메니데스는 시의 형식을 빌려서 이것을 신의 말씀=진리로서 이야기했다. 그리고 둘째는 **생성변화의 부정**이다. 우리는 이 세계가 끊임없이 움직이고 있다(만물유전설)고 느낀다. 그러나 감각으로부터 거리를 두고 논리적으로 생각하면 세계는 변화하지 않는다는 결론이 나온다.

 ## 존재론 "있는 것은 있고, 없는 것은 없다."

파르메니데스의 철학은 '있다.'와 '없다.'에 관한, 즉 존재에 관한 철학이다. 지금부터 할 설명은 매우 중요하니 꼭 이해하고 넘어가기 바란다.

먼저 '없는 것은 없다.'부터 생각해 보자. 너무나도 당연한 말이다. '없다.'는 '존재하지 않는다.'는 의미이므로 "있다."라고는 절대 말할 수 없다.

그런데 우리는 지금 '없다.'에 관해 생각하고 있다. 이것은 사실 엄밀히 말하면 파르메니데스가 말한 '없다.'가 아니다. 생각할 수 있는 것은 사고 속에 존재하기 때문이다. 그러나 '없다.'라는 말의 의미를 철저히 추구한다면 머릿속에서조차 존재하지 않아야 한다. 그래서 파르메니데스는 **'없다.'에 관해서는 "이야기하는 것도 생각하는 것도 불가능하다."**라고 말했다.

한편 '있다.'는 어떨까? '있다.'는 말에는 아주 조금의 '없다.'도 포함되지 않는다. 전혀 존재하지 않는 것이 존재하는 것에 작용하거나 영향을 끼치는 것은 물리적으로도 논리적으로도 불가능하기 때문이다.

이와 같은 이야기를 파르메니데스는 "사유(思惟)와 존재는 동일하다."라고 표현했다. 바꿔 말하면 **존재하는 것은 사고가 가능하고 존재하지 않는 것은 사고가 불가능하다**는 의미다.

제1장
[고대]
형이상학
자연철학
vs

제2장
[중세]
그리스도교
철학
vs

제3장
[근대]
인간
이성
자연
세계
vs

제4장
[현대]
신철학
구조주의
철학
vs

 생성변화의 부정 "세계는 멈춰 있다."

두 번째 포인트는 생성변화의 부정이다. 생성이란 '없다.'에서 '있다.'로 변화하는 것을 가리킨다. 그러나 '없는 것은 없기' 때문에 '없는' 상태에서 무엇인가가 변화하는 일은 일어나지 않는다. '없다.'가 어떤 작용을 하거나 영향을 받는 일은 있을 수 없기 때문이다. 소멸 또한 마찬가지다. '있다.'는 '없다.'의 영향을 받지 않으므로 '있다.'에서 '없다.'로 변화하는 것도 불가능하다.

또한 파르메니데스는 '없는 것은 없다.'에 입각해 '운동'이나 '많다.'라는 개념 등도 부정했다. 운동을 하려면 장소가 필요한데, 장소는 '공허'로 간주되었다. 그리스어로 공허는 비존재라는 의미도 있기 때문에 장소(공허)는 존재하지 않는다. 또한 많음도 장소를 필요로 하므로 존재하지 않는다.

이렇게 해서 파르메니데스는 **'없는 것은 없다.'라는 논리 하나로 우리가 살고 있는 세계를 전부 부정**했다. '있는 것은 있고, 없는 것은 없다.'라는 존재론은 생성변화를 부정한다는 골치 아픈 결론을 이끌어냈지만, 논리로서는 더할 나위가 없을 만큼 단순명쾌하고 확실한 것이었다.

 왜 논리는 감각보다 옳은가?

다만 이 두 가지 포인트는 어디까지나 논리일 뿐이다. 그래서 파르메니데스의 논리가 생성변화라는 현상보다 옳으냐는 문제가 떠올랐다. 누구나 관찰·확인이 가능한 생성변화를 말의 논리만으로 부정하고 득의양양해할 뿐인 것은 아닐까?

이것은 "아킬레우스는 거북을 따라잡을 수 없다." 등의 역설을 이야기한 제자 제논도 마찬가지라고 할 수 있다. 파르메니데스와 제논을 이해하기 위해서는 이런 당연한 의문에 답할 필요가 있으며, 그 답은 바로 **선입견의 자각과 탈피**다.

존재론이 진리라면 시시각각으로 변화하는 이 세계는 허위라고 말할 수밖에 없다. 변화란

'있다.'와 '없다.'가 뒤섞이는 것이기 때문이다. 우리는 당연하다는 듯이 이 세계를 '있다.'고 생각하지만, 이것은 파르메니데스가 말하는 '있다.'와 같은 의미가 아니다. **사실은 "있다."라고 말할 수 없는 것을 '있다.'고 간주하는, 그 선입견을 깨달으시오.** 이것이 파르메니데스와 제논 철학의 의의다.

말을 통해서 진리에 도달하다

우리는 평소의 언어생활 속에서 "있다."와 "없다."를 수없이 사용하고 있다. 그리고 항상 '없다.'를 생각한다. 그러나 파르메니데스처럼 고찰한다면 "없는 것은 없다.", "있다와 없다는 섞이지 않는다." 같은 말이 누구나 이해할 수 있는 논리이며 동시에 옳은 논리임을 확신할 수 있을 것이다. '없는 것은 없다.'의 옳음에 이르러서는 그것이 옳지 않아서는 안 된다는 윤리성조차 포함되어 있다.

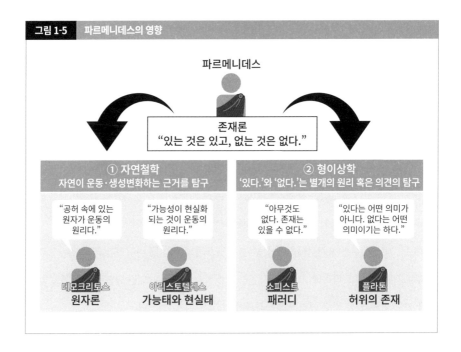

그림 1-5 　파르메니데스의 영향

파르메니데스

존재론
"있는 것은 있고, 없는 것은 없다."

① 자연철학
자연이 운동·생성변화하는 근거를 탐구

"공허 속에 있는
원자가 운동의
원리다."

데모크리토스
원자론

"가능성이 현실화
되는 것이 운동의
원리다."

아리스토텔레스
가능태와 현실태

② 형이상학
'있다.'와 '없다.'는 별개의 원리 혹은 의견의 탐구

"아무것도
없다. 존재는
있을 수 없다."

소피스트
패러디

"있다는 어떤 의미가
아니다. 없다는 어떤
의미이기는 하다."

플라톤
허위의 존재

즉 **파르메니데스의 철학은 인간이 말을 사용해서 자연이나 존재의 진리에 도달할 수 있음을 보여준 철학**이다. 이른바 말의 힘이다.

헤라클레이토스는 자연은 인간 지성으로 이해할 수 없다고 생각했다. 그러나 파르메니데스의 말은 모두가 그 말을 듣는 것만으로도 진리라고 확신할 수 있을 정도의 힘을 지니고 있다. 이것이 그가 철학의 정점이라고 말할 수 있는 이유다. 그의 철학은 그 후에 탄생한 철학의 사고와 발상의 원천이 되었다.

제1장
[고대] 형이상학 자연철학 vs

제2장
[중세] 그리스 철학 크리스트교 vs

제3장
[근대] 인간 이성 자연세계 vs

제4장
[현대] 신철학 구철학 vs

"아니야, 없는 것 또한 있다고."라고 말한 '웃는 철학자'

 원자와 공허만이 진실이다

데모크리토스는 원자론자로 유명하다. 자연철학의 하나인 원자론의 주장은 지극히 단순해서, **'진실로 존재하는 것은 원자와 공허뿐이다.'**라고 생각한다.

원자론은 근대 과학의 성립에 지대한 영향을 끼쳤다. 현대를 사는 우리에게도 친숙하며, 매우 중요한 지식으로 여겨지고 있다. **리처드 파인만**이라는 물리학자도 "미래의 인류에게 단하나의 지식밖에 전할 수 없다면 '만물은 원자로 구성되어 있다.'라는 말을 전할 것이다."라고 말했다는 이야기가 있다.

 원자는 물체이며, 수이기도 하다

고대 그리스어로는 원자를 '아토몬'이라고 한다. 영어로는 '아톰'이며, '더는 나눌 수 없다.'는 의미다. 데모크리토스는 원자를 "우리에게는 보이지 않는 아주 작은 것"이라고 말했는데, 이것은 물리학의 원자와 다르다. 맨눈으로는 볼 수 없지만 전자 현미경으로는 볼 수 있다는 말이 아니라 어떤 수단으로도 관측할 수 없는 '지각(知覺) 불가능한 물체'를 의미한다. **물체임에도 지각이 불가능한 신기한 존재, 그것이 원자**다. 원자가 단독일 때는 지각이 불가능하지만, 원자에는 몇 가지 형태가 있다. 그것들이 공간 속에서 서로 조합됨으로써 여러 가지 물체가 만들어진다.

참고로, 원자는 이처럼 물체로 규정되기는 하지만 본질은 오히려 피타고라스적인 수에 가깝다고도 말할 수 있다. 원자론은 자연의 온갖 물체가 동일한 하나의 것으로 구성되어 있다고 생각하며, 형태를 제외한 모든 성질을 배제하고 원자라는 하나의 추상적인 존재로 환원하는 철학이기 때문이다. 실제로 아리스토텔레스도 "원자론자는 만물을 수라고 생각한다."라고 설명했다. **원자론은 자연철학이면서도 지극히 형이상학에 가까운 사상**인 것이다.

 ## '없는 것 또한 있다.'는 '공허'를 가리킨다

데모크리토스는 파르메니데스에게 대항해 "없는 것 또한 있다."라고 말했다. 여기에서 '없는 것'은 원자가 운동하는 장소인 '공허'를 의미한다. 이 '공허'는 앞에서도 언급했듯이 비존재다. 장소는 공허(비존재)이므로 '없다.'고 주장한 파르메니데스의 주장에 맞서, 공허(공간)에 관해서는 사고가 가능하다고 주장한 것이다.

공허(없다)는 사고가 가능하므로 '있다.' 그래서 원자론자들은 "없는 것 또한 있다."라고 말했다. 그리고 공허가 있는 이상 운동도 있으며, 세계는 그 운동을 통해서 생성변화한다. 이것이 원자론을 통한 파르메니데스 비판의 논리다.

원자론은 온갖 존재의 성질을 생각 속에서 지우고 원자로 환원하는 사상인데, **데모크리토스는 '있다.'와 '없다.'에도 차이가 없다고 말한 매우 대담한 사상의 소유자**였다. 파르메니데스의 존재론을 계기로 인간은 이런 참신한 발상을 할 수 있게 되었다.

 ## 세계에는 목적이나 가치 따위 존재하지 않는다

원자론은 '진실로 존재하는 것은 원자와 공허뿐'이라는 단순한 사상에서 자연의 모습과 인간의 삶의 자세를 이끌어낸다. 모든 존재는 성질이 같으며, 같은 법칙을 따르고, 같은 운동을 한다. 다시 말해 '필연'이 지배하는 세계다. **필연성을 강조하는 이유는 세계에는 의지도 목적도 없다고 주장하기 위함**이다. 우리 인간은 어떤 현상에서 특별한 목적이나 가치를 찾아내려고 하는 경향이 있는데, 원자론은 그런 발상을 부정한다. 또한 각 원자 사이의 차이는 장소나 위치라는 관계뿐이며, 이 관계의 차이가 다양한 세계를 만들어낸다. 원자의 운동에 따른 위치 관계는 무수히 존재하기 때문에 원자론에서는 무수히 많은 우주가 존재한다고 생각한다. 우리가 사는 이 세계, 이 우주는 유일한 존재가 아닌 것이다.

이처럼 **우리의 자기중심적, 목적론적인 세계관을 우주 규모로 파괴하는 것이 '원자론'이라는 철학의 의의**라고 말할 수 있다.

 웃는 윤리학 "모든 것은 의견일 뿐이다."

데모크리토스는 '웃는 철학자'라는 별명으로 불렸으며, 윤리(사고방식)에 관한 수많은 말을 남겼다. 원자론과 윤리는 언뜻 아무런 관계가 없어 보인다. 그러나 **만물을 동질한 것으로 간주하는 원자론의 기본 사상은 자연과 우주는 무한하며 인간이 진정으로 판단할 수 있는 선악이나 목적 따위는 없다는 윤리를 이야기하는 것**이기도 하다.

데모크리토스는 "우리는 진실에 관해 아무것도 알지 못하며, 그저 의견이 있을 뿐이다."라고 말했다. 인간은 진정으로 존재하는 것(원자)을 볼 수 없다. 또한 선악이나 우열의 판단은 전부 진실이 아니라 선입견일 뿐이다.

데모크리토스는 인간이 선입견으로부터 자유로워질 수 있다고는 생각하지 않았다. 그래서 그는 **인간의 선으로서 '쾌활함'이라는 덕을 꼽았다.** 진리의 인식이라는 선을 기대할 수 없다면 하다못해 유쾌한 기분으로 사는 편이 해악을 피하는 데 도움이 된다는 것이다.

 모습을 바꿔 가며 오늘날까지 살아남은 원자론

데모크리토스의 원자론은 훗날 플라톤과 아리스토텔레스의 비판을 받게 된다. 그들은 원자론의 세계관과 반대로 자연 존재는 그 자체가 선이며 선을 지향한다는 목적이 있다고 생각했기 때문이다.

또한 원자론은 후세의 철학의 역사에서 '유물론(존재하는 것은 물체뿐이며, 영혼이나 마음 같은 비물체적인 것은 실제로 존재하지 않는다는 생각)'으로 이해되었다. 유물론은 근대 이후 하나의 철학적 주장으로서 중요한 위치를 차지한다. 근대 프랑스 계몽주의와 **카를 마르크스** 등이 대표적이다.

철학자들의 손에 매장당한 지의 거인들

 직업 교사이자 공인

소피스트는 **역사상 최초의 직업 교사**로 알려져 있으며, 어떤 특정한 개인의 이름이 아니다. 주로 젊은이들에게 '변론술'을 가르치고 수업료를 받았다. 대표적인 소피스트로는 '덕의 교사'를 자칭한 **프로타고라스**가 있다.

변론술은 설득 기술을 가리킨다. 말이나 글로 타인을 설득할 수 있는 능력은 정치나 사법 분야에서 매우 중요시되었으며, 이 기술을 높게 평가받은 소피스트들은 정치 참모 혹은 외교 사절 같은 공인의 영역에서도 활약했다.

 소피스트와 철학자의 공통점은 '논파'에 있다

한편으로 소피스트는 궤변을 통해서 상대를 논파하는 기술을 젊은이들에게 가르치는 부도덕한 무리라는 나쁜 평가도 받았다. 궤변이란 언뜻 옳아 보이지만 사실은 틀린 주장을 뜻한다. 다만, **상대의 논파가 특기인 것은 소피스트뿐만 아니라 철학자도 마찬가지**다. 철학자 역시 상대를 논파하는 것이 특기인, 어딘가 수상쩍고 신뢰할 수 없는 사람으로 보인다.

뒤에 등장하는 소크라테스도 수많은 사람과 대화를 나눴는데, 자신은 아무것도 모른다고 말하면서도 상대를 모순에 빠트리는 것으로 유명했다. 그래서 당시 사람들은 소크라테스도 소피스트라고 생각했다. 소피스트와 철학자는 서로 유사하며 딱히 구별되지 않았다는 것이 포인트다.

'존재론'의 패러디였던 '인간 척도설'

이상과 같은 사실에 입각해 프로타고라스의 '인간 척도설'을 소개하겠다.

인간 척도설이라고 하면 "인간은 만물의 척도다. 있는 것에 대해서는 있다는 것의 척도이고, 없는 것에 대해서는 없다는 것의 척도다."라는 말이 유명하다. 이 말의 의미에 관해서는 상대주의나 인간 중심주의 등 다양한 설명이 있는데, 여기에서는 파르메니데스의 '존재론'의 패러디라는 견해를 제시한다. 여기에서 말하는 패러디는 파르메니데스의 말을 비틀어서 전혀 다른 의미로 만들어 버렸다는 뜻이다.

'있는 것은 있고, 없는 것은 없다.'가 진리라고 생각하면 우리의 생성변화하는 세계는 전부 의견이며 허위가 된다. 그러나 우리 인간의 시점에서는 만물을 전부 의견으로서 '있다.'고 말할 수도 있다. 바꿔 말하면, '있다.'와 '없다.'라는 진리는 신의 척도지만 만물이라는 의견은 인간의 척도인 것이다.

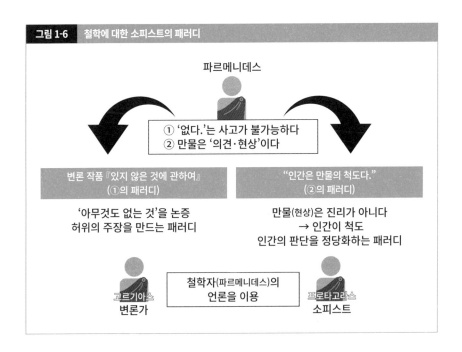

그림 1-6   철학에 대한 소피스트의 패러디

파르메니데스

① '없다.'는 사고가 불가능하다
② 만물은 '의견·현상'이다

변론 작품 『있지 않은 것에 관하여』
(①의 패러디)

'아무것도 없는 것'을 논증
허위의 주장을 만드는 패러디

"인간은 만물의 척도다."
(②의 패러디)

만물(현상)은 진리가 아니다
→ 인간이 척도
인간의 판단을 정당화하는 패러디

고르기아스
변론가

철학자(파르메니데스)의
언론을 이용

프로타고라스
소피스트

동시에 프로타고라스는 신들에 관해서는 알 수가 없다고도 말했다. **이처럼 우리가 사는 세계에서 진리나 신이라는 절대적이고 유일한 척도를 부정·추방하고 인간의 다양한 의견이야말로 진위나 선악 같은 판단의 척도라고 생각하는 것이 프로타고라스의 인간 척도설**이다.

제1장
[고대]
자연철학
형이상학
vs

제2장
[중세]
크리스트교
철학
vs

제3장
[근대]
인간 세계
이성
vs

제4장
[현대]
신철학
구철학
vs

소피스트의 사상적 기반이었던 인간 척도설

인간 척도설은 소피스트의 활동을 뒷받침하는 사상이기도 했다. 인간이 척도라면 절대적인 옳음이나 그름은 존재하지 않는 셈이 되기 때문이다. 좋게 말하면 어떤 생각이든 옳은 측면이 있으므로 존중한다는 태도지만, 반대로 말하면 옳음의 척도를 얼마든지 만들어낼 수 있다는 뜻이기도 하다. 그리고 굉장히 옳아 보이는, 그럴듯한 말을 만들어내는 기술이 바로 소피스트들의 특기인 변론술이었다.

말의 가치를 실추시킨 소피스트

철학자들은 특히 소피스트를 싫어했다. 소크라테스, 플라톤, 아리스토텔레스 같은 유명 철학자들은 하나같이 소피스트를 일종의 사기꾼으로 여겼다. 철학자들이 이처럼 소피스트를 싫어한 이유는 그들이 말의 가치와 신뢰를 실추시킨다고 생각했기 때문이다.

오늘날로 치면 소피스트는 실력과 견식을 겸비한 지식인·문화인에 해당한다. 그런 유명인들이 상대의 논파나 자신의 평판을 목적으로 말을 한다면 애초에 말 자체를 신뢰할 수 없게 될 것이다.

더 중요한 점은, **인간이 척도가 되어서 어떤 주장이든 어떤 의미에서는 옳은 것이 된다면 그 주장의 옳음 또는 그름을 음미·검증할 수 없게 된다.** 이것은 절대적으로 옳다거나 절대적으로 틀렸다고 말할 수 없게 된다면 모든 것이 옳게 되어 버리며, 그 결과 가장 그럴듯한 옳음을 선택하는 것만이 우리가 할 수 있는 일이 된다. 그래서 플라톤은 『소피스테스』라는 작품에서 소피스트란 어떤 사람들이냐에 관해 정교하고 치밀하게 논한 뒤 마지막에 이렇게 정의했다.

"소피스트의 기술은 사적인 짧은 토론을 통해 상대를 모순으로 몰아넣어서 논파하는 기술이다. 그들은 자신이 사실은 진리를 알지 못함을 알면서도 자신이 지식인인 듯이 꾸며대 젊은 이들을 속이고 보수를 받는 자들이다."

소피스트들에게는 불명예스러운 정의지만, 이 플라톤의 정의는 널리 정착되었고 소피스트에 대한 역사적 평가도 결정했다. 그 뒤로 소피스트라는 말은 지식인을 비난하기 위한 꼬리표로 사용되고 있다.

철학자들이 빠진 딜레마

이처럼 플라톤 등의 철학자들이 소피스트를 허위 언론을 통해 사람들을 속이는 자로 규정함에 따라 지금도 이 규정이 정설로 받아들여지고 있다.

다만 그렇다고 해서 철학자는 신뢰할 수 있는가 하면 결코 그렇지는 않다. 소피스트를 이렇게 규정한 것이 정당한지 아닌지 알 수가 없기 때문이다. 설령 정당하다 해도 그렇다면 이렇게 소피스트를 단죄한 철학자는 대체 어떤 사람들이냐는 문제가 남는다.

철학자는 문자 그대로 해석하면 '지를 사랑하는 자'인데, 지를 사랑한다는 것이 대체 어떤 것인지 말을 통해서 단적으로 규정하기는 어렵다. 어쨌든 현자는 아니지만 무지한 사람과도 다른 것이다. 어떤 의미에서는 그 무엇도 아닌 어중간한 인간들이다. 철학자는 지를 사랑하지만 결코 특정한 지를 갖추고 있지도 않으며 현자로 행동하지도 않는다. 그리고 앞에서 규정된 소피스트와는 다른 사람들로 묘사된다.

그 결과 철학자는 자신들이 무엇인지 명확히 규정되어 있지 않다는 딜레마에 빠져 있다. 그 원인은 소피스트와 다르다고 분명하게 선을 그은 탓이다. 그리고 플라톤 이후 자신의 지식을 이용해 생계를 꾸려 나가는 철학자가 속출했다. 즉 철학자임을 자칭하면서 소피스트가 쌓아 올린 경제생활의 기반에 편승한 것이다.

철학의 역사에서 소피스트는 철학자에게 패배해 사라진 사기꾼처럼 취급되고 있다. 그러나 **철학자와 소피스트의 구별은 고대 그리스 시대뿐만 아니라 현대에도 철학자들이 자신들을 어떻게 규정하고 어떻게 살아갈 것인지 묻는 현재 진행적인 문제로 남아 있다.**

철학자란 사형을 각오하고 대화하는 사람

제1장
[고대]
형이상학
자연철학
vs

제2장
[중세]
그리스도교
vs

제3장
[근대]
인간
자연
이성
세계
vs

제4장
[현대]
신철학
구철학
vs

 ## 재판을 받고 사형당하다

가장 유명한 철학자인 소크라테스는 아테나이(아테네) **시민 가운데 최초의 철학자**였다. 그리고 제자인 플라톤이 소피스트와 대결하며 '철학자란 무엇인가?'를 제시하려 할 때 항상 염두에 두었던 인물이기도 하다. 소크라테스는 소피스트라고 비난받으며 사형을 당했는데, **플라톤은 일련의 작품을 통해서 그가 철학자였음을 알리려 했다.**

　소크라테스는 "폴리스(도시 국가)가 믿는 신들을 믿지 않고 기묘한 신들을 믿으며 젊은이들을 타락시켰다."라는 혐의로 고발당했고, 501명의 배심원들은 그를 유죄로 판결하고 사형을 선고했다.

 ## 당시는 소피스트로 생각되었다

소크라테스는 자신의 철학에 관한 책을 쓰지 않았다. 그 대신 광장 또는 운동장 같은 도시의 **공공장소에서 젊은이들이나 지식인들을 만나 대화를 나누는 것이 그의 방식**이었다. 토론 실력이 무서울 만큼 뛰어나서 소피스트조차도 논파할 때가 종종 있었기 때문에 젊은이들 사이에서는 소크라테스의 팬도 생겨났다. 소크라테스 본인도 "눈앞에서 누군가가 논파당하는 모습을 보는 것은 젊은이들에게 유쾌한 일이었을 것"이라며 자신의 활동에 일종의 오락성이 있음을 인정했다. 또한 그는 대화 상대에게 사례금이나 수업료를 일체 요구하지 않았다.

　사람들이 토론에 강하고 젊은이들에게 무엇인가를 가르치는 듯이 보였던 소크라테스를 소피스트와 구별하지 못한 것은 이상한 일이 아니었다.

또한 불경죄는 철학자가 규탄당할 때의 단골 명목이었다.

더 나은 삶을 살기 위해 필요한 것은 집필이 아닌 대화

소크라테스는 자연과 우주의 탐구나 책의 집필에는 관심이 없었다. **그의 방식은 상대와 대화를 나누면서 용기와 경건함, 정의 같은 덕에 관해 "그것은 무엇인가?"를 직접 묻는 것이었다.** '정의란 이러이러한 것이다.'라는 생각에 그 사람의 정의가 드러나기 때문이다.

말은 그 사람의 사고방식이나 삶의 자세를 보여준다. 자신의 생각을 말로 정확하게 표현하고, 자신의 생각에 모순이나 오류가 있다면 그것을 명확히 이해한다. 이것이 더 나은 삶을 사는 길이다. 그러나 자신의 생각이나 그 생각의 모순을 말로 표현하고 이해하는 것은 어려운 일이다. 인간은 자신의 잘못보다 타인의 잘못을 더 쉽게 깨닫기 마련이다. 바로 여기에 대화가 철학(더 나은 삶을 사는 것)의 방법이 되는 필연성이 있다.

소크라테스에게 철학은 학자가 서재에 틀어박혀서 생각에 잠기는 고독한 활동이 아니라 지와 삶의 자세에 관해 대화를 나누는 공공적인 활동이었다.

철학자는 지와 무지 사이의 '중간자'

플라톤은 소크라테스를 중간자로 묘사했다. 추상적인 표현이지만, 이 중간자라는 말은 철학자란 무엇인가를 상징적으로 나타낸다.

먼저, **철학자(지를 사랑하는 자)는 지자(知者)가 아니라 무지자와 지자의 중간에 있는 자다.** 소크라테스는 이른바 '무지의 지(부지의 자각이라고도 한다)'라는 말로 유명하다. '알지 못하는 것을 그대로 알지 못한다고 생각한다는 점에서 자신이 알지 못한다는 것조차 깨닫지 못하는 사람보다는 지혜가 있다.'라는 의미다.

그러나 소크라테스는 기본적으로 신과 인간을 대비시켰다. 신의 지에 비하면 아무리 현명한 인간의 지도 없는 것과 다름이 없다고 말하고 싶었던 것이다. '무지의 지'에는 프로타고라스의 '인간 척도설'에 대한 반론이라는 의의도 있었다. 인간이 지의 척도가 되는 일은 단연코 없다는 것이다.

또한 소크라테스는 때때로 다이몬(수호신)이라는 존재를 언급했다. 소크라테스가 무엇인가를 하려고 하면 그것을 막는 존재가 있었던 모양이다. 다이몬은 신과 인간의 중간자다. 또한 지에 관해서도 **'무엇을 해야 할지는 가르쳐 주지 않지만 무엇을 해서는 안 되는지는 가르쳐 주는' 지자(신)와 무지자(인간) 사이의 중간자**라고 말할 수 있다.

신과 인간, 지자와 무지자라는 대비 속에서 그 중간에 있는 존재가 지를 사랑하는 자(철학자)다. 여기에는 그리스에서 이상적으로 여겼던 삶의 자세인 '신과 닮은 자'라는 구도가 있으며, 플라톤은 소크라테스를 그런 사람으로 묘사했다.

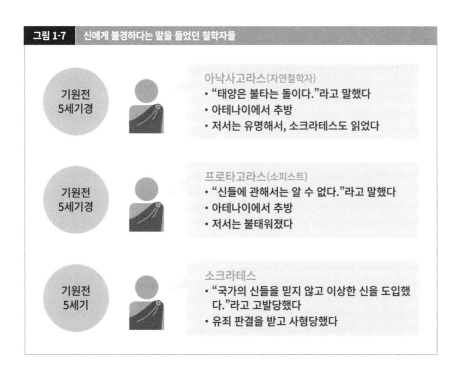

그림 1-7 신에게 불경하다는 말을 들었던 철학자들

기원전 5세기경 — 아낙사고라스(자연철학자)
- "태양은 불타는 돌이다."라고 말했다
- 아테나이에서 추방
- 저서는 유명해서, 소크라테스도 읽었다

기원전 5세기경 — 프로타고라스(소피스트)
- "신들에 관해서는 알 수 없다."라고 말했다
- 아테나이에서 추방
- 저서는 불태워졌다

기원전 5세기 — 소크라테스
- "국가의 신들을 믿지 않고 이상한 신을 도입했다."라고 고발당했다
- 유죄 판결을 받고 사형당했다

정의란 무엇인가? 선이란 무엇인가? 소크라테스는 온갖 정의와 선에 적용되는 단일한 규정을 추구했다. 그것을 알고 있는 자가 있다면 오직 진정한 지자, 신적인 자뿐이다.

소크라테스의 질문에는 끝이나 결론이 없으며, 끊임없는 음미와 자기비판이 있었다. 인간적인 지를 초월한 보편적인 지의 탐구. **인간 수준의 척도가 아니라 신 수준의 척도의 탐구.** 그것이 소크라테스의 철학이었다.

"이데아야말로 현실이다." 서양 철학은 여기에서 시작되었다

모두가 인정하는 최고의 철학자

플라톤은 서양 철학의 역사에서 가장 큰 영향력을 지닌 인물이다. 그의 영향력이 얼마나 큰가 하면, 우리가 학교에서 수학을 배우는 것은 근원을 거슬러 올라가면 플라톤의 제안으로 시작된 것일 정도다. 또한 철학에는 여러 가지 용어가 있는데, '관념', '아이디어', '이상(理想)' 같은 용어는 전부 플라톤의 '이데아(idea)'가 어원이다.

플라톤은 철학의 역사뿐만 아니라 우리의 생활과 교육, 그리고 문화의 기반이 된 위대한 철학자다.

플라톤 철학의 특징

자연철학과 형이상학의 구분으로 따지면 플라톤은 형이상학 쪽의 철학자다. **자연철학은 플라톤의 영향으로 형이상학의 지배를 받게 되었다.**

『법률』이라는 만년의 작품에서 플라톤은 '자연'이라는 말의 의미에 관해 "자연철학자들은 자연의 의미를 잘못 이해하고 있다."라고 말했다. 그들은 자연을 물질적인 것으로 생각하지만, 물질이란 움직여지는 것이며 그런 객체적·수동적인 것이 최고의 존재인 자연일 수는 없다. 오히려 그런 물체를 움직이는 것이 최고의 존재인 자연이라고 부를 수 있는 것이다. 그것은 비물질적인 것, 다시 말해 영혼이며, 영혼이야말로 자연이라고 부를 수 있는 최고의 존재다. 이렇게 주장한 것이다. **자연을 물질적인 것에서 비물질적인 것으로 전환시킨 것이 플라톤**

철학의 특징이다.

이와 동시에 말의 의미를 근본부터 바꿔 버리는 것도 플라톤 철학의 특징이다. '자연'의 의미를 바꿨을 뿐만 아니라 '현실'이나 '신', '정의', '선' 같은 말의 의미까지 바꿔 버렸다. 그의 철학은 **말의 의미를 근본부터 되물음으로써 세계의 형태나 보이는 방식을 새롭게 하는 힘을 지녔다.** 그런 플라톤 철학의 핵심이 이데아론이다. 이데아는 세계가 보이는 방식을 새롭게 하는 개념이었다.

 ## 이데아란 세계와 말을 성립시키는 근거

이데아란 현상의 근거에 있는, 그 자체는 직접 지각할 수 없는 보편적인 존재를 가리킨다. 플라톤은 '이데아가 이 세계와 우리의 말을 성립시키는 근거다.'라고 생각했다.

가령 눈앞에 꽃이 있고 그 꽃을 아름답다고 느꼈다고 가정하자. 이데아론에서는 꽃의 이데아와 아름다움의 이데아가 있다고 생각한다. **눈앞의 꽃은 꽃의 이데아를 통해서 꽃으로 있고, 아름다움의 이데아를 통해서 아름다운** 것이다.

상당히 난해한 이야기다. 게다가 이데아가 있다고 생각한다 해서 눈앞의 꽃이 한층 아름답게 느껴지는 것도 아니다. 여담이지만, 플라톤의 제자인 아리스토텔레스는 이데아론을 굉장히 싫어했으며 "번잡하기만 할 뿐 무의미한 이중화에 불과하다."라고 통렬히 비판했다.

 ## 아름다운 것은 이데아를 통해서 아름답다

그렇다면 왜 플라톤은 이데아 같은 것을 생각해냈을까? 그 이유는 플라톤의 말을 빌리면 **'현상을 구하기' 위해서**다. 눈앞의 꽃이나 그 꽃의 아름다움은 이데아를 통해서 존재한다. 그렇게 생각할 때 비로소 우리는 눈앞에 있는 아름다운 것을 아름답다고 말할 수 있게 된다.

무슨 말인지 차근차근 설명해 보겠다.

먼저, 현상 세계와 관련해서 플라톤은 헤라클레이토스가 말했듯이 만물은 유전한다고 인정했다. 자연은 변화한다. "같은 강에는 두 번 발을 담글 수 없다."라는 헤라클레이토스의 말처럼 똑같은 것은 존재하지 않는다. 즉 '꽃이 참 아름답구나.'라고 느꼈더라도 그 꽃은 언젠가 시들며 꽃이 아닌 것으로 변한다. 아름다움도 결국은 사라질 것이다.

또한 꽃이 아름다운 이유로는 형태나 색 등 여러 가지를 들 수 있지만, 절대적인 것은 하나도 없다. 자신은 그 형태가 아름답다고 느꼈더라도 그렇게 느끼지 않는 사람 또한 있을 것이다. 물론 다른 이유들도 마찬가지다.

그렇다면 결국 무엇인가를 아름답다고 느낄지 어떨지는 사람마다 다르다는 의미가 된다. 우연히 그 사람에게는 아름답게 보였을 뿐, 모든 것은 어떤 의미에서는 아름답고 어떤 의미에서는 추하다고 말할 수 있다. 애초에 무슨 이유에서 아름답다고 느끼는지도 사람마다 다를 것이다.

 ## '어떻게 느끼느냐는 사람마다 다르다.'를 단호히 거부하다

현대를 사는 우리는 사람마다 다르다는 발상을 딱히 위화감 없이 받아들일지 모르지만, 플라톤은 이를 단호히 거부했다. 사람마다 아름답다고 느끼는 것이 다르다면 아름답다는 말 자체가 무의미해지기 때문이다. 설령 "무엇을 아름답다고 느끼느냐는 사람마다 다르다."라는 말에서는 위화감을 느끼지 못하더라도 "무엇을 꽃이라고 느끼는지는 사람마다 다르다."라는 말은 기묘하게 느껴질 것이다. 이 경우는 꽃이라는 말 자체가 무의미해진다.

플라톤의 이데아는 이 부분이 포인트다. 꽃 같은 사물의 이름의 의미가 사람에 따라서 달라진다면 이것은 당연히 곤란한 일이다. 또한 **'아름답다.', '선하다.', '옳다.' 같은 어떤 가치를 의미하는 말도 사람에 따라서 의미가 달라진다면 곤란할 수밖에 없다.** 실제로 세상의 수많은 다툼을 보면 무엇이 정의인가, 무엇이 선인가에 대한 생각의 차이가 원인일 때가 많다.

만약 진·선·미에 아무런 근거도 없다면 그저 힘이 더 센 자가 그 다툼에서 승리하게 된다. 그러나 그래서는 안 된다. '힘이 곧 정의'인 세상이 되어서는 안 된다. 그렇다면 진·선·미에 근거가 필요하다. 이처럼 **플라톤의 이데아론은 형이상학인 동시에 정치적인 측면도 있다.** 이 근거를 정립하는 것이 플라톤 정치철학의 기본적인 목적이다.

그렇다면 어떻게 생각해야 '이 꽃은 아름답다.'라는 말에 근거를 부여할 수 있을까? 플라톤은 '아름답다.'라는 말 자체에 주목했다. 그리고 '아름답다.'라는 말에는 결코 '추하다.'라는 의미가 섞여 있지 않다고 생각했다. '추하다.'라는 의미가 섞여 들어가면 그것은 이미 '아름다운' 것이 아니다. 이것은 파르메니데스가 생각한 '있다.'와 '없다.'의 관계와 완전히 똑같다.

아름다움과 추함뿐만 아니라 정의와 부정, 선과 악도 같은 관계다. '크다.'나 '뜨겁다.' 같은 말도 마찬가지다. '크다.', '뜨겁다.'라는 말은 '작다.', '차갑다.'라는 의미를 절대 내포하지 않는다.

이상과 같은 예는 각각 아름다움의 이데아, 큰의 이데아, 뜨거움의 이데아다. 아름다운 것은 아름다움의 이데아를 통해서 아름답다. 큰 것은 큰의 이데아를 통해서 크다. 뜨거운 것은 뜨

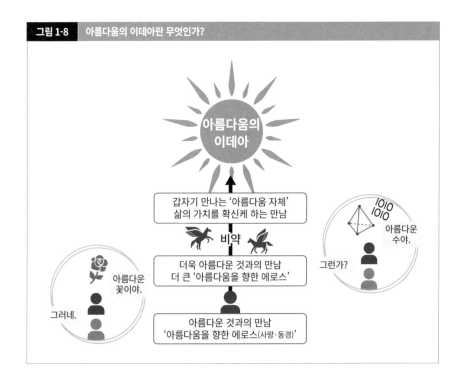

그림 1-8 아름다움의 이데아란 무엇인가?

아름다움의 이데아

갑자기 만나는 '아름다움 자체'
삶의 가치를 확신케 하는 만남

비약

더욱 아름다운 것과의 만남
더 큰 '아름다움을 향한 에로스'

아름다운 것과의 만남
'아름다움을 향한 에로스(사랑·동경)'

아름다운 꽃이야.

그러네.

아름다운 수야.

그런가?

거움의 이데아를 통해서 뜨겁다. 이것이 플라톤의 설명이다.

이처럼 **아름다운 것이나 큰 것, 뜨거운 것에 개개인의 감각과는 다른 보편적인 근거를 부여하는 것. 이것이 이데아의 역할이다.** 소크라테스의 보편적인 지의 탐구는 제자 플라톤에 이르러 이데아라는 형태로 결실을 맺었다.

이데아가 현실이며 이 세계의 근거

플라톤은 **우리가 사는 세계는 이데아의 그림자 혹은 모조품**이라고 말했다. 이데아는 순수한 형태이며, 이른바 흑백이 분명하다. 반면에 이 세계는 여러 가지가 뒤섞여 있는 회색의 세계라 할 수 있다.

요컨대 플라톤은 이 세계의 근거가 이데아에 있다고 파악하고 **"이데아는 우리가 사는 세계의 근거다."**=**"이데아야말로 현실이다."**라고 주장한 것이다. 이 세계의 온갖 것에 관해 우리가 "있다/없다.", "아름답다/추하다.", "선하다/악하다."라고 말할 수 있는 것은 이데아가 존재해 각각의 말의 의미를 담당하고 있기 때문이다.

아름다움 자체를 추구하는 것이 철학자의 삶의 자세

마지막으로, 아름다움의 이데아는 다른 이데아와 비교했을 때 철학자로서의 삶의 자세를 이끈다는 특별한 의미를 지닌다. **아름다움은 정의 등과 달리 시각으로 파악할 수 있다.** 그런 점에서 우리의 강렬한 동경심을 불러일으킨다. 실제로 우리는 아름다운 것을 사랑하고 추구한다. 그러나 플라톤은 아름다운 것을 성립시키는 **아름다움의 본질(아름다움 자체)을 사랑하고 추구하는 사람은 지극히 적다**고 말했다.

우리는 아름다움을 사랑하고 추구할수록 그때까지 아름답다고 느꼈던 것을 상대적으로 부족하다고 느끼게 된다. 이것이 더욱 아름다운 것을 사랑하고 추구하는 과정에서 일어나는 일이다. 미적 체험을 거듭할수록 우리는 더 큰, 혹은 보편적인 아름다움을 만날 수 있다. 또한 감각적인 아름다움(신체)에서 지성적인 아름다움(학문과 지식)을 사랑하고 추구하게 된다. 그리

제1장
[고대]
형이상학
자연철학
vs

제2장
중세
그리스도교
철학
vs

제3장
[근대]
인간 자연
이성 세계
vs

제4장
현대
실존철학
구조철학
vs

고 이 과정에서 갑자기 아름다움 자체를 만나며, 이때 비로소 인생은 살아갈 가치가 있는 것이 된다.

이처럼 **감각적인 세계와 거리를 두면서 이데아와의 만남을 동경하고 추구하는 것이 철학자의 삶의 자세**다. 플라톤은 아름다움의 이데아와 만나는 것이 미적 체험이라고 이야기함으로써 애지(愛知)의 정신을 북돋운 철학자다.

"모든 학문은 짐 앞에 무릎을 꿇어라." 제왕의 철학

 ## 철학을 '제왕적인 지'라고 부른 박학다식한 인물

그리스의 북쪽에 위치한 도시 스타게이라에서 태어난 아리스토텔레스는 플라톤의 학원인 아카데메이아에 20년 정도 몸담았던 플라톤의 직계 제자다. 또한 그 유명한 **알렉산드로스 대왕**의 가정교사였다고 전해진다.

아리스토텔레스는 "철학은 제왕적인 지다."라며 자신의 철학을 모든 학문의 정점에 위치시켰다. 그런 까닭에 그를 **철학계의 알렉산드로스 대왕**이라고도 부를 수 있을 것이다. 아리스토텔레스는 굉장히 박학다식한 인물로, 말 그대로 애지의 정신에 이끌려서 행동했다. 또한 그 애지의 정신을 발휘하는 방식도 제왕적이었다. **아리스토텔레스는 폭넓은 분야에 관해 방대한 정보와 기존 학설을 수집하고 그것들을 비판적으로 음미, 검토한 다음 자신의 종합적인 결론을 확립했다.**

여담이지만, **사이토 닌즈이**라는 일본의 연구자가 아리스토텔레스에 대해 재미있는 평가를 했다. 그의 이야기에 따르면, 아리스토텔레스는 "타인의 사상에 결함이 있다면 그것을 절대 놓치지 않았다."고 한다. 제왕으로서 과거 지의 결함을 정비하고 지의 정점에 군림했던 대철학자. 아리스토텔레스는 그런 인물이었다.

 ## 제왕적인 지는 원인과 목적에 관한 탐구

제왕적인 지는 원인과 목적에 관한 지다. 이 '지'는 장인의 지와는 대비된다. 장인의 지는 경험에 속하며, '이유는 모르겠지만 이렇게 하면 잘 되더라.'라는 지식이다. 요컨대 왜 그렇게 되는지 말로는 설명하기 어려운, 요령 같은 것이 장인의 지다. 그에 비해 **제왕적인 지는 왜 그렇게 되느냐는 원인을 아는 이론적인 지**다.

그리고 **철학은 '자연의 제1원인이나 목적에 관해 탐구하는 학문'**이다. 만물의 원인이나 유래를 아는 학문이 제왕의 학문이며, 아리스토텔레스의 철학은 원인의 탐구에서 시작된다. 그는 기존의 철학자들이 만물의 원인으로 이야기했던 사항들을 전부 검토한 뒤, 어떤 설이든 부분적으로는 옳지만 전체상을 파악하지 못했다고 평가했다.

아리스토텔레스는 **만물의 원인에 관한 전체상은 '4원인'으로 정리할 수 있다**고 제창했다. 이것은 아리스토텔레스가 그의 가장 중요한 저작물인 『형이상학』의 제1권에서 논한 사항이다.

아리스토텔레스의 근본 사상① '4원인설'

4원인설이 너무나도 짜임새 있는 발상인 까닭에, 아리스토텔레스는 과거 지자들의 생각을 전부 4원인설에 입각해서 정리했다. 좋은 의미에서든 나쁜 의미에서든 아리스토텔레스의 학문 스타일이 잘 드러난 부분이기에 간략하게 소개하겠다.

아리스토텔레스는 사물의 원인을 하나가 아니라 넷으로 규정하고, 각각의 원인을 '목적인, 질료인, 운동인, 형상인'이라고 불렀다.

밀로의 비너스 같은 그리스 조각을 예로 들면, **목적인은 조각을 제작하는 목적이나 동기**다. **질료인은 조각의 재료**이며, **운동인은 질료를 형상으로 이끄는 것으로, 조각가의 제작 행위**다. 그리고 **형상인은 그것이 비너스의 조각임을 알 수 있는 것, 즉 비너스**(그리스명은 아프로디테)**의 형태**이다.

이 4원인설이 옳다는 증거로서 아리스토텔레스는 과거의 철학자들이 내놓은 만물의 기원에 관한 학설들을 4원인설에 대입했다. 그들은 만물의 기원은 무엇이냐는 문제를 설정하고 답을 제시했다. 가령 탈레스는 물, 아낙시메네스는 공기다. 이것을 아리스토텔레스는 그들이

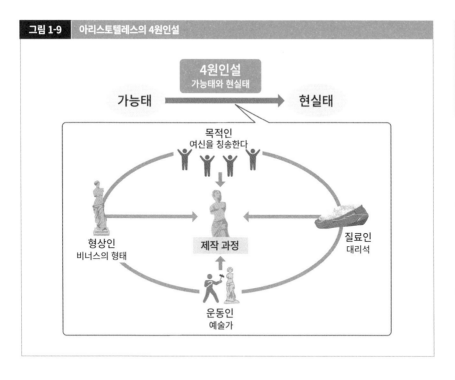

그림 1-9 아리스토텔레스의 4원인설

4원인설
가능태와 현실태

가능태 → 현실태

목적인
여신을 칭송한다

형상인
비너스의 형태

제작 과정

질료인
대리석

운동인
예술가

제1장
[고대]
형이상학 자연철학 vs

제2장
[중세]
그리스도교 철학 vs

제3장
[근대]
인간 자연 이성 세계 vs

제4장
[현대]
신철학 구철학 vs

질료인에 관해서 말한 것이라고 해설했다. 실제로는 탈레스의 물도 아낙시메네스의 공기도 질료(물질)로 환원할 수 있는 것이 아니다. 그러나 아리스토텔레스는 그들의 학설을 좋은 의미에서든 나쁜 의미에서든 4원인설에 억지로 적용했다. 4원인설은 그만큼 훌륭한 발상이기 때문이다.

4원인설은 한정적으로만 응용이 가능한 특별한 설명이 아니라 다른 학설에도 폭넓게 응용할 수 있는 이론이다. 세계를 구성하는 원인이 물이나 공기 등 한 가지라는 설명보다는 4원인설이 더 훌륭한 설명이다. 이런 확신에서 아리스토텔레스는 초기 그리스 철학자들의 뛰어난 사상을 자신의 이론 속에 수용했다.

 운동을 둘러싼 엘레아학파와의 대결

그 이론을 다른 곳에도 응용·전개할 수 있느냐는 관점은 매우 중요한데, 아리스토텔레스의

4원인설과 그 밖의 이론은 이 점에서 매우 훌륭했다.

그 예로 엘레아학파와의 대결을 살펴보자. **엘레아학파(파르메니데스, 제논, 멜리소스)는 자연의 생성변화나 운동을 부정했다.** 생성변화란 "'없는 상태'에서 '있는 상태'가 생겨나는" 것이기에 '무에서 유는 탄생하지 않는다.'라는 근본적인 논리와 모순된다. 무에서 유가 생겨난다면 그 무에는 '유를 탄생시키는 무엇인가가 있는' 셈이 되며, 그렇다면 무라고 말할 수 없기 때문이다. 이 강력한 논리에 대해 아리스토텔레스는 다음과 같이 선언했다. **"엘레아학파의 주장은 논리적으로는 가능할지도 모른다. 그러나 만약 그 논리를 세계의 사실로서 주장한다면 그것은 광기다."**

그러나 '없는 것은 없다.'라는 논리 자체는 움직일 수 없는 진리이기 때문에 엘레아학파를 논리적으로 완전히 부정하기는 어렵다.

 ## 아리스토텔레스의 근본 사상② '가능태와 현실태'

그래서 제왕 아리스토텔레스는 '질료와 형상', '가능태와 현실태'라는 개념을 이용했다.

'질료와 형상'은 4원인설에서도 이야기한 바 있다. **질료는 소재가 되는 것이며, 형상은 소재에 형태를 부여하는 것**이다. 형상이 있을 때 비로소 질료는 그 자체가 무엇인지를 구현할 수 있다. 질료의 예로 자주 등장하는 목재를 생각하면, '직육면체의 나무'라는 형상이 부여됨으로써 목재로서 인식된다. 어떤 형상도 부여되지 않은 질료라는 것은 논리적으로는 가능해도 현실에는 존재하지 않는다. 즉 **자연 존재는 모두 질료와 형상의 혼합물이다.**

후자인 '가능태와 현실태'는 아리스토텔레스가 창조한 독자적인 개념이다. **가능태는 '아직 현실로서 존재하지는 않지만 잠재적으로는 존재하는 것'**으로, 우리가 일상에서 사용하는 '가능성'이라는 말의 유래다. 한편 **현실태는 '가능성이 현실로서 존재하게 된 것'**이다. 앞의 예를 들면, 질료는 그저 가능태에 불과하며, 직육면체의 나무라는 형상을 부여받아 현실태(목재)가 된다. 즉 질료와 형상의 혼합물은 가능태가 현실태가 된 것이다. 정리하면, 질료는 가능태에 대응하고 형상은 현실태에 대응한다.

참고로 그리스인은 온갖 사물을 비례적·비교적으로 파악하는 사고방식을 가져서, '질료 : 형상＝가능태 : 현실태'와 같이 표현했다.

 ## 무(無)는 '가능적으로는' 있다

이 개념들을 바탕으로 아리스토텔레스는 생성에 관한 어려운 문제를 해결하고자 시도했다. 생성이란 완전한 무에서 생겨나는 것이 아니라 아직 현실태가 되지 않은 가능태에서 생겨나는 것이다. 가능적 존재가 어떤 형상을 부여받아 현실의 존재로 탄생한다는 이론이다. 완전한 무는 논리적으로 말할 수 있을 뿐, 현실에 존재하는 것의 생성이나 운동을 부정할 수 있는 것이 아니다. 가능적 존재는 현실적 존재로서는 아직 비존재이지만 분명히 '있는' 것이다.

그러므로 엘레아학파가 '없는 것은 없다.'라는 테제에 입각해 생성변화나 운동을 부정하는 것은 틀렸다는 것이 아리스토텔레스의 생각이었다.

이와 같은 흐름으로 **아리스토텔레스는 '자연은 생성변화하며 운동한다.'라는 이론을 확립**했다. 그리고 이를 통해 비로소 자연의 제1원인, 즉 운동의 기원을 탐구할 수 있게 되었다. 그 학문이 바로 제왕의 학인 철학이다.

 ## 자연의 제1원인 '부동의 동자'

자연의 제1원인은 '부동의 동자'로 불린다. 운동에는 시작이 있어야 하며, 움직이는 물체는 반드시 어떤 시점에 어떤 힘을 받아서 움직이기 시작했다. 이 운동의 원인을 거슬러 올라가면 무한히 많은 인과 관계를 가정할 수 있는데, 아리스토텔레스는 무한 또한 논리적으로 생각할 수 있을 뿐 현실에는 존재하지 않는다고 규정했다.

운동이 실제로 존재하는 이상은 시작이 있어야 하며, 그 시작은 '자신은 움직이지 않고 다른 것을 움직이는 것'으로 규정된다. 이것이 제1원인인 부동의 동자의 규정이다.

그렇다면 왜 부동의 동자는 움직이지 않는 것일까? 그것은 부동의 동자가 자연을 초월한 존재이며 질료(움직여지는 요소)를 갖지 않기 때문이다. 모든 자연 존재는 질료와 형상의 혼합물이지만, **자연을 초월한 존재는 자연 존재와 같은 방식으로 존재하지 않는다. 부동의 동자는 순수한 형상으로서 존재하기에 질료를 가진 자연 존재처럼 움직여지는 일이 없다.**

 ## 인간의 가장 큰 기쁨은 '아는 것'

"인간은 천성적으로 알고 싶어 한다."라는 아리스토텔레스의 유명한 말이 있다. 이것은 아는 것을 기쁨으로 여긴다는 의미다. 다만 지식에도 여러 가지가 있는데, 어떤 지식이 가장 큰 기쁨을 줄까? 그것은 자연의 제1원인에 관한 지식, 다시 말해 철학의 지식이다.

부동의 동자는 자연의 제1원인에 관한 지식이다. **아리스토텔레스는 철학을 공부해 우리의 존재의 유래를 아는 것이 인간에게 가장 큰 기쁨이라고 생각했다.**

또한 '존재'에 관한 고찰은 철학의 가장 중요한 주제다. 아리스토텔레스는 파르메니데스에게 반기를 들며 "존재는 다양한 의미에서 이야기할 수 있다."라고 말했다. 파르메니데스의 고찰은 '없는 것은 없다.'가 중심에 있었다. 요컨대 '없다.'에 초점을 맞춘 고찰이다. 반면에 아리스토텔레스는 '있다.'에 초점을 맞추고 존재가 지닌 다양한 의미와 세계를 해명하고자 시도했다. 그의 생각에 따르면 오로지 '있다.'의 문제만을 탐구하는 것이 철학인 것이다.

 ## 중세에 되살아나는 아리스토텔레스

제왕 아리스토텔레스가 그리스 세계에 끼친 영향은 의외로 작았다. 그의 학원인 리케이온은 스승 플라톤의 아카데메이아만큼 오래 지속되지 못했으며 유력한 후계자도 등장하지 않았다. 이런 사정은 알렉산드로스 대왕과 비슷하다. 아리스토텔레스의 철학도 일단 중기 스토아 학파에 계승된 뒤 오랫동안 잊히게 된다.

그러나 1,000년이 넘는 시간이 흐른 뒤, 아리스토텔레스는 **중세의 지적 세계에서 압도적 권위자로서 부활**한다. 철학자라는 일반 명사가 아리스토텔레스를 의미할 정도였으며, 그 박학다식함에서 '지자들의 스승'이라는 별명도 생겼다. 이에 관해서는 중세의 장에서 자세히 이야기하겠다.

당신의 육체는 '당신'이 아니다?

 아테나이가 문명의 중심이 아니게 된 시대

스토아학파는 '헬레니즘 시대**의 철학 학파' 중 하나다.** 다른 학파로는 에피쿠로스학파와 회의학파가 있으며, 이들에 관해서도 순차적으로 설명하겠다.

제논은 스토아학파의 시조로, 아시아와 가까운 키프로스 섬에서 태어났다. 그는 그리스인이 아니라 페니키아인으로 불렸다.

스토아 철학**은 '현자'라는 이상적인 삶의 자세를 지향하는 실천적인 철학**이다. 스토익이라고 부르는 금욕주의적인 사고방식은 스토아학파에서 유래했다. **이 학파가 이상적으로 여기는 삶의 자세는 '자연을 따르며 사는' 것**이다. 온갖 자연 존재에는 로고스가 깃들어 있다. 로고스는 헤라클레이토스 편에서도 나왔는데, 스토아학파에서는 주로 **'세계의 원리'**라는 의미로 사용했다. 식물, 바다, 산, 우주, 인간 등 모든 것은 근원적으로 동일하다. 자연은 전부 로고스가 어떤 형태로 나타난 것이다. 그런 관점에서 스토아학파는 자연을 따르는 삶의 자세가 곧 로고스를 따르는 삶의 자세라고 생각했다. 이런 장대한 세계관에서 이상적인 삶의 자세를 이끌어낸 것이다.

'철학은 삶의 자세다.'라는 것이 이 책의 철학관인데, **헬레니즘 시대 철학의 중심적인 관심사가 바로 인간의 삶의 자세였다.**

세 시대와 세 가지 학문

스토아학파는 초기·중기·후기의 세 시대로 나눌 수 있다. 대략적으로 초기는 헬레니즘 시대, 중기는 공화정 **로마 시대, 후기는** 제정 **로마 시대다.** 스토아학파의 대표적인 철학자로는 세네카와 로마 황제 마르쿠스 아우렐리우스가 있는데, 이들은 모두 후기 스토아학파에 속한다. 한편 초기와 중기의 스토아학파 철학자가 쓴 책은 거의 남아 있지 않다. 초기 그리스의 철학자들과 마찬가지로 그들이 했던 말이 단편적으로 전해질 뿐이다.

또한 **스토아학파는 철학을** 논리학·자연학·윤리학**의 세 가지로 나누었다.** 논리학은 사물을 올바르게 파악·인식하기 위한 학문이고, 자연학은 로고스의 관점에서 자연의 활동을 탐구하기 위한 학문이며, 윤리학은 자연에 적합한 삶의 자세, 즉 덕이 있는 삶의 자세란 무엇인가를 탐구하기 위한 학문이다.

 ## 부동심이란 번뇌로부터의 해방

스토아학파는 '아파테이아(무감정)'를 이상적인 경지로 여겼다. 물론 인간은 감정을 지니고 있으므로 완전히 무감정해지기는 불가능하다. 그러나 감정은 갑자기 억제가 안 될 만큼 커질 때가 있다. 그렇게 커진 감정을 '정념'이라고 부르고, 이성적인 상태와는 정반대의 비이성적인 상태라고 생각했다.

아파테이아는 이성을 따라서 정념이 없는, 마음의 번뇌로부터 해방된 자유로운 상태를 가리킨다. 스토아학파는 자연을 이성 그 자체로 여기기 때문에 이성적인 상태야말로 자연을 따르는 덕 있는 삶의 자세라고 생각한 것이다.

 ## 논리와 자연의 근간에 있는 로고스

스토아학파의 세계관은 '만물은 물질이다.'라는 유물론이다. 만물은 물질이면서 로고스가 깃들어 있다. 물질이자 로고스라는 동일성이 사물의 인식의 근거다. 우리가 사물을 인식하고

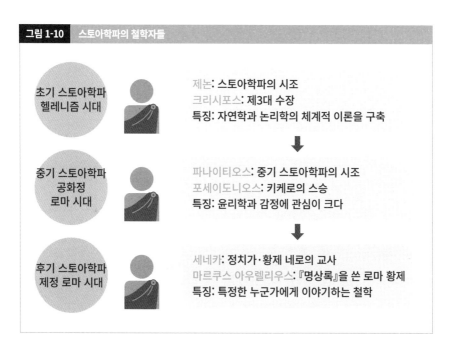

그림 1-10 스토아학파의 철학자들

초기 스토아학파
헬레니즘 시대

제논: 스토아학파의 시조
크리시포스: 제3대 수장
특징: 자연학과 논리학의 체계적 이론을 구축

중기 스토아학파
공화정
로마 시대

파나이티오스: 중기 스토아학파의 시조
포세이도니오스: 키케로의 스승
특징: 윤리학과 감정에 관심이 크다

후기 스토아학파
제정 로마 시대

세네카: 정치가·황제 네로의 교사
마르쿠스 아우렐리우스: 『명상록』을 쓴 로마 황제
특징: 특정한 누군가에게 이야기하는 철학

진위를 검증할 수 있는 것은 그것과 우리가 근원적으로 동일한 존재이기 때문이다.

이와 같은 자연철학에서 논리학(인식론)의 근거나 자연을 따르며 사는 윤리학의 근거가 유도된다. **논리학·자연학·윤리학이 밀접한 관계라는 것이 스토아 철학의 특징**이다. 아리스토텔레스는 수많은 학문을 만들었지만, 스토아학파만큼 각각의 학문이 불가분의 관계인 것은 아니었다.

 ## '자신'이라고 말할 수 있는 것은 의지뿐

스토아학파는 윤리학을 특히 중시했다. 정념으로부터 해방되어 자연을 따르며 살려면 어떻게 해야 할까? 그것은 자신의 소유물을 버리고 자기 자신만으로 사는 것이다. 재산이나 소지품은 물론이고 자신의 육체조차도 소유물에 불과하다. 놀랍게도 생명조차 자신의 것이 아니다. 100퍼센트 내 뜻대로 할 수 없는 것은 내 것이 아닌 것이다.

그렇다면 자신의 소유물은 대체 무엇일까? 그것은 자신의 영혼뿐이다. 영혼의 활동은 표상

제1장
[고대]
형이상학 vs 자연철학

제2장
[중세]
그리스 철학 vs 크리스트교

제3장
[근대]
인간 이성 vs 자연 세계

제4장
[현대]
신 철학 vs 구조철학

(느낀 것이나 생각이 든 것)에 동의할지 동의하지 않을지 결정하는 것이다. 표상은 수동적이기 때문에 자신의 힘으로 통제할 수 없지만, 그것에 동의하느냐의 여부, 즉 참으로 인정하는가 거짓으로 인정하는가는 자신의 '**선택의지**'에 따라 결정이 가능하다고 말할 수 있다. 이 **영혼의 능동성은 자연이 인간에게 부여한 이성의 가장 신적인 부분**이다.

이처럼 **신체와 생명까지도 포함한 온갖 것을 자신이 아닌 것, 자신과는 아무 관계도 없는 것으로 생각하고 자신을 순수한 정신적 존재로 만들려 하는 것이 스토아학파의 삶의 자세**다.

 ## 처지는 자신의 본질과 관계가 없다

스토아학파가 다룬 유명한 개념으로 '코스모폴리타니즘(세계시민주의)'이 있다. 자연은 전체가 하나의 이성이며, 모든 존재는 자연우주라는 하나의 공동체에 귀속된다는 생각이다. 법학 분야의 '자연법'은 스토아학파에서 유래되었다고 하는데, 비슷한 발상이 엿보인다.

이런 발상에서는 개별보다 보편을 본질로 여기는 생각을 발견할 수 있다. 즉 **우연히 부여받은 개별적인 처지는 우리의 본질과 관계가 없다는 생각**이다. 가령 "자신이 선 자리에서 꽃을 피워라."라는 말이 있는데, 스토아학파는 '내가 선 자리와 나는 아무런 관계가 없다.'라고 생각한다.

여담이지만, 수많은 메모를 모아서 책으로 엮은 마르쿠스 아우렐리우스 황제의 『명상록』에는 이런 이야기가 있다. 황제는 아침 일찍 일어나는 것이 고역이었던 듯, "나는 인간의 의무를 다하기 위해 일어나는 것이다."라고 자신을 타일렀다. 이것은 개인의 마음을 우선하지 않고 '나는 자연의 일부이며, 보편적인 존재로서의 의무를 우선한다.'라는 마음가짐이다.

 ## 삶의 지혜로서 꾸준히 읽혀 온 스토아학파의 책

스토아학파의 책은 로마인인 키케로와 세네카의 영향으로 후세에도 매우 많이 읽혔다. 특히 **르네상스 시대부터 근세의 모럴리스트의 시대에 애독되었고, 현대에도 '더 나은 삶을 산다.'라는 측면에서 철학에 관심이 있는 사람들에게 인기가 있다.** 페트라르카와 스피노자는 스토

아학파의 애독자였다.

  반면에 학술 연구의 대상으로서는 난점이 있는 듯하다. 그래서 플라톤이나 아리스토텔레스에 비해 평가가 낮지만, 스토아학파도 자연학에서 볼 수 있듯이 헤라클레이토스 이후 축적된 풍부한 고대 그리스 철학의 토대 위에서 거대한 세계관을 제시한 학파였다.

제1장
[고대]
형이상학
자연철학
vs

제2장
[중세]
그리스철학
크리스트교
vs

제3장
[근대]
인간이성
자연세계
vs

제4장
[현대]
신철학
구철학
vs

철학의 역사에서 가장 미움받는 철학자

 '마음의 평정'을 지향한 쾌락주의자

에피쿠로스는 쾌락주의자이자 원자론자로 유명하며, '아타락시아(마음의 평정)'를 유지하는 것을 이상적인 삶의 자세로 여겼다. 수많은 작품을 썼다고 알려져 있지만, 현재 남아 있는 것은 학우에게 보낸 편지 세 통과 교설의 요점을 조목별로 적은 것뿐이다.

에피쿠로스는 당시에도 후세에도 비방과 중상의 표적이 된 인물로, 쾌락을 탐닉하는 타락한 사람을 의미하는 '에피큐리언'이라는 말까지 생겼을 정도다. 그러나 **그가 추구한 쾌락은 어떤 욕망이든 마음껏 충족하는 것이 아니었다. 그는 절도 있는 욕망을 추구했다.** 게다가 그 절도는 무서울 만큼 엄격한 것이어서, 우리의 기준으로는 거의 금욕주의나 다름이 없다. 빵과 물만으로 만족하는 생활이기 때문이다.

그럼에도 후세의 사람에게 심한 비판을 받은 안타까운 철학자다.

 에피쿠로스가 미움받은 두 가지 이유

에피쿠로스가 그렇게까지 미움을 받은 이유는 쾌락주의와 원자론이라는 두 사상이 세속적이고 무신론적(신에 대한 불경)으로 여겨졌기 때문이다.

먼저 쾌락주의에 관해서 이야기하면, 에피쿠로스는 "모든 선의 원천은 위(胃)의 즐거움이다. 지적인 선도 기원은 이것이다."라고 말해 전방위적으로 비난의 표적이 되었다. 당시는 지성을 최소한 그 일부는 외부에서 들어온 신적인 것이며 동물과 인간을 구별하는 결정적인 지표라고 생각했다. 그래서 **인간 지성을 경시한 에피쿠로스를 인간성은 물론이고 신들까지 우롱한 자로 간주했던 것**이다.

원자론의 경우는 데모크리토스의 원자론과 거의 같다. 세계는 원자와 공허만으로 구성되어 있으며, 목적도 의지도 없는 필연적인 운동에 불과하다. 또한 **이 세계는 유일한 것이 아니라 무수히 많은 세계 중 하나라는 생각**이다.

원자론에 따르면 신들도 원자인 셈이 된다. **에피쿠로스는 무신론자가 아니지만, 신들이 이 세계에 개입하고 있다는 생각은 부정**했다. 그는 신들이 무수히 존재하는 우주의 중간 세계에 사는 까닭에 원자의 운동의 필연성으로부터 벗어난 더없이 행복한 존재라고 생각했다. 문자 그대로 사는 세계가 다르기 때문에 우리가 사는 세계와 관계를 맺지 않는다.

이런 사정에서 에피쿠로스의 사상은 철학적으로도 종교적으로도 공격을 받았다. 그를 비난하는 것은 오히려 정의로운 행위라는 분위기조차 형성되었다.

괴로움을 없애는 청렴결백한 삶의 자세

그러나 인간 에피쿠로스는 그 누구보다도 뛰어난 인격자였다. 욕심이라고는 눈곱만큼도 없고, 아주 작은 것에도 더할 나위 없이 만족했으며, 우정이 깊고, 항상 온화하며 명랑했다. 그는 결핍을 느끼지 않는 것보다 더 나은 풍요는 없다고 생각해, "빵과 물만 있으면 중간 세계에서 사는 행복한 신들과도 행복을 겨룰 수 있다."라고 말했다.

에피쿠로스가 말하는 쾌락은 '고통이 없는 상태'를 가리키며, 이것은 과도한 자극을 받지 않는 상태를 의미한다. 또한 그는 쾌락도 과도해지면 나중에 고통을 초래하므로 피해야 한다고 생각했다. 그래서 딱히 쾌도 불쾌도 아닌 평소의 상태를 최선으로 여겼다.

에피쿠로스의 사상을 한마디로 표현한다면 **온갖 괴로움을 제거하는 철학**이라고 말할 수 있을 것이다. 고통의 제거를 통해 조용한 편안함을 실현한다. 그것이 '마음의 평온'이며, 그는 몸소 그것을 구현했다. 역사상 가장 비난받은 철학자는 가장 청렴결백하고 온화한 삶을 산 인물이었다. 에피쿠로스를 비난한 사람들은 과연 에피쿠로스보다 훌륭한 삶을 살았을까?

제1장
[고대] 형이상학 자연철학 vs

제2장
[중세] 그리스도교 철학 vs

제3장
[근대] 인간 이성 자연세계 vs

제4장
[현대] 신 철학 vs 구철학

눈앞의 낭떠러지도 무시하는 진짜 회의주의자

 "확실한 것은 하나도 없다고 여겨진다."

피론은 헬레니즘 철학의 일파인 '회의학파'의 시조다.

회의주의 철학은 매우 알기 쉬워서, **'절대적으로 옳다고 말할 수 있는 것은 하나도 없다고 여겨진다.'라는 생각**이다. '하나도 없다.'라는 것도 절대적은 아니기 때문에 '내게는 그렇게 여겨진다.'라고 조심스럽게 덧붙이는 것이 중요하다.

회의주의의 철학적 관심은 인간의 인식 능력의 고찰에 있다. '인간은 사물을 올바르게 인식할 수 있는가?'가 주제다. 이 문제에 관해 회의주의는 '확실히는 인식할 수 없다'라고 생각하며, 그 근거의 고찰을 '회의주의의 열 가지 논증 방식'으로 정리했다.

 자명해 보이는 사항에도 동의하지 않는다

회의주의의 본질은 '판단 중지', 그 무엇에도 동의하지 않는 것이다. 예를 들어 "여기 돌멩이가 있다." 등 언뜻 자명한 사실로 생각되는 것에 대해서도 "이것은 사실이 아니라 내게는 그렇게 보인다는 인상에 불과해."라며 완전한 동의는 삼간다.

빙빙 돌려서 말하는 것 같지만, 피론의 의도는 악에 빠지지 않도록 예방하는 것이다. 여기에서 말하는 악은 잘못된 생각이나 사항에 동의하는 것이다. 인간은 최대한 올바르게 생각하며 올바른 사항에 동의해야 한다. 다만 그것이 불가능할 경우, 잘못된 사항에 동의할 바에는 판단을 보류하고 무엇에도 동의하지 않는 편이 차라리 낫다고 말할 수 있다. 그리고 **피론은 누**

구도 자신의 생각이 옳은지 틀렸는지 알 수 없기 때문에 늘 판단을 보류하는 것이 최선이라고 생각했다.

또한 피론은 이 판단 중지가 '마음의 평안'을 가져다준다고 말했다. 자신의 생각이 옳은지 알 수 없어 틀린 생각을 하고 있을 위험성에 항상 노출되어 있는 상태보다는 판단 중지의 상태가 더 안정적이라는 논리다.

제1장
[고대]
형이상학 자연철학 vs

제2장
중세 크리스트교 철학 vs

제3장
[근대]
인간 이성 자연 세계 vs

제4장
[현대]
현철학 구조철학 신철학 vs

 ## 회의주의자임에도 언행일치

회의주의의 시조인 피론은 일상생활에서도 판단 중지를 철저히 실천했다고 한다. 한 일화에 따르면, 그는 마차가 자신을 향해서 달려오든 눈앞에 낭떠러지가 있든 피하는 일 없이 태연하게 걸어갔다. 곁에 있는 친구들이 피론이 다치지 않도록 신경을 쓸 정도였다.

이 일화에서는 **언행일치에 대한 비정상적일 정도의 집착**이 엿보인다. 말과 행동이 다르다는 이른바 이중 잣대는 어느 시대에나 비난의 대상이다. 그럼에도 누구나 어느 정도는 겉과 속이 다르기 마련인데, 피론은 조금의 타협도 없이 언행일치를 관철했다.

일반적으로 언행일치란 어떤 생각을 실천하겠다고 약속하고 이를 관철하는 것이다. 그런데 피론의 경우는 그 실천을 약속한 사상이 회의주의라는 점에서 매우 독특하다. 어떤 생각에도 동의하지 않는다는 사상에 동의하고 그것을 관철한다는 자기 모순적인 모습을 철저히 지켰다.

 ## 개에게 놀란 것을 비난받은 피론

언행일치를 중시한 피론의 삶의 자세가 잘 나타나는 또 다른 일화가 있다. 어느 날, 갑자기 개가 피론에게 달려들었다. 여기에는 피론도 크게 당황했다. 허둥지둥 나무 꼭대기로 도망쳤다는 일설도 있다. 그러자 이 모습을 본 한 생각 없는 사람이 언행일치를 실천하지 못했다며 피론을 비난했는데, 피론은 자신의 잘못을 인정하고 "인간임을 완전히 벗어나기는 참으로 어려운 일이오."라고 대답했다고 한다. 핑계를 대지 않고 잘못을 인정했다는 점에서 오히려 피론의 대범함이 드러나는 일화다.

언행이 완전히 일치하는 삶의 자세는 인간을 초월한 신의 삶의 자세라고도 부를 수 있다.

피론에 관한 수많은 일화는 철학자의 괴짜스러움을 보여주는 동시에 숭고한 뜻을 보여주는 것이기도 하다. **언행일치를 관철한 그의 삶의 자세에는 자신의 영혼을 청결히 유지해 신과 닮은 존재로서 살아간다는 피타고라스 이래의 철학의 전통이 표현되어 있다.**

'올바르게 의심하는' 자세

회의주의는 현대의 모든 학문이 받아들이고 있는 사상이다. 언뜻 사실로 보이는 것을 의심하고 검증하는 것이 학문의 기본이기 때문이다.

회의주의는 자신의 인식의 확실성을 문제로 삼는 근대 철학에서 또다시 각광을 받게 된다. 그 대표적인 인물이 프랑스의 철학자인 데카르트와 영국의 철학자인 **흄**이다. 데카르트의 유명한 **"나는 생각한다. 고로 나는 존재한다."**라는 테제는 '아주 조금이라도 정당한 이유로 의

그림 1-11 회의주의의 열 가지 논증 방식의 예		
방식	**예**	
사람끼리의 차이	아무리 명백한 것이라도 누구나 똑같이 느낀다고는 단정할 수 없다	
상황의 차이	술에 취했을 때와 취하지 않았을 때는 감각도 사고도 다르지만, 취하지 않았을 때의 감각이나 사고가 무조건 옳다고는 단정할 수 없다	사물의 진위는 결정할 수 없으니 판단 중지가 바람직하다
빈도나 익숙함의 차이	자주 만나는 것은 당연하게 느끼고, 좀처럼 만나지 못하는 것은 귀중하게 느낀다	
법이나 상식의 차이	무엇이 선이고 무엇이 악이냐의 판단은 법이나 상식에 따라 달라진다	회의주의 철학자

심할 수 있는 것은 전부 허위로 간주한다.'라는 '방법적 회의'를 거쳐서 도출된 주장이다.

한편 흄은 회의주의적인 철학을 전개해, 인과관계나 수의 계산 같은 보편적으로 옳다고 생각되는 사항의 보편성을 부정했다.

제1장
[고대]
형이상학
자연철학
vs

제2장
[중세]
크리스트교
그리스
철학
vs

제3장
[근대]
인간
이성
자연
세계
vs

제4장
[현대]
신철학
구철학
vs

왜 철학은 시가 아니라 산문의 형태로 쓰이는가?

 고대에는 철학을 시의 형식으로 쓰기도 했다

루크레티우스는 고대 로마의 시인이며, 에피쿠로스학파의 자연철학을 운문인 **시의 형식으로 바꿔서 전한 인물**이다. 앞에서 말했듯이 에피쿠로스의 작품은 거의 남아 있지 않지만, 루크레티우스가 쓴 『사물의 본성에 관하여』라는 시 덕분에 원자론의 내용은 후세에 전해질 수 있었다. 그는 에피쿠로스와 마찬가지로 원자론을 주장한 쾌락주의자다. 그래서 여기에서는 고대의 시와 철학의 관계에 관해 소개하겠다. 루크레티우스의 시는 라틴어 작품으로서는 거의 유일한 철학시다.

 운문은 신의 말, 산문은 인간의 말

고대에는 **운문은 신의 말**이고 산문은 **인간의 말**이라는 생각이 있었다. 그래서 운문을 만드는 시인은 신에게 호소하고 기도함으로써 신의 말을 얻었다. 고대 그리스의 시인인 **호메로스도**, 로마의 시인 **베르길리우스**도 시의 여신인 **무사**(영어 명칭은 뮤즈)에게 기도해 신의 말을 얻으려 했다. 이런 전통 때문에 시를 짓는 행위는 일종의 신내림이나 광기로도 이야기되었다.

　철학의 문장은 고대 그리스 시대에도 산문으로 쓰는 것이 일반적이었지만, 운문으로 쓰는 전통도 있었다. 그 대표적인 철학자가 파르메니데스다. 파르메니데스의 작품에는 진리의 여신이 "있는 것은 있고, 없는 것은 없다."라는 존재론을 청년에게 전하는 내용이 운문으로 적혀 있다. 또한 **엠페도클레스**라는 철학자도 자신의 생각을 시로 표현했다. 그는 '나는 신과 같은 존재다.'라고 생각했기 때문에 자신의 말을 신의 진리로서 이야기했다.

시로 이야기한다는 것은 신의 진리를 이야기한다는 것

루크레티우스는 엠페도클레스의 철학시를 모범으로 삼았다. **운문은 신의 말(진리)을 이야기하는 형식**이다. 루크레티우스는 처음에 사랑의 신 **웨누스**(영어 명칭은 비너스)에게 기도했고, 나아가 에피쿠로스를 신과 같은 존재라고 말했다. 에피쿠로스의 학설을 시의 형식으로 이야기했다는 것은 그것을 단순한 학설이 아니라 진리의 말로 여겼다는 의미다.

또한 루크레티우스의 시작(詩作)은 그리스어의 라틴어 번역도 포함한다. 그래서 **그가 이룩한 가장 큰 업적은 라틴어로 된 철학적 진리의 창조**라고 말할 수 있다. 참고로 다음에 소개할 키케로는 라틴어로 된 철학 대화편을 창조한 인물이다.

원자론은 그리스 자연철학의 진수

루크레티우스가 철학적 진리라고 여겨 시로 표현한 사상이 플라톤의 이데아론도 스토아학파의 로고스론도 아닌 에피쿠로스의 원자론이었다는 것은 매우 흥미로운 포인트다.

원자론의 큰 특징은 이데아나 신의 섭리 같은 초월적인 개념이나 존재를 부정한다는 것이다. 가령 아리스토텔레스는 자연에서 목적을 찾으려 했지만 원자론은 자연에 목적 따위는 없다고 생각했다. 원자론은 '진정한 실재는 원자와 공허뿐이다.'라는 단순한 원리를 통해 어떤 목적 개념에도 의지하지 않고 자연의 모든 것을 설명하는 철학 이론이다.

로마인인 루크레티우스에게 그리스 철학의 핵심은 원자론 같은 순수한 자연철학이었다고 말할 수 있다. 그의 작품은 '운문 시로 표현한 자연철학'이라는, 초기 그리스 철학의 형태를 고대 로마 세계에서 재현하려는 시도였다.

이 루크레티우스의 작품은 근대의 과학 혁명 시대에 커다란 의미를 지니게 된다. 라틴어라는 근대 유럽의 공용어로 쓰인 신의 섭리나 목적을 필요로 하지 않는 원자론은 근대 과학의 초석을 이루는 사상이 되었다.

제1장
[고대]
형이상학 자연철학 vs

제2장
[중세]
그리스도교 철학 vs

제3장
[근대]
인간이성 자연세계 vs

제4장
[현대]
신철학 구철학 vs

로마 최고 변론가의 눈에 그리스 철학은 이렇게 보였다

 키케로 덕분에 철학이 후세에 전해지다

로마인이었던 마르쿠스 툴리우스 키케로는 철학자로서보다 정치가나 변론가라는 공인으로서 더 유명한 인물이다. 그는 공화정 로마 말기의 정치가인 **율리우스 카이사르**의 친구인 동시에 정적(政敵)이었으며, 로마를 쿠데타로부터 구하고 공화정을 끝까지 지키려 했다.

또한 **철학에 대한 관심이 남달라서, '철학에 라틴어를 가르치고 로마 시민권을 부여하는' 것을 자신의 사명으로 여겼다.** 과연 변론가다운 멋진 표현이다.

키케로는 그리스 철학을 라틴어로 번역하면서 다양한 용어를 만들어냈다. 일본인에 비유하면 메이지 시대에 서양의 학문을 소개, 번역한 **니시 아마네, 후쿠자와 유키치, 나카에 조민** 등이 비슷한 활동을 한 것이다.

키케로의 저작물은 중세부터 근대에 걸쳐 지식인들의 애독서였다. 그의 저작물에는 그리스 철학에 관한 정보뿐만 아니라 그리스 철학에 대한 키케로 본인의 고찰과 비판도 담겨 있었다. "키케로가 없었다면 유럽의 철학도 없었다."라는 말도 단순한 과장은 아닌 것이다.

 키케로 철학의 특징은 학설의 비교

키케로는 단순한 소개자가 아니었다. 그는 그리스 철학을 잘 이해, 소화한 뒤 자신의 생각을 적극적으로 이야기했다. 키케로의 시대에는 크게 4개의 철학 학파가 있었다. 스토아학파, 에피쿠로스학파, 아카데메이아학파(플라톤의 학원), 페리파토스학파(아리스토텔레스의 학원)다. 참고로 아카데메이아학파는 이 시대에 회의주의 철학을 전개했다. 이들 학파는 각각 논리학과 자연학, 윤리학에 관해 연구하고 있었다.

키케로의 철학 작품 중 대부분은 그가 관심을 품은 특정 주제에 관한 각 학파의 생각을 정리하는 형식으로 구성되어 있다. 예를 들면 '선악에 관하여', '신들에 관하여' 등이다. **키케로 본인은 회의주의의 견해에 동조하는 일이 많았지만, 주제에 따라서는 스토아학파나 아리스토텔레스의 생각에 찬동하기도 했다.** 에피쿠로스의 사상에 관해서는 작품 내에서도 때때로 비판하는 등 대체로 부정적이었다.

철학과 변론술의 융합을 지향하다

키케로의 독자성은 철학과 변론술의 융합을 지향한 점이다. 그의 작품 중 몇 개는 플라톤처럼 대화 형식으로 쓰여 있다. 어떤 장소를 무대로 각 학파를 대표하는 인물들이 대화를 나누며 자신들의 생각을 주고받는 드라마 형식이다. 또한 종종 키케로 본인이 그 대화의 장소에 등장해 자신의 생각을 말하기도 한다. 요컨대 철학에 이야기성·문학성을 부여한 것이다.

여기에는 키케로의 철학관이 드러나 있다. 철학은 단순히 논증, 즉 논리적이고 정확한 문장을 읽거나 쓰기만 하는 것으로는 부족하다. 우리가 철학을 진지하게 공부하려면 우리의 열의를 불러일으킬 아름다운 문체와 표현이 필요하다. 그러므로 **사람을 움직이는 힘이 있는 변론술과 융합된다면 철학은 진정으로 우리에게 유익한 존재가 될 것이다.** 이것이 그의 생각이었다.

변론술은 소피스트 편에서도 소개했듯이 철학과 적대 관계에 있는 기술이다. 철학 측에서는 변론술이 그럴듯하게 들리는 것만을 중시할 뿐 그 발언 내용이 진실인지 아닌지는 상관하지 않는다고 공격했다. 키케로는 이렇게 서로 적대 관계인 철학과 변론술을 연결하려고 시도한 것이다.

고대 그리스 시대부터 철학은 실생활에 도움이 되지 않는다는 비아냥거림을 당해 왔다. 그러나 로마인 키케로는 변론술을 통해 철학에 시민과 국가를 움직이는 힘을 부여하려고 시도했다. 이것이 그리스 철학에 대한 로마 철학의 의의라고 할 수 있다.

고대 철학의 종점: 아버지인 일자(一者)로의 귀환

 신비주의는 말하자면 밀교 같은 것

플로티노스의 철학은 신비주의로 불린다. 신비주의란 일본 불교에 비유하면 **구카이**의 밀교 같은 것이다. 지성을 한계까지 발휘해서 언어로 세계의 근원을 탐구하려 한다. 그러나 그곳은 말로는 표현할 수 없는 세계다. **신비주의 철학은 그 세계의 근원과의 일체화를 지향하는 철학**이다. 이 동일(同一)의 경지를 '탈아(脫我. 엑스타시스=밖에 서다)'라고 부른다.

플로티노스 이전에도 탁발승 같은 실천적인 철학자는 있었다. 그러나 인텔리 승려라고도 말할 수 있는 구카이나 **사이초**에 비유할 수 있는 철학자가 그리스에 등장한 것은 고대 말기에 이르러서였다.

 일자(一者)라는 고향으로의 귀환

플로티노스 철학의 주제는 **'아버지인 일자(一者)라는 고향으로의 귀환'**이다. '일자'는 세계의 근원이며 세계 그 자체를 의미한다.

초월적인 존재와의 관계를 최종 목표로 삼는다는 의미에서는 플로티노스의 철학이 그리스 형이상학의 종착점이라고도 말할 수 있다. 실제로 플로티노스를 마지막으로 고대 철학사가 끝나는 것으로 간주된다.

플로티노스는 '일자'가 이성으로는 절대 파악할 수 없는 것이라고 주장했다. 그렇다면 그의 철학은 비이성적인 이야기일까? 그렇지는 않다. 그의 설명은 매우 논리적이다.

제1장
[고대]
형이상학 자연철학 vs

제2장
중세 그리스트교 철학 vs

제3장
[근대] 인간 자연 이성 세계 vs

제4장
[현대] 철학 구성철학 vs

 ### '하나'란 무엇인가를 순수하게 생각하다

플로티노스는 만물의 시작을 '하나'라고 생각했다. '하나'가 무엇인가 하면, 구별이 없는 것이다. 구별이 없는 것을 "여럿"이라고는 절대 말하지 않는다.

그렇다면 왜 하나가 만물의 시작일까? 시작이 여럿인 것은 있을 수 없기 때문이다. 여기에서 여럿이라는 말의 의미를 생각해 보기 바란다. 무엇인가가 여럿이라는 말은 구별이 됨을 의미한다. 따라서 **하나는 여럿에 선행하는 존재**다.

 ### '하나'는 존재를 초월한 무엇인가다

이 항목의 이야기는 상당히 복잡한데, 너무 이해하려고 애쓰지 말고 가볍게 읽기 바란다. '하나'는 구별이 없기 때문에 규정되지 않는다.

그래서 플로티노스는 말했다. '하나'는 존재조차 아니라고. 만약 '하나'가 어떤 존재라면 존재라는 규정을 부여하게 되기 때문이다. 그러나 '하나란 무(無)다.'라는 규정도 당연히 불가능하다. 어떤 규정도 구별도 허락되지 않는 것이 '하나'다.

여기에서 **'하나'는 구별에 선행하는 존재라고 생각할 수 있다. 구별이나 여럿이 존재하는 근거가 '하나'이며, '하나'는 온갖 존재의 근거다.**

이와 같은 분석을 통해 플로티노스는 '일자'를 존재의 근거라는 의미에서 **"존재를 초월했다."**라고 설명했다. 일자는 존재가 아니다. 그러나 존재의 근거이며, 어떤 존재보다도 더 존재하는 것이어야 한다. 이런 '하나'를 언어화할 수 있는 수단은 없다. "존재를 초월했다."는 그런 의미를 담은 말이다.

 ### 언어의 한계를 초월한 사색

이처럼 일자에 관한 논의는 무엇을 긍정하고 무엇을 부정하는 것인지 이해하기가 쉽지 않다. 플로티노스 본인도 이 점을 잘 알고 있어서, '내가 하는 말은 체험하지 않으면 이해할 수 없다.', '어떤 말도 핵심을 벗어나 버린다.'라고 생각했던 모양이다. 이것이 신비주의로 불리는 이유다.

그러나 플로티노스의 철학은 논리를 무시하고 신비 체험만을 중시하는 것이 아니다. 논리를 한계까지 추구하며 그 한계 너머에 있을 무엇인가를 탐구하는 철학이다. 요컨대 말로는 절대 표현할 수 없는 것을 논리적으로 한계까지 궁리한다. 그 결과 '존재를 초월했다.', '하나는 존재가 아니다.' 같은 이해하기 어려운 결론에 도달할 수밖에 없다. 플로티노스의 철학은 존재란 무엇인가를 생각한다는 철학 행위의 한 가지 종착점이다.

 ## 영원불변의 선미(善美)를 추구하는 형이상학

플로티노스의 철학은 피타고라스에게서 시작된 형이상학의 전통에 위치한다. 그리스 형이상학을 대표하는 철학자는 피타고라스와 플라톤, 플로티노스다. **이 세 철학자의 두드러진 특징은 변화하는 우리의 감각적 세계와는 별개의 영원불변한 지적 세계를 수립한 것**이다. 일단은 피타고라스의 경우 수의 세계, 플라톤의 경우 이데아의 세계, 플로티노스의 경우 일자의 세계가 그것이라고 정리할 수 있다.

그들이 감각적 세계와는 별개의 지적 세계를 설정한 커다란 동기는 미적 체험에 바탕을 둔 선의 추구였다. 진·선·미를 추구하기 위해 최대한 감각(육체)으로부터 지성(영혼)을 분리시켜 순수한 지성을 발휘시킨다. 이것이 영혼의 정화라고 부르는 것으로, 철학이 인간의 삶의 자세를 바꾸는 전형적인 예다.

플로티노스도 영혼의 정화라는 콘셉트를 계승했으며, 나아가 지성을 초월한 '일자'와의 일체화를 추구하는 철학을 전개했다. 그런 의미에서 플로티노스는 플라톤의 이데아보다 더 초월적인 것을 추구하는 철학을 전개했다고 말할 수 있다.

 ## 고대 철학에서 중세 철학으로

철학의 역사는 이후 중세로 넘어간다. 중세 철학의 시작은 그리스 철학과 유대·크리스트교

(이른바 헤브라이즘)의 결합이다.

  '일자'에 관한 플로티노스의 철학은 그리스 철학의 중요한 사색으로 평가받으며, 중세의 철학자들도 이해·공유할 수 있는 생각이었다.

제1장
[고대]
형이상학 자연철학 vs

제2장
중세
그리스 크리스트교 철학 vs

제3장
근대
인간이성 자연세계 vs

제4장
현대
신철학 구철학 vs

고대의 철학사는
거짓투성이 일화집이었다?

 우리는 어떻게 고대의 철학을 알고 있는가?

고대의 철학자들이 쓴 작품은 대부분 소실된 상태다. **플라톤이나 아리스토텔레스처럼 정리된 형태로 복수의 작품이 남아 있는 경우는 많지 않다.** 특히 플라톤이 쓴 책은 전부 남아 있으며, 소실된 작품은 단 하나도 없는 것으로 생각되고 있다. 이것은 2,000년 이상에 걸친 사람들의 노력이 맺은 결실이다.

그렇다면 문제는 '정리된 형태의 작품이 남아 있지 않은 철학자들의 사상을 어떻게 알고 있는가?'인데, 여기에는 몇 가지 경우가 있다. 첫째는 **누군가가 고대 철학자의 말을 인용한 경우다.** 가령 "파르메니데스는 이렇게 말했다….'라고 적혀 있다면 이어지는 문언은 파르메니데스 본인의 말로 생각해도 무방할 것이다. 이런 문언을 전문적으로는 '단편(斷片)'이라고 부른다.

둘째는 **누군가가 철학자의 학설을 정리된 형태로, 사상의 요약이라는 형태로 후세에 전한 경우다.** 그 사상의 요약이 고대의 철학사다. 그러면 몇 가지 사례를 소개하겠다.

 고대의 사람이 쓴 철학자들의 전기가 남아 있다

고대 철학사의 귀중한 자료로 **디오게네스 라에르티오스**가 쓴 『유명한 철학자들의 생애와 사상』이 있다. 그는 철학자들을 이오니아학파와 이탈리아학파로 나누고 고대 철학자들의 생애와 일화를 자세히 기록했다.

참고로 자연철학과 형이상학이라는 이 책의 구분도 『유명한 철학자들의 생애와 사상』에서 힌트를 얻은 것이다. 또한 고대 그리스 철학 연구자인 쿠사카베 요시노부의 『그리스 철학 30강의』라는 책에서도 힌트를 얻었다.

『유명한 철학자들의 생애와 사상』을 쓴 디오게네스 라에르티오스라는 인물이 누구인지는 알려져 있지 않다. 이 책에는 고대 철학자들의 생애와 흥미로운 일화가 다수 수록되어 있다. 아울러 학설의 요점도 적혀 있으며, 특히 헬레니즘 철학인 스토아학파, 에피쿠로스, 회의주의의 가르침에 관해서는 매우 충실하게 기술되어 있다.

생애나 일화 중에는 진위가 의심스러운 것이 많으며, 특히 일화의 경우는 대부분이 창작이다. 다만 완전히 황당무계한 이야기라고는 말할 수 없다. 그 철학자다운 모습이 드러나 있어서 어딘가 설득력이 있는 것이 포인트다.

가령 일화로 유명한 철학자 중에 시노페의 **디오게네스**가 있다. 디오게네스는 특별한 학설을 남기지 않고 여러 가지 언동을 통해서 철학을 실천했다. 삶의 자세 자체가 철학이었다고 말할 수 있는 인물이다. 그는 커다란 항아리를 집으로 삼아 살면서 화폐를 위조하기도 하고, 공공장소에서 자위행위에 열중하기도 했으며, 플라톤의 학원에 숨어들어가 강의를 비아냥거리기도 하고, 대낮에 램프를 켜고 사람을 찾기도 하는 등 기괴한 언동을 보였다. 현재 알려진 그의 일화 중 대부분은 이 『유명한 철학자들의 생애와 사상』에 소개된 것이다.

 아리스토텔레스와 그의 동료들도 철학사를 썼다

『유명한 철학자들의 생애와 사상』 외에는 아리스토텔레스의 『형이상학』 제1권이 철학사에 관한 최초의 책으로 여겨지고 있다. 만물의 원리는 무엇인지에 관한 과거 지자들의 의견을 정리한다는 명목으로 탈레스와 피타고라스, 플라톤의 학설을 정리했다.

테오프라스토스는 하나의 독립된 저작물로서 철학사를 저술했다. 나이는 어리지만 아리스토텔레스의 학우였던 그는 『자연학자들의 학설(Opinions of the Inquirers into Nature)』이라는 저작물에서 학설을 수집·정리해 체계적으로 기술했다.

이 테오프라스토스의 저작물을 원형으로 후세에도 몇 가지 학설 자료집이 제작되었고, 그 중 일부가 보존된 덕분에 현대의 우리가 고대 철학의 내용을 알 수 있는 것이다.

제 2 장

[중세]
크리스트교
vs 그리스 철학

철학의 무대

고대 철학과 크리스트교가 합류해 하나로 융합되었던 시대

이 책에서는 중세 철학을 네 시대로 나누었다. ① 초기(교부 철학의 시대), ② 중기(스콜라 철학의 여명기), ③ 후기(스콜라 철학의 원숙기), ④ 르네상스기(고대 철학 대부흥의 시대)다.

초기에는 이집트를 포함한 지중해 주변이 주요 무대였고, 시간이 흐르면서 서서히 프랑스와 독일, 영국으로 확대되었다. 르네상스기에는 이탈리아가 주요 무대가 되었다.

연대(年代)는 고대와 겹치는 부분이 일부 있다. 가령 필론이나 바울로는 고대 철학자인 플로티노스보다 앞선 시대에 활약했던 사람들이다. 이것은 이 책에서 중세 철학을 '유대·크리스트교와 관계가 깊은 철학'으로 규정했기 때문이다.

제1장
[고대]
형이상학 자연철학
vs

제2장
[중세]
그리스도교 크리스트교
철학
vs

제3장
[근대]
인간 자연세계
이성
vs

제4장
[현대]
시철학 구철학
vs

초기: 교부 철학의 시대

초기는 유대·크리스트교가 발흥하고 교리가 확립된 시대다. 유대교와 크리스트교의 가르침에 이론을 부여하기 위해 신앙을 가진 철학자들이 그리스 철학을 이용해 성경의 말을 해석했다. 교부(敎父)는 크리스트교의 초기에 그런 활동을 했던 사람들을 가리키며, 아우구스티누스를 그 정점으로 여긴다.

중기: 스콜라 철학의 여명기

중세는 유럽에 대학교가 등장한 시기와 겹친다. 그때까지 수도원에서 연구되었던 신학과 철학이 대학교의 학문으로서도 연구되기 시작했다. 그 흐름과 함께 학생들 사이에서 신을 논리적으로 이해하고 싶다는 기운이 높아지면서 논리학도 정비되었다. 아벨라르와 베르나르의 대립이 대학과 수도원의 대립을 상징한다.

후기: 스콜라 철학의 원숙기

아리스토텔레스의 저작물이 유럽으로 귀환하면서 스콜라 철학이 본격적으로 시작된다. 아라비아의 철학자 이븐 루시드의 주해(註解)와 함께 아리스토텔레스의 자연철학과 형이상학이 기존 신학의 대전제를 뒤흔들며 커다란 논쟁을 불러일으켰다. 토마스 아퀴나스를 정점에 두며, 오컴을 스콜라 철학 최전성기의 마지막 철학자로 여긴다.

르네상스기: 고대 철학 대부흥의 시대

르네상스는 문예 부흥을 의미하며, 고대의 작품을 수집한 시인 페트라르카로부터 시작되었다. 플라톤 철학과 데모크리토스·루크레티우스의 원자론의 부흥이 철학적으로 중요하다. 브루노는 고대·중세의 자연철학을 집대성한 우주론을 전개하다 이단으로 몰려 화형을 당했다. 이 사건은 중세 철학의 끝을 상징한다.

"철학이여, 너를 진정한 신에게 인도하겠노라."

 이집트로 건너간 그리스 철학

중세 철학은 그리스 철학과 유대·크리스트교가 합류한 결과 만들어진 것이다. 둘의 첫 만남은 알렉산드리아의 **필론**에게서 찾아볼 수 있다. **필론은 그리스 철학을 이용해 유대교의 성경을 해석했다. 이 책에서는 이것을 중세 철학의 첫걸음으로 생각한다.**

필론은 학술 도시 알렉산드리아(현대 이집트의 지중해변에 자리한 대도시)에서 태어난 유대인이다. 필론이 살았던 시대는 기원전에서 기원후로 넘어가는 시기인데, 당시의 알렉산드리아는 학문의 중심지였다. 같은 시기에 이탈리아의 로마에서는 스토아학파와 에피쿠로스학파가 철학의 주류였지만, 알렉산드리아에서는 이와 성격이 다른 신비주의적인 경향이 나타났다. 앞에서 고대의 마지막 철학자인 플로티노스의 철학을 신비주의라고 설명했는데, 그 또한 알렉산드리아에서 공부했다.

필론의 주된 철학은 **그리스 철학을 이용한 (구약)성경의 해석**이었다. 성경(성서)은 '신의 말씀이 기록된 성스러운 책'이라는 명목의 책이다. 성경을 되풀이해서 읽으며 신의 생각을 발견하는 것은 유대·크리스트교 학자에게 가장 중요한 일이었다. 필론은 자신의 사명을 다하기 위해 그리스 철학에 주목했다. 또한 문학이라는 측면에서도 그리스에는 호메로스의 서사시를 비유적으로 해석하는 전통이 있었다. 필론의 성경 해석은 그런 그리스의 전통을 이용, 답습한 것이었다.

유대교의 보편화에 철학을 이용하다

본래 그리스와 관계가 없었던 종교가 철학을 이용했다는 것은 역사적으로 중요한 사실이다. 그런데 필론은 왜 그리스 철학을 이용했을까? 그 목적은 **유대교의 보편화**가 아닐까 생각된 다. 그리스에서는 철학을 비롯해 고도의 학문이 발전했다. 한편 유대교는 그리스보다 훨씬 이전부터 존재했지만, 민족 종교인 까닭에 보편성이라는 점에서는 그리스의 학문에 미치지 못했다. 그리스인에게 유대교는 이민족의 신앙일 뿐이었으며, 나쁘게 말하면 미신으로 생각 되었을 것이다.

 『창세기』는 종교와 철학의 합류지

그래서 필론은 그리스 철학이 만들어낸 논리와 개념을 이용해 성경을 해석하려고 시도했다. 이를테면 '로고스'나 '이데아' 같은 개념을 이용해 창조 신화가 묘사된 『창세기』를 해설·해 석한 것이었다. 또한 필론이 특히 즐겨 사용했던 그리스 철학은 플라톤의 『티마이오스』인 데, 이것도 세계 창조의 신화를 이야기한 작품이다. 창조 신화에는 '신(또는 신에 준하는 존재)이 세계를 만들었다.'라는 공통점이 있다. 인간에 관해서도 피조물이라는 점에서는 어떤 인종 이든 어떤 민족이든 차이가 없다. 그런 이유에서 필론은 **창조 신화를 그리스 철학(헬레니즘)과 유대교(헤브라이즘)의 합류 지점으로 정한** 것이리라.

필론의 이런 착안점에는 다른 철학자들도 동의했던 듯하다. 뒤에서 소개할 **오리게네스**와 **아우구스티누스** 등도 『창세기』의 해석에 힘을 쏟아 장대한 작품을 남겼다.

 유대교는 계시의 말, 철학은 이성의 말

필론은 유대교의 모세의 가르침과 그리스 철학 사이에 비슷한 부분이 많다고 생각했다. 그리 스 철학을 이용해 성경을 해석할 수 있다는 것이 그 증거였다. 또한 유대교와 그리스 철학이 유사한 것은 같은 진리를 공유하기 때문이라고 생각했다. 특히 주목할 만한 공통점은 '있다.'

제1장
고대
형이상학 자연철학
vs

제2장
[중세]
그리스도교 크리스트교
철학
vs

제3장
근대
인간 자연
이성 세계
vs

제4장
[현대]
신학 구조철학
vs

에 관해서다. 구약성경의 『출애굽기』에서 신은 자신을 '스스로 있는 자'라고 말했는데, 이 말은 '있다.'의 본질과 관계가 있다. 요컨대 필론은 '존재'라는 개념·원리에서 양자가 접속됨을 간파한 것이다.

참고로 필론은 유대교를 그리스 철학보다 우위에 두었다. 일례로 그는 플라톤을 '아티카(그리스의 아테네를 포함한 주변 지역. 아티카는 라틴어 명칭이며, 고대 그리스어 명칭은 아티케 혹은 아티키다)의 말을 사용하는 **모세**'라고 말했다. 이렇게 서열을 둔 이유는 그리스 철학에서 말하는 진리나 신이 어디까지나 인간의 이성으로 탐구된 사항인 데 비해 유대교에서 말하는 진리나 신은 신의 직접적인 말(=계시)이라고 생각했기 때문이다. 요컨대 **필론의 작업은 계시의 말을 통해서 그리스 철학을 음미하는 것**이었다고 말할 수 있다.

다만 필론의 사상은 같은 시대의 유대교도가 아니라 후세의 크리스트교도에게 받아들여졌다. 크리스트교는 유대교의 선민사상적인 가르침을 비판했으며, 훗날 세계 종교가 되었다.

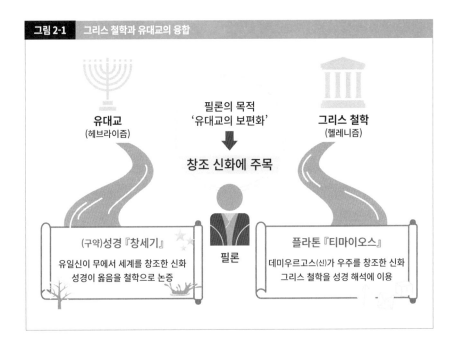

그림 2-1　그리스 철학과 유대교의 융합

유대교
(헤브라이즘)

필론의 목적
'유대교의 보편화'

그리스 철학
(헬레니즘)

창조 신화에 주목

필론

(구약)성경 『창세기』
유일신이 무에서 세계를 창조한 신화
성경이 옳음을 철학으로 논증

플라톤 『티마이오스』
데미우르고스(신)가 우주를 창조한 신화
그리스 철학을 성경 해석에 이용

"가난한 자는 행복하다." 그것이 현실이 되어야 한다

제1장
고대
자연철학
형이상학
vs

제2장
[중세]
그리스
크리스트교
vs
철학

제3장
근대:
인간
자연
이성
세계
vs

제4장
현대:
신
구철학
철학
vs

 유대교를 비판한 예수

예수는 크리스트교에서 구세주(크리스트, 그리스도)로 불린, 세계에서 가장 유명한 유대인이다. 예수는 본래 철학자가 아니지만, 크리스트교가 중세 철학의 기초이기에 소개한다. 이어서 소개할 바울로도 마찬가지다.

예수는 '율법'을 문자 그대로 지키는 데 집착하는 유대교를 비판하고, 형식상의 올바름이 아니라 마음의 올바름이 더 중요하다고 말했다.

 복음은 '구원의 조건의 철폐'라는 기쁜 소식

신약성경에는 "안식일은 사람을 위해서 있는 것이다. 안식일을 위해서 사람이 있는 것이 아니다.", "네 적을 사랑하라." 등 예수의 말이 다수 남아 있다. 이런 예수의 말은 '복음(기쁜 소식)'으로 불린다. 기쁜 소식이란 "구원의 때가 머지않았다."라는 알림이다.

유대교에서는 구원에 여러 가지 조건이 있었다. 유대인이어야 하고, 율법을 지켰어야 하며, 죄를 저질렀다면 용서를 받아야 한다. **율법에 적힌 규율이나 의례를 따르며 '올바르게' 생활하는 것이 구원을 받기 위한 조건**이다. 다만 그런 올바른 생활은 누구나 할 수 있는 것이 아니다. 간단히 말해, 경제적으로도 정신적으로도 여유가 없으면 덕을 쌓는 생활은 불가능하다. 그러나 율법을 지키지 못하는 사람은 '죄인', '부정한 사람'으로 간주되었다.

그래서 예수는 그런 세세하고 엄격한 규제를 철폐했다. 즉 율법의 문언을 따르는 사람이 올바른 사람이 아니다. 그것은 형식상의 올바름에 불과하기 때문이다. 그보다는 마음의 올바름이 더 중요하다. 그리고 예수가 지키라고 말한 것은 **"신과 이웃을 사랑하시오."**라는 간소한 규칙뿐이었다.

이와 같이 예수는 형식상의 '올바름'을 부정하고 마음의 올바름을 강조함으로써 만인에게 구원의 길을 열었다. 이것이 '복음'이다.

 ## '가난한 사람'이야말로 구원받아야 한다

예수가 특히 엄한 자세를 보였던 상대가 있다. 율법을 엄격히 지키며 살았던 바리새파 사람들과 부자들이다. 다시 말해 세세한 율법에 집착하는 사람들과 그것을 지킬 수 있는 사람들이다. 한편 **가난한 사람과 신분이 천한 사람들에게는 따뜻하게 대했다.** 그들은 율법을 지킬 형편이 못 되기 때문에 구원받지 못한다. 그러나 예수는 그런 사람들이야말로 구원을 받는다고 말했다. 예수는 "가난한 사람은 행복하다. 천국은 가난한 사람들을 위해 존재한다.", "가장 위에 서고 싶은 자는 모든 사람의 종이 되어야 한다." 등의 말을 남겼는데, 이 말들은 '부자는 행복하다.'라는 상식적인 가치관을 뒤엎는 것이었다. '좋은 신분으로 태어난 부자가 행복하고 심지어 구원까지 받는다니, 세상이 그렇게 뻔한 곳이어서야 되겠는가?'라는 이야기다.

그러나 예수의 말은 단순히 상식을 거스르는 비현실적인 이야기가 아니다. 오히려 **예수의 말이야말로 우리의 상식이자 현실이 되어야 한다.** 이런 박력 있는 말들이 예수가 신의 아들로 생각된 이유일 것이다.

 ## 철학을 통해 신의 말을 이해한다

예수를 신의 아들로 믿은 제자들은 예수의 가르침을 신의 진리로서 정리했다. 신약성경의 탄생이다. 그리고 여기에 그리스에서 유래한 철학을 가미해 **이성(논증)을 통해서 신의 진리를 이해하려는 시도**가 등장했다. 이것이 중세 철학이다. 철학은 성경의 말을 이해하기 위한 도구로 이용되었으며, 그와 동시에 신앙과 이성의 조화와 모순이라는 문제도 생겨났다.

자격이나 조건이 안 되어도 힘없는 우리는 구원받는다

제1장
고 대형
이 상학
vs

제2장
[중
세]
그리스
크리스트교
철학 vs

제3장
[근대]
인 자
간 연
이 세
성 계
vs

제4장
현
대
신 구
철 철
학 학
vs

 신약성경의 중요 인물 바울로

바울로는 크리스트교의 전도사로, 신약성경에는 그의 서간(편지)이 수록되어 있다.

신약성경은 ① 복음서, ② 사도행전(역사서), ③ 서간집, ④ 묵시록으로 구성되어 있다. 이 가운데 서간집은 바울로 서간과 그 밖의 서간으로 나뉘어 있다. 바울로의 생각은 크리스트교 의 가르침의 근간에 위치한다.

 신앙을 통해 올바른 사람이 된다

바울로의 사상 중에서도 특히 구제에 관한 사상은 이후의 중세 철학에 큰 영향을 끼쳤다. 앞 에서 예수가 구제의 조건을 철폐했다고 이야기했는데, 바울로는 그것을 이론으로서 더욱 깊 게 고찰했다. 그것이 '신앙의인설(信仰義認說)'이다.

의인(義認)이란 '의롭다고 인정받는다.'라는 의미다. 우리는 신을 믿음으로써 죄를 용서받고 구원받는다. 즉 '의롭다고 인정받는다.' → '무죄임을 인정받는다.' → '구원받는다.'라는 설이 신앙의인설이다.

바울로는 **"(율법을 지키는) 행위를 통해서 의롭다고 인정받는 것이 아니라 신앙을 통해서 의 롭다고 인정받는다."**라고 말했다. 신앙의인설과 상반되는 생각은 '행위의인설'이다. 행위의 인설은 자신의 행동을 통해서 의롭다고 인정받는(구원받는) 것이기에 '능동적 의'로도 불린다. 한편 신앙의인설은 신에게 의롭다고 인정받는(구원받는) 것이기에 '수동적 의'로도 불린다.

이 둘의 대비는 크리스트교의 사상과 신앙을 이해하는 데 매우 중요한 논점이므로 지금부터 자세히 설명하겠다.

죄란 마음속의 욕망대로 사는 것

일반적으로 종교는 '우리 인간은 죄 많은 존재다.'라는 식의 설정을 좋아하며, 어째서인지 이 것을 자명한 전제처럼 이야기한다. 그러나 애초에 자신이 죄를 졌다는 자각도 없는데 "신께서 구원해 주십니다."라고 한들 딱히 고맙게 느껴질 리는 없다.

바울로의 이야기에 따르면, 우리의 죄는 마음속의 욕망대로 사는 것이다. 다시 말해 자신의 욕망을 기준으로 삼아서 사물의 가치나 선악을 결정하는 것이다. 그러나 자신이 추구하는 것이 전부 가치가 있다고는 말할 수 없다. 때로는 가치 없는 것을 가치 있는 것으로 간주하기도 하고, 반대로 가치 있는 것을 가치 없는 것으로 간주하기도 한다.

요컨대 **무엇인가가 정말로 가치 있는 것인지 아닌지 본인은 알지 못한다.** 그럼에도 자신이

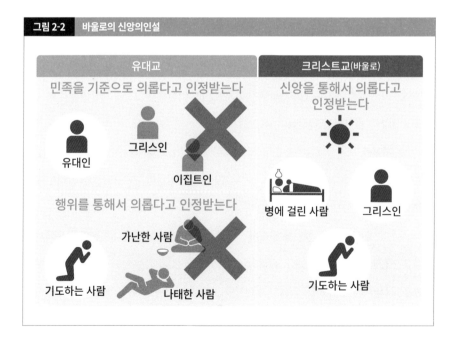

그림 2-2　바울로의 신앙의인설

유대교
민족을 기준으로 의롭다고 인정받는다
유대인　그리스인　이집트인
행위를 통해서 의롭다고 인정받는다
기도하는 사람　가난한 사람　나태한 사람

크리스트교(바울로)
신앙을 통해서 의롭다고 인정받는다
병에 걸린 사람　그리스인
기도하는 사람

원하는 것, 좋다고 생각하는 것은 실제로 가치가 있다고 생각하게 된다. 이것이야말로 마음속의 욕망을 따르는 삶의 자세이며, 바울로는 그런 어리석음을 죄라고 말한 것이다.

누구도 자신의 힘으로는 죄로부터 자유로워질 수 없다

다만 죄와 욕망에 관한 이 이야기가 바울로의 전매특허인 것은 아니다. 바울로도 "죄의 자각만이라면 유대교의 율법도 가르쳐 준다."라고 말했다.

그렇다면 **바울로의 독자성은 무엇일까? 그것은 자신의 힘으로는 절대 죄를 씻을 수 없다**는 점이다. 즉 인간은 자신의 힘으로는 율법을 지킬 수 없다고 생각한 것이다. 그러므로 죄를 씻기 위해 율법을 지키자는 것은 바울로가 생각했을 때 허황된 이야기다. 인간은 모두 죄인이며, 죄인이기에 자신의 힘으로는 율법을 지키지 못한다. 자신을 스스로 구원할 수는 없다.

구원받기 위해 조건이나 자격은 필요 없다

인간을 죄로부터 구원하는 것은 신의 은총이다. 이 **신의 은총이 누구에게나 조건 없이 부여된다는 것, 이것이 바울로의 사상에서 가장 중요한 포인트**다.

만약 '○○을 하면 구원받는다.'거나 '어떤 조건을 충족하는 인간이 구원받는다.'고 하면 우리에게는 어떤 힘이 필요해진다. 이래서는 결국 신에게 구원받기 위한 노력을 할 수 있는 사람만이 신의 은총을 받게 된다. 그러면 그 노력의 내용, 즉 구원의 자격 또는 기준이 무엇이냐가 문제가 되며, 구원의 자격 또는 기준을 둘러싸고 신학 논쟁, 바꿔 말하면 권력 싸움이 벌어질 것은 불을 보듯 뻔하다. 이것이 '행위를 통해서 의롭다고 인정받는 것(행위의인)'의 문제점이다. 이 문제점을 정확히 꿰뚫어 본 바울로는 **구원에는 어떤 자격도 요건도 필요 없다**는 생각을 제시했다.

지금까지의 이야기를 정리하면, **'어떤 사람이 구원받을 가치가 있는 사람인가?'라는 문제로부터의 해방이 '신앙의인설'의 포인트**다. 민족 종교인 유대교에 대한 비판을 바탕으로 성립한 이 구원 사상은 크리스트교가 민족이라는 울타리를 뛰어넘어 세계 종교로서 역사에 등

제1장
[고대] 형이상학 vs 자연철학

제2장
[중세] 크리스트교 vs 그리스철학

제3장
[근대] 인간 이성 vs 자연 세계

제4장
[현대] 신 철학 vs 구원

장하는 사상적 토대를 구축했다.

참고로, 행위의인과 신앙의인의 대립은 바울로 이후에도 반복적으로 발생한다. 아우구스티누스와 **펠라기우스학파**의 대립이나 오컴과 **마르틴 루터**의 대립이 그 예다. 구원에 관한 중요한 논점이기 때문이다.

차별 없는 교육을 위해 거세를 한 진짜 철학자

제1장
[고대]
자연철학
형이상학
vs

제2장
[중세]
그리스
크리스트교
철학
vs

제3장
[근대]
자연세계
인간이성
vs

제4장
[현대]
구조철학
신철학
vs

 ## 크리스트교와 철학을 연결시킨 최초기의 인물

오리게네스는 학술 도시 알렉산드리아(지중해와 인접한 이집트의 도시)에서 태어나고 성장한 최초기의 크리스트교 철학자다. 플로티노스와 같은 스승(**암모니우스 삭카스**)에게서 공부했다는 이야기도 있지만, 동명이인이라는 설도 있다. 그 진위야 어쨌든, **오리게네스는 그리스 철학에 정통한 인물로서 성경을 철학적(논리적)으로 해석한 고찰을 남겼다.** 이것은 필론이 유대교의 성경에 대해서 했던 작업과 같다.

크리스트교 철학의 내부 대립(정통과 이단의 문제)이나 그리스 철학과의 대립 같은 문제들은 이미 오리게네스의 사상에 대부분 포함되어 있었다.

 ## 자발적으로 거세를 하다

오리게네스는 로마 제국이 크리스트교를 박해하던 시대를 살았다. 낮에는 크리스트교 전도사로서 사람들에게 신앙을 가르쳤고, 밤에는 성경을 연구했다. 또한 **자발적으로 금욕 생활을 해서, 늘 얇은 옷을 입고 종종 단식을 하는 등 매우 고결한 인물**이었다.

더욱 놀라운 일화가 거세다. 오리게네스는 남녀 모두에게 차별 없이 신앙 교육을 하기 위해 불필요한 의심을 사지 않도록 자신의 의지로 거세를 했다고 알려져 있다. 다만 만년에는 아무래도 젊은 혈기에 성급한 행동을 했다고 느꼈던 모양인지 "마음의 욕정을 끊어내는 것이 중요하다."라는 말을 했다고 한다. 한 일이 한 일이니만큼 설득력이 있다.

그림 2-3 　오리게네스의 아홉 가지 신앙 규범의 예

유일신	유일신이 존재, 세계를 무에서 창조
예수 그리스도	피조물에 앞선 존재, 수육(受肉)·부활
죽은 자의 부활	최후의 심판의 날 죽은 자가 부활
자유의지	혼은 자유의지를 갖고 선악을 행한다
성경	성경의 말은 숨겨진 의미를 갖는다

크리스트교 철학의 기본적인 생각

위의 표는 오리게네스가 쓴 『원리론』의 앞머리에 나오는 '신앙 규범'의 예다. 이것은 **크리스트교 신앙 전반에 공통되는 기본적인 전제 같은 것**으로, 중세 철학 전체를 이해하는 데 도움이 될 것이다.

오리게네스의 밑바탕에 자리하고 있는 사상은 **혼과 물체(신체), 눈에 보이는 것과 보이지 않는 것 같은 형이상학적인 대비**다. 또한 오리게네스는 혼과 신체 외에 '영(靈)'을 이야기했다. 대략적으로 설명하면, 영은 신앙을 관장하는 부분이고 혼은 인식이나 감정을 관장하는 부분이다. **인간의 구성 요소를 '영·혼·신체'의 셋으로 구분**하는 것은 그리스 철학에는 없었던 발상이다.

　신에 관해서도 그리스 철학과 공통되는 부분과 새로운 부분이 있다. 오리게네스는 신을 유일한 원리이며 만물의 근원이고 선한 존재라고 말했는데, 이것은 플라톤이나 플로티노스의 생각과 일치한다. 한편 다른 포인트는 "신은 최고의 선이다."에서 더 나아가 "적극적으로 선을 행하고 선을 창조한다."라고 말한 점이다. ① 신이 선이라는 점은 같지만 ② 선을 행한다는 점을 추가했다.

이 두 가지의 양립이 크리스트교 철학의 신에 대한 생각의 특징이다.

선한 신은 쉬지 않고 선을 행한다

오리게네스가 생각한 신의 특징을 살펴보면, 먼저 신은 선한 존재이며 하는 행동은 전부 선이다. 그래서 신이 무엇인가를 할 경우와 아무것도 하지 않을 경우를 비교하면 무엇인가를 하는 쪽이 선이다.

여기에서 신은 한순간도 쉬지 않고 선을 행하는 존재로 이해된다. 그런 까닭에 가령 "신은 세계를 창조한 뒤로는 악을 방치하고 있다." 같은 이야기는 오리게네스가 생각했을 때 비논리적이다. 만약 신이 선행을 그만둘 때가 있다면 그것은 세계 전체가 완전한 선으로 가득해졌을 때다. **그 이상 선을 만들어낼 필요가 없는 상황이 되었을 때 비로소 신은 아무것도 하지 않고 쉬게** 된다. 이 상황을 오리게네스는 "신이 모든 것에서 모든 것이 된다."라는 바울로의 말로 표현했다. 신이 행위를 그만둘 때란 온갖 존재가 최고의 선이 되었을 때인데, 최고의 선이 된다는 것은 신과 같아진다는 의미이기 때문이다. 그것이 세계의 완성이며 구원이다.

이와 같이 신약성경의 말과 철학적 신학의 논리가 연결된다.

자연은 신의 피조물로 이해되었다

고대 그리스의 자연철학에서 자연은 무한하며 끝이 없는 것이었다. 무한이란 전체를 파악할 수 없다는 의미다.

그런 자연을 '피조물'로 이해하면 '신이 자연을 창조했다.'라고 단번에 전체를 파악할 수 있게 된다. **시작도 끝도 없는 무한한 자연이 신의 의지로 만들어진 시작과 끝이 있는 유한한 자연으로 바뀌었다.** 이 점이 그리스적인 자연관과 유대·크리스트교적인 자연관의 차이다.

제1장
[고대]
자연철학
형이상학
vs

제2장
[중세]
그리스도교
철학
크리스트교
vs

제3장
근대
인간이성
자연세계
vs

제4장
현대
신철학
구철학
vs

"그리스 철학의 놀라움 따위는 하찮은 것이다."

 '나'를 철학한 중세

아우구스티누스는 중세 철학에서 가장 중요한 인물이다. 그 영향력은 플라톤이나 아리스토텔레스와 비교해도 절대 밀리지 않는다. 아니, 아우구스티누스의 영향력이 더 크다는 견해조차 제기되었을 정도다.

아우구스티누스 철학의 주제는 신과 자기(영혼)에 관해서다. **"신과 영혼을 알고 싶다."**(『고백록』)라는 것이 그의 철학의 출발점**이다. 영혼을 알고 싶다는 것은 나 자신에 관해 알고 싶다는 의미다.

고대 철학자들의 탐구 주제는 굳이 따지자면 자연과 우주였다. 자연철학자는 물론이고 피타고라스 같은 형이상학자도 우주의 질서를 아는 것에 관심이 있었다. 먼저 우주의 질서를 알고, 이를 통해서 신이나 인간 이성의 위대함을 느끼는 순서다.

그러나 아우구스티누스는 우주 따위에 관심이 없었다. 먼저 나 자신을 아는 것이 신의 위대함을 아는 길로 이어지며, 신의 위대함을 알면 자연이나 우주의 위대함도 느끼게 된다고 생각했다.

그러면 아우구스티누스가 중세 철학 최대의 인물인 이유와 그의 개념 중 특히 중요한 것 두 가지를 살펴보도록 하겠다.

고대 철학은 초점을 잘못 잡았다?

"철학은 놀라움에서 시작된다."라는 아리스토텔레스의 말이 있다. 그리고 고대 그리스의 철학자들은 자연과 우주에 대해 놀라움을 느꼈다. 만물의 근원을 탐구한 것도 자연에 대해 놀라움을 느꼈기 때문이라고 말할 수 있다.

그러나 아우구스티누스의 놀라움은 전혀 달랐다. 자기 자신에게 놀라움을 느꼈던 것이다. 아우구스티누스는 이렇게 말했다.

"사람들은 밖으로 나가서 산의 높은 봉우리에, 바다의 물결에, 강의 여유로운 흐름에, 해류의 순환에, 별들의 운행에 경탄하지만, 자기 자신에 대해서는 간과하고 경탄하지 않는다."(『고백록』에서 인용)

요컨대 "자연이나 우주에 대한 놀라움 따위는 얄팍한 것이다."라는 말을 하고 싶었던 것이다. **자연에 경탄한 고대인의 감수성에 대한 비판. 여기에 고대 철학과 중세 철학의 결정적인 차이가 존재한다.** 중세 철학에서는 나라는 존재가 우주보다 훨씬 심원하고 놀라운 존재인 것이다.

그런데 이것을 철학의 진보나 발전이라고 생각하지는 않았으면 한다. 유치한 견해에서 수준 높은 견해로 발전한 것은 결코 아니며, 여러 가지 요인에서 철학자의 관심사가 변화했을 뿐이다. 철학에 진보는 없다. 그렇기에 오늘날에도 우리는 고대나 중세의 철학에서 배움을 얻을 수 있는 것이다.

 아우구스티누스의 중요 개념① '나'

아우구스티누스의 대표작은 『고백록』이다. 『고백록』은 요즘으로 치면 자서전에 가까운 작품으로, 어린 시절부터 청년이 되어 크리스트교 신앙에 눈을 뜨기까지의 반평생을 되돌아보면서 그것을 신에게 이야기하는 내용이다.

아우구스티누스는 '나'를 어떻게 파악했을까? 극단적으로 말하면, 바울로~아우구스티누스

그림 2-4   고대 철학의 관심사와 아우구스티누스의 관심사

고대 그리스의 관찰 대상
자연은 놀라움으로 가득하다

아우구스티누스의 관찰 대상
나는 놀라움으로 가득하다

신

선과 악   자유의지

영혼

아우구스티누스

"사람들은 밖으로 나가서 산의 높은 봉우리에…
별들의 운행에 경탄하지만, 자기 자신에 대해서는
간과하고 경탄하지 않는다."(『고백록』에서)

의 크리스트교 철학은 자기 자신이 가장 큰 관심사이며 **'나는 구제불능의 못난 인간이다.'**라고 생각한다. 르네상스기의 페트라르카, 근대의 블레즈 파스칼이나 쇠렌 키르케고르와도 일맥상통하는 흐름이며, 고대 그리스에서는 거의 찾아볼 수 없는 사상이다.

물론 아우구스티누스도 그 나름대로 '훌륭한 사람이 되고 싶다.'거나 '행복해지고 싶다.'고 바라기는 했다. 입으로는 멋진 말을 하고, 그렇게 되기를 바라며, 기도도 한다. 그러나 사실 **마음속 깊은 곳에 자리한 본심은 자신이 바뀌기를 원치 않고 있음을 발견**한다. 나(아우구스티누스)는 말과 신체, 의지와 욕망, 영혼과 육체 사이에서 분열되고 있다.

 ## 신을 알면 자신이 못난 인간임을 깨닫게 된다

의지와 욕망의 갈등은 많든 적든 우리에게도 해당하는 이야기로, 아마 여러분도 경험해 본 적이 있을 것이다. 그런데 사실 이것은 매우 중요한 문제다. 자신의 말이나 마음이 신뢰할 수

없는 것이 되어 버리기 때문이다. 자신이 자신을 계속 배신하고 그 자기기만이 일상화된 상태로, 정신 건강상 좋지 못할 뿐만 아니라 무엇보다 말이나 행동의 가치를 손상시킨다. 안 그래도 못난 인간인데 거짓말로 자신을 꾸미기까지 하는 것은 그야말로 최악이다. 하다못해 자신이 못났다는 것 정도는 인정하는 사람이 그나마 성실한 사람이라고 할 수 있다.

물론 이런 이야기가 크리스트교 철학의 전부는 아니다. 그러나 자신이 철저히 무력한 존재라는 인식은 신이라는 존재를 인식했을 때 비로소 가능해진다. 신은 무력한 인간과는 완전히 반대되는 존재이기 때문이다. **신이라는 존재가 있을 때 비로소 자신의 무력함을 이해할 수 있는** 것이다.

이처럼 '나는 철저히 무력한 존재다.'라는 인식이 고대 철학과 중세 철학의 인간관의 차이다. 혹은 그리스적 인간관과 크리스트교적 인간관의 차이라고도 말할 수 있을 것이다.

 ## 아우구스티누스의 중요 개념② '의지'

잠시 아우구스티누스의 해설로부터 벗어난 이야기를 했는데, 다시 본론으로 돌아가자. 아우구스티누스의 또 다른 중요 개념은 '의지'다. 아우구스티누스의 의지에 관한 이야기는 앞으로도 계속 등장할 것이니 꼭 이해하고 넘어가기 바란다.

여기에서 의지는 간단히 말하면 욕구를 의미한다. 의지와 욕구는 거의 같은 의미다. 또한 의지나 욕구는 삶의 자세이기도 하다. 가령 많은 돈을 원한다면 부자가 되기 위한 삶을 살게 된다.

아우구스티누스는 '자유의지'라는 개념에 관해서 논했다. 그의 생각에 따르면, **자유의지란 가능성을 자유롭게 만들어낼 수 있는 능력**이다. 욕구나 의지는 어떤 제약도 받지 않고 무엇이든 상상할 수 있다는 말이다.

 ## 스토아학파의 의지와 다른 점

자유의지라는 문제에 관해서는 고대의 스토아학파도 논했으며, 아우구스티누스도 이 사실

제1장
[고대] 자연철학 vs 형이상학

제2장
[중세] 그리스트교 철학 vs

제3장
[근대] 인간 이성 vs 자연 세계

제4장
[현대] 신학 vs 구조철학

을 알고 있었다.

스토아학파의 의지는 의지 이외의 온갖 것을 애초에 '나와는 관계가 없는 것'이라고 부정하는 능력이다. 스토아학파는 '100퍼센트 완전하게, 언제라도 자유롭게 통제할 수 있는 존재'만이 '나'라고 생각했다. 이 생각에 따르면 돈이나 소지품은 물론이고 육체도 내 것이 아니다. 외부에서 들어오는 감각이나 내부에서 솟아오르는 감정과 욕구도 자유롭게 통제할 수 없으므로 전부 '나와는 관계가 없는 것'이 된다. 이렇게 해서 의지만을 '나'로 규정한 것이 스토아학파의 철학이다.

여기에서 특히 중요한 것은 감정과 욕구다. 이것들을 내 것으로 만들 수 있는가, 없는가? 스토아학파와 아우구스티누스는 이 부분에 대한 생각이 다르다. 아우구스티누스는 '나'라는 존재를 '육체와 영혼으로 구성된 것'이라고 생각했다. 그리고 **모든 감정과 욕구를 내 것으로 인정**했다. 감정이나 욕구는 큰 무리를 지어서 한꺼번에 몰려오기 마련인데, 그중에서 어떤 감정이나 욕구를 적절한 것으로서 선택하고 또 부적절한 것으로서 배척할 것인가? **아우구스티누스는 이 선택 능력을 의지로 규정**했다.

올바른 의지와 잘못된 의지

요컨대 **의지란 선택이며, 그 선택이 옳다면 '올바른 의지'가 되고 틀렸다면 '잘못된 의지'가** 되는 셈이다. 의지에는 이렇게 두 종류가 있다고 생각하면 앞에서 나온 '나는 무력하다.'라는 이야기도 쉽게 이해될 것이다. 나는 자신의 힘으로는 잘못된 의지밖에 선택하지 못한다는 이야기가 되기 때문이다.

물론 고대 그리스에도 적절한 선택과 부적절한 선택이라는 개념은 있었다. 가령 아리스토텔레스는 『니코마코스 윤리학』이라는 저작물에서 '달콤한 음식을 먹어서는 안 돼.'라고 생각하면서도 유혹을 이기지 못하고 먹어 버리는 행동이 왜 발생하는지 자세히 분석했다.

다만 아리스토텔레스가 올바른 선택을 위해 행동을 습관화하는 일의 중요성을 이야기한 데 비해 아우구스티누스는 사람이 올바른 선택을 하려면 신의 도움이 필요하다고 생각했다. 그

그림 2-5	아우구스티누스의 자유의지론의 심화		
시기	**주요 저작물**	**자유의지의 능력**	**포인트**
전기	『자유의지론』	◯ 크다	· 자유의지와 정욕의 싸움 · 신앙은 인간의 결단
중기	『고백록』	△ 거의 없다	· 자유의지로는 선을 행할 수 없다 · 신앙은 신의 은총
후기	「펠라기우스와의 논쟁」	✕ 거의 무력	· 원죄와 예정설의 강조 · 자유의지는 이미 손상되었다

후기로 넘어갈수록 원죄와 은총을 강조하는 사상으로 심화된다

렇다면 **신을 추구하고 원하는 것이 올바른 의지·올바른 선택**이 되며, 반대로 **신이 아닌 지상의 존재를 추구하고 원하는 것은 잘못된 의지**가 된다.

이렇게 해서 아우구스티누스, 나아가 중세 철학에서는 신을 추구하는 것이 올바른 삶의 자세가 된다. 그리고 신이 아닌 지상의 존재는 그 도구·수단으로 인식된다.

의지에 관한 아우구스티누스의 이 생각은 중세 철학 전체의 문제의식과 기본적인 전제가 된다. 올바른 의지(삶의 자세)는 영원한 신을 추구하며, 잘못된 의지(삶의 자세)는 언젠가 사라져 갈 지상의 덧없는 것을 추구한다. 고대 철학의 장에서도 철학은 삶의 자세라고 이야기했는데, 중세 철학에서는 신을 추구하는 것이 인간의 바람직한 삶의 자세라고 생각했으며 신앙을 갖는 것이 인간과 동물을 구별하는 하나의 기준이었다.

신을 변호하는 '변신론'

지금까지 이야기했듯이, 아우구스티누스의 철학은 나의 내부를 탐구한다는 점에서 고대 철

학과는 선을 긋는 것이었다.

또한 아우구스티누스의 사색은 나와 의지 이외에도 신의 문제, 선악의 문제 등에서 후세의 철학에 커다란 영향을 끼쳤다. 그 포인트를 한마디로 정리하면 '변신론'이다. 변신론은 이를테면 **"신이 최고의 선이라면 왜 악을 방치하는 것인가?"** 같은 주장에 대해 신을 변호하는 논술이다.

아우구스티누스의 철학은 가톨릭교회에서 정통 교리로 인정받기도 한 까닭에 중세 이후 철학의 기본적 전제가 되었다. 또한 중세 철학이나 근대 철학 전체가 변신론과 그에 대한 반론의 대결이라고도 말할 수 있기에 철학의 대립축을 파악한다는 이 책의 관점에서도 매우 중요하다.

제 2 장 | [중세] 크리스트교 vs 그리스 철학 | 안셀무스

제1장
[고대]
자연철학
형이상학
vs

제2장
[중세]
그리스
크리스트교
철학
vs

제3장
[근대]
인간
자연
이성
세계
vs

제4장
[현대]
신철학
구조철학
vs

'신의 존재 증명'은 사실 굉장한 논리였다

단 하나의 전제에서 시작되는 신의 존재 증명

안셀무스 칸투아리엔시스는 '신의 존재 증명'으로 유명하다. 신의 존재 증명이라고 하면 종교의 이데올로기를 주장하고 싶을 뿐인 억지스러운 논리라는 이미지가 있을 터인데, 절대 그렇지 않다. 이것은 인간이 논리만으로 신에 관해서 이해를 얻을 수 있는가에 대한 도전이었다. 또한 이때 안셀무스가 사용한 신의 정의에는 철학의 역사상 획기적인 의의가 있었다. 그 신의 정의가 중세 형이상학(신학)의 기초가 된 것이다.

먼저, 신이란 무엇인가에 관해 안셀무스는 "단 하나의 전제에서 시작된다."라고 말했다. 그것은 **'신은 그보다 더 큰(위대한) 존재를 생각할 수 없는 무엇인가다.'**라는 전제다. 그리고 '실제로 존재하는 것과 단순히 상상할 수 있을 뿐 실제로는 존재하지 않는 것 중에서는 실제로 존재하는 것이 더 크다(위대하다).', 따라서 **'신은 실재한다고밖에 생각할 수 없다.'**라는 것이 신의 존재 증명이다.

이 증명의 포인트는 신의 존재와 그 밖의 유한한 존재를 구별했다는 것이다. 이것이 무슨 말인지, 신의 존재 증명에 대한 반론을 통해 살펴보도록 하겠다.

'위대한 섬'은 존재하지 않는다고 단언할 수 있다

이 증명에는 다양한 반론이 있다. 이를테면 "그보다 더 큰(멋진) 섬은 생각할 수 없는 섬을 상상하면 그 섬은 실재하게 되는가?"라는 반론이 있다. 이 반론의 포인트는 머릿속에서 사고

가능한 것과 그것이 현실에 존재하느냐 존재하지 않느냐는 아무런 관계도 없다는 것이다. 사라진 아틀란티스 같은 섬이 존재했다고 머릿속으로 생각하는 것은 누구나 할 수 있다. 그러나 그 섬이 현실에 존재하느냐 존재하지 않느냐는 완전히 별개의 문제다.

다만 '그보다 더 큰 존재를 생각할 수 없는 무엇인가'라는 전제는 섬 같은 유한한 것에는 적용할 수 없다. **'그보다 더 큰 것을 생각할 수 없는 무엇인가'는 신 이외에 있을 수 없는** 것이다. 유한한 것의 위대함은 상대적이기 때문에 아무리 위대한 것을 생각하더라도 그보다 더 위대한 것을 얼마든지 생각할 수 있다. 따라서 **'그보다 더 위대한 것을 생각할 수 없는 유한한 것'은 애초에 사고가 불가능한 것이므로 그런 것은 허위**(존재하지 않는다)라는 결론이 나온다.

유한한 것의 존재 근거는 무한한 신이다

이러한 신의 무한성과 그 밖의 존재의 유한성은 명확히 구별된다. 실재하는 것이 필연이라고 사고할 수 있는 존재가 신이며, 반대로 실재하는 것이 필연이라고는 사고할 수 없는 존재가 그 밖의 유한한 것이다. 알기 쉬운 예를 들면, 단순히 머릿속에서 사고 가능할 뿐 현실에 존재할지 어떨지는 보증되지 않는 것이 유한한 것이다.

또한 이를 통해 유한한 것은 자신의 존재의 근거를 무한한 것에 의지하고 있음도 밝혀진다. **'존재한다고밖에 생각할 수 없는 유한한 것'은 사고 불가능**(=존재 불가능)이므로 유한한 것의 존재 근거가 자신에게 있다고는 말할 수 없는 것이다.

자기 자신을 근거로 존재하는 것은 '존재한다고밖에 생각할 수 없는 것', 즉 무한한 존재뿐이다. 그렇기에 유한한 것은 그 존재 근거를 신(무한한 존재)에게 의지한다는 점에서 피조물로 불리는 것이다.

안셀무스의 시도를 통해 중세 철학은 새로운 단계로 넘어간다. 신의 존재 증명은 신앙의 대상인 신을 이성(논리)의 대상으로서도 이해하려 한 시도다. 그래서 엄밀한 논리나 표현을 사용하는 형이상학이 활발해지는 결과를 낳았다. 그 주요 무대는 새로운 학문 기관인 대학교(스콜라)였으며, 이 때문에 스콜라 철학으로 불린다.

제 2 장 | [중세] 크리스트교 vs 그리스 철학 | 아벨라르

제1장
[고
대]
자
연
철
철
학
vs

제2장
[중
세]
그
리
스
크
리
스
트
교vs
철
학

제3장
[근
대]
인
간
자
성세
계
vs

제4장
[현
대]
신 구
철 철
학 학
vs

논쟁에서 진 적이 없는 '유럽의 소크라테스'

 파란만장한 인생을 살았던 천재

피에르 아벨라르(라틴어 이름은 **페트루스 아벨라르두스**)는 중세 철학에서 으뜸가는 천재적 두뇌의 소유자로, 파란만장한 인생을 살았다. 그의 매력 넘치는 인간성과 논쟁에 열중했던 삶은 중세 철학의 역사에서 특히 흥미로운 부분이다.

아벨라르는 싸움을 좋아하는 괄괄한 성격의 천재였다. 그 천재성은 20세 전후에 파리의 대학교에서 철학 교수의 가르침에 공개적으로 반론을 하고 논쟁을 벌여서 승리했을 정도였다. 그 후 신학을 공부했을 때도 교수의 강의에 대해 "알맹이가 없어서 따분하다."라고 말하는 등 불필요한 도발을 했다. **아벨라르는 권위 있는 학자에게 모욕감을 줘야 직성이 풀리는**, 대단한 성격의 소유자였다.

 보편 논쟁: 보편이 실재인가, 개체가 실재인가?

아벨라르는 스콜라 철학의 논리학 분야를 대표하는 인물이다.

그가 살던 시대에는 이른바 '보편 논쟁'이 활발하게 벌어지고 있었다. 이것은 보편적인 사항(예를 들면 인간)은 실제로 존재하는가(실재론), 아니면 기호, 다시 말해 이름뿐인 존재인가(유명론)에 관한 논쟁이다(115쪽 그림 참조).

실재론에서는 보편이 실체이며 개체는 물질에 불과하다고 생각한다. 요컨대 인간이라는 보편적인 종이 우선이며 개개의 인간은 그 종에 부수적인(=있든 없든 상관없는) 요소가 달라붙음

으로써 구성된다는 생각이다. 가령 인간에게는 공통적으로 얼굴이 있지만 생김새는 사람마다 다르며, 얼굴이 어떻게 생겼든 사람인 것은 매한가지다.

그렇다면 그것이 없을 경우 인간이 아니게 되는 필연적 요소(얼굴)와 상태가 어떠하든 인간임에는 변함이 없는 우연적 요소(생김새)는 어느 쪽이 더 인간에게 본질적일까? 당연히 얼굴이다.

따라서 **보편이야말로 본질이며, 개체를 만드는 요소는 본질이 아니다. 이와 같이 개체에 앞서서 보편이 존재한다고 생각하는 것이 실재론**이다. 그러므로 개체는 우연적 부분의 다양한 변화에 불과하다.

유명론의 견해 "현실에 존재하는 것은 개체뿐"

그에 비해 **유명론은 실제로 세계에 존재하는 것은 개체뿐**이라고 주장한다. 가령 인간이라는 말은 실재하는 개인들 사이에서 서로 닮은 점을 추출한 것일 뿐이다. 소크라테스와 플라톤에게 공통되는 점은 인간이라는 것, 소크라테스와 당나귀에게 공통되는 점은 동물이라는 것 같은 식이다.

이와 같이 개체야말로 실재의 기초이며 보편은 개체의 공통점을 추출한 말에 불과하다. 그러므로 보편이 개체보다 본질적인 실재라는 것은 있을 수 없다. 이것이 유명론의 주장이다.

보편 논쟁은 난해한 데다가 결론이 나지 않은 문제다. 중세 철학에는 해결되지 않은 문제가 많으며 대체 무슨 의의가 있는지 도무지 알 수 없는 것도 많은데, 이것은 뒤집어서 생각하면 그만큼 중요한 문제에 관해 굉장히 많은 논쟁을 벌였다는 뜻이기도 하다. **보편 논쟁을 둘러싼 논의는 근대 이후 철학의 기초**를 이루게 된다.

아벨라르의 독특한 견해

이제 드디어 아벨라르의 견해를 소개할 차례다. 아벨라르는 일단 유명론적인 견지에서 '현실에 존재하는 것은 개체뿐이다.'라고 생각했다. 다만 보편을 '개체들의 공통점'이라고 생각하

제1장
[고대] 자연철학 vs

제2장
[중세] 그리스도교 철학 vs

제3장
[근대] 인간 이성 자연 세계 vs

제4장
현대 구조 철학 vs
신철학

는 데는 찬성하지 않았다. 개체들의 공통점을 추출하기는 불가능하기 때문이다.

'현실에 존재하는 것은 개체뿐'이라는 말은 '이 세상에 완전히 똑같은 것은 존재하지 않는다.'는 의미이기도 하다. 소크라테스를 구성하는 세포는 하나하나가 전부 다르며, 그 세포와 플라톤의 세포 사이에도 완전히 똑같은 것은 당연히 존재하지 않는다. 따라서 **'공통점'이란 사실을 보여주는 것이 아니라 우리의 '선입견'이나 '해석'을 보여줄 뿐**이라고 아벨라르는 말했다.

아벨라르의 생각에 따르면, 우리가 무엇인가를 "보편적"이라든가 "공통된."라고 말하는 것은 우리가 사는 세계나 존재에 관한 해석을 제시한 것에 불과하다. 따라서 보편은 '선입견', '해석'일 뿐, 진리라고 말할 수 있는 근거가 없다.

다만 그렇다고 해서 '인간'이나 '동물' 같은 보편 개념을 제시하는 말이 완전히 무의미해지는 것은 아니다. 우리는 보편(공통점)을 추출할 때 반드시 어떤 의미를 담는다. 예를 들어 ① "이 사람은 소크라테스다."라는 문장과 ② "소크라테스는 인간이다."라는 문장은 화자의 의

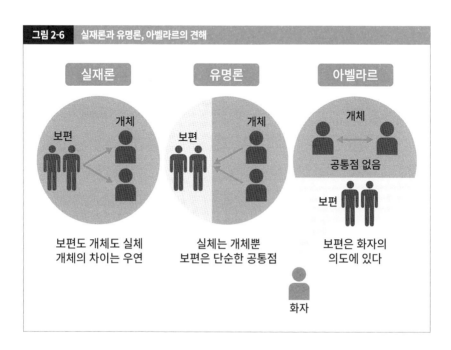

그림 2-6 실재론과 유명론, 아벨라르의 견해

실재론	유명론	아벨라르
보편 / 개체	보편 / 개체	개체 / 공통점 없음 / 보편
보편도 개체도 실체 개체의 차이는 우연	실체는 개체뿐 보편은 단순한 공통점	보편은 화자의 의도에 있다

화자

도가 다르다. 전자는 소크라테스를 다른 인간과 구별하기 위한 문장이다(고유성을 나타내는 문장). 한편 후자는 소크라테스를 다른 인간과 동일시하기 위한 문장이다(동일성을 나타내는 문장).

이처럼 표현이나 문장에 드러나는 화자의 의도를 밝혀내는 것이 아벨라르의 논리학이다. 그리고 화자의 의도와 문장이 적절히 대응한다면 보편적인 말도 의미를 지니게 된다.

본래 보편 논쟁은 세계의 사실 또는 실재에 관한 문제였다. 그런데 **아벨라르는 그것을 인간의 주관적 의도와 표현의 대응이라는 문제로 치환해 버린** 것이다.

행위의 의도를 해명하는 윤리학

보편 논쟁과 이에 관한 아벨라르의 견해를 대략적으로 살펴봤는데, 아벨라르의 철학은 인간의 의도에 대한 관심으로 가득했다. 아벨라르는 윤리학으로도 유명한데, 여기에서 핵심이 되는 개념도 '의도(의향)'다. **어떤 행위가 선 또는 악으로 불리는 기준은 행위 자체가 아니라 그 행위의 의도에 있다**는 것이 아벨라르의 생각이었다.

아벨라르는 노예가 어쩔 수 없이 주인을 검으로 살해한 경우를 예로 들며 노예의 의도를 규명했다. 노예가 적극적으로 주인을 살해할 마음이 있었던 것은 아니기 때문에 그 점에서는 악이라고 말할 수 없다. 그러나 주인에게 저항하는 수단으로 검을 사용했다는 점에서는 살해의 의도가 분명히 담겨 있으므로 악이라고 말할 수 있다…. 아벨라르는 이런 식으로 올바른 의도와 잘못된 의도의 구별 등을 논했다.

아벨라르 철학의 핵심

지금까지의 이야기를 과감하게 정리해 보면, 아벨라르가 철학을 통해서 밝혀내고자 한 것은 인간의 사고와 의도라고 말할 수 있다. 그 의도가 나타나는 현장을 논리학이나 윤리학이라는 문맥에서 다루며 해명을 시도했다.

이처럼 **아벨라르는 철학상이나 신학상의 문제를 인간의 주관적인 사고나 의향의 문제로 파악한 철학자**다. 이것은 생각하기에 따라서는 무서울 만큼 거대한 야망이라고 말할 수 있을 것이다. 자연이나 신의 문제도 말이나 사고의 문제로 치환하려 한 것이기 때문이다.

이런 **엄청난 야망이야말로 아벨라르의 철학과 인간성의 핵심**이다. 아벨라르 자신은 경건한 신도로, 크리스트교의 진리를 의심한 적은 없다고 수없이 말했다. 그럼에도 그에게 신에 대한 불경과 이단 의혹이 떠나지 않았던 이유는 그 자신도 자각하지 못했던 철학적 야심 때문이었을 것이다.

제1장
고대 자연철학
형이상학 vs

제2장
[중세]
크리스트교
그리스철학 vs

제3장
근대 자연세계
인간이성 vs

제4장
현대 구철학
신철학 vs

아벨라르의 사회적 말살을 꾀했던 수도원장

 극단적인 양면성을 지닌 인물

베르나르(라틴어 이름은 **베르나르두스**)는 오랜 기간 클레르보 수도원의 원장이었던 인물로, 보통 '클레르보의 베르나르'라고 불린다.

베르나르는 일개 수도원장이 아니라 가톨릭교회에서 큰 영향력을 지닌 인물이었다. 매우 엄격하고 금욕적인 수도원 생활과 규칙이 높은 평가를 받아 교회 권력자에게서 상담 요청을 받기도 하고 교회 내의 문제 해결에 협력하기도 하는 위치가 되었기 때문이다. **아벨라르를 이단으로 탄핵하는 재판**을 담당한 것도 그 일환이었다.

이렇게 말하면 엄격한 금욕주의자가 조직 내에서 솜씨를 발휘한 흔해 빠진 이야기로 들릴 것이다. 그러나 베르나르는 그런 알기 쉬운 캐릭터가 아니었다. 그의 사상은 **사랑이나 아름다움에 관한 신비주의**였던 것이다. 그는 "학문을 통해서 지를 공부하는 목적은 신을 사랑하기 위함이며, 최종적으로는 우리의 혼이 신과 하나가 될 준비를 하기 위해서다." 등의 말을 했다.

세속적인 정치에 대한 재능과 초세속적인 신비주의에 대한 재능이 한 몸에 깃들어 있었던 보기 드문 인물이 베르나르다.

 중세 철학의 커다란 흐름 중 하나였던 수도원신학

잠시 수도원신학에 관해 설명하겠다. 중세 철학은 몇 가지 대립축을 통해서 구별할 수 있다. 큰 대립으로서 그리스 철학 대 크리스트교가 있고, 그 내부의 작은 대립으로서 플라톤주의

대 아리스토텔레스주의, 신앙 대 이성, **수도원신학 대 대학신학(스콜라 철학)** 등이 있다.

수도원은 중세 전기의 아우구스티누스의 흐름을 이어받았으며, 중세 후기에 등장한 대학교는 아리스토텔레스 연구(자연학 연구)의 흐름이다. 대략적으로는 감성이나 수사(修辭)를 중시하는 것이 수도원신학이고 이성과 논리를 중시하는 것이 스콜라 철학이라고 말할 수 있다. 스콜라 철학이 등장한 시대는 조금 더 이후지만, **아벨라르와 베르나르의 대립은 스콜라 철학적인 가치관과 수도원신학적인 가치관의 대립**이었다고 말할 수 있다.

감성을 중시한 수도원신학의 신비주의

그러면 베르나르의 신비주의를 소개하겠다. 신비주의라고 하면 고대의 철학자인 플로티노스를 떠올릴 수 있다. 신비주의자의 대체적인 공통점은 '신과의 합일'을 최고의 행복으로 생각한다는 것이다.

베르나르라고 하면 사랑에 관한 교설이 유명하다. 그는 사랑을 4단계로 나누었다. 각각 **① 욕망에 기반을 둔 자기애, ② 욕망에 기반을 둔 신을 향한 사랑, ③ 우애에 기반을 둔 신을 향한 사랑, ④ 신을 향한 사랑에 기반을 둔 자기애**다. 신과의 합일을 이루는 단계는 ④의 '신을 향한 사랑에 기반을 둔 자기애'다.

④의 경지는 자신과 신의 구별이 없는 합일 상태다. 플로티노스의 합일 상태와 비교하면, 플로티노스는 자신의 경험에 입각한 이야기였지만 베르나르는 그렇지 않다. 육체 속에서 살고 있는 동안은 ④의 경지에 도달하기가 불가능하다고 생각했기 때문이다. 이 차이는 그리스 철학적 신비주의와 크리스트교적 신비주의의 차이다. 세계와 신 사이의 거리가 다르다. 그리스 철학에서 세계는 신 그 자체였지만, 크리스트교에서 세계는 신의 피조물인 것이다. 따라서 신과 합일할 수 있는 것은 천국에서 신을 직접 '볼' 때다.

천국에 가는 것은 기본적으로 육체가 죽은 뒤일 터인데, 천국에서 신을 시각적으로 '본다.'고 말하는 것이 흥미로운 부분이다. 마치 육체도 유지하고 있는 것 같은 표현이다.

이런 감각·감성적인 것의 중시가 베르나르 사상의 독특한 점이다.

제1장
[고대] 형이상학 자연철학 vs

제2장
[중세] 크리스트교 그리스철학 vs

제3장
[근대] 인간 자연세계 이성 vs

제4장
[현대] 신학 구조철학 vs

열등한 감각인 '미각'을 칭찬한 베르나르

미각에 관한 베르나르의 이야기는 철학적으로도 종교적으로도 주목할 만하다.

미각은 오감 중에서도 사물을 인식하는 데 공헌하는 일이 적으며 세속적인 쾌락을 얻기 위한 감각에 불과하다. 오감 중에서는 시각이 가장 가치가 크고, 그다음은 촉각과 청각이었다.

그런데 베르나르는 세속적이고 천한 감각일 터인 미각을 굉장히 중시해, **"지혜를 맛본다."** 같은 표현도 사용했다. 이것은 크리스트교의 중요한 의식인 성찬식(예수의 이른바 '최후의 만찬'을 재현하는 의식)과의 관계를 통해서 고찰해야 할 것이다. 성찬식에서는 빵을 예수 그리스도의 살로, 포도주를 예수 그리스도의 피로 삼는다(실체변화). 즉 성찬식에서 미각은 **인간이 예수 그리스도와 일체화할 수 있는 감각**으로 간주된다.

빵과 포도주가 예수 그리스도의 살과 피로 실체변화한다는 이야기는 우리의 이해를 초월한다. 다만 그렇다고 해서 비합리적인 미신으로 치부하면 그만인 이야기도 아니다. 바울로와 아우구스티누스를 소개했을 때도 살펴봤듯이, 우리 인간은 지성이나 인식을 통해서 자신을 바라보면 결국은 반드시 무력하고 보잘것없는 자기상(自己像)에 이르기 때문이다.

그리고 지성으로는 결코 이해할 수 없는 것이 이 성찬식이다. 지성이나 인식의 관점에서 바라보면, **빈약하고 천한 감각인 미각만이 예수 그리스도의 살과 피와 동일화해 영원한 생명을 얻을 수 있는 유일한 감각**이라는 역설을 베르나르는 보여준 것이다.

 ## 낮은 것을 높이는 삶의 자세가 수도원신학의 핵심

수도원은 현세나 자신의 육체·욕망을 부정한 것이라며 경시하고 금욕 생활을 실천한 반면에 먹을 것과 마실 것을 맛보는 등의 육체적·감각적인 경험을 신 또는 지혜와 연결시켜 오히려 숭고한 것으로 끌어올렸다. 이와 같은 **괴리·모순이야말로 수도원신학의 핵심**이다. 이것은 예수 그리스도가 말하길 **'천국'은 '가장 낮은 자가 가장 높은 자로서 존경받는' 장소**이기 때문이다. 또한 '낮은 자'는 신의 아들이면서도 비천한 범죄자로서 죽은 예수 자신을 표현한 것이다.

이슬람 철학에서 온 아리스토텔레스의 역습

제1장
고대 자연철학
형이상학 vs

제2장
[중세]
그리스도교 vs
크리스트교
철학

제3장
근대
인간 자연
성 세계 vs

제4장
현대
신철학 구철학 vs

 이슬람권의 아리스토텔레스 학자

이븐 루시드(라틴어 이름은 **아베로에스**)는 현재의 스페인 안달루시아에서 활약한 이슬람 철학자로, **그의 주된 철학적 업적은 아리스토텔레스의 작품에** 주해(해설)**를 단 것**이다. 중세 철학에서 아리스토텔레스는 극히 일부의 논리학 관련 저작물을 제외하면 거의 잊힌 상태였다. 그러나 유대권과 아라비아권에서는 여전히 읽히고 있었으며, 이븐 루시드를 통해서 아리스토텔레스의 자연학과 형이상학이 다시 서유럽으로 돌아왔다. 이것이 중세 자연철학의 시작이다.

아리스토텔레스의 자연철학 가운데 특히 신학자들을 놀라게 한 것은 자연학의 우주의 자립성**과 영혼론의** 지성단일론이다. 둘 다 크리스트교 신학과는 양립할 수 없는 사상이 담겨있다.

 자연과 우주는 독립적이며 영원히 존재한다

먼저 우주의 자립성을 살펴보자. 이것은 아리스토텔레스의 이론이다.

아리스토텔레스에게 자연은 '운동의 원리를 자신의 내부에 지닌 것', 즉 다른 것의 도움 없이 독립적으로 존재하는 것이다. 자연은 만들어진 것(피조물)이 아니라 자생해 온 것이라는 말이다. 게다가 그 일부(천상의 우주)는 영원히 존재한다. **자연은 어떤 시점에 무에서 유로 발생한 것이 아니라 생성소멸하지 않고 계속 존재하는** 것이다.

한편 크리스트교에서 자연은 신이 창조한 것이다. 신 없이는 절대 존재할 수 없다. 자연이나

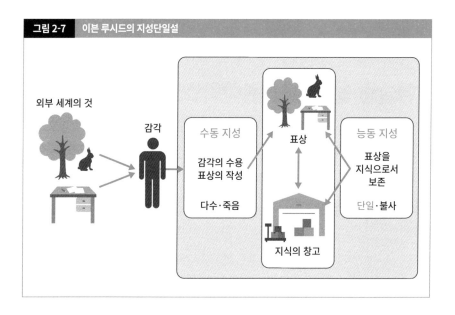

그림 2-7   이븐 루시드의 지성단일설

외부 세계의 것

감각

수동 지성

감각의 수용
표상의 작성

다수·죽음

표상

능동 지성

표상을
지식으로서
보존

단일·불사

지식의 창고

우주를 신으로부터 독립된, 게다가 영원한 존재로 간주하는 사상 자체가 크리스트교 사상의
관점에서는 이단이었다.

지성단일설: 지성은 공통이며, 다른 것은 육체뿐이다

다른 하나인 '지성단일설'은 상당히 과격한 사상이다. 이븐 루시드의 아리스토텔레스 해석에
따르면, 지성은 전체가 하나이며 개별적인 지성은 존재하지 않는다고 한다. 이것은 이를테면
'우리는 공통의 지식이나 지성을 통해서 의사소통을 할 수 있다.' 같은 의미가 아니다. **인간
의 본질이 지성이라면 예수와 바울로는 본질적으로 동일한 존재이며 두 사람의 차이는 비본
질적인 육체뿐**인 셈이 된다. 요컨대 **개성을 부정**하는 것이다.

현대에는 개성이 가장 존중받아야 할 가치인데, '개성은 육체에만 나타나는 비본질적인 것
이다.'라는 생각이다. 평범하게 생각하면 지성도 육체와 마찬가지로 다수일 것 같은데, 이븐
루시드는 왜 그런 견해를 갖게 되었을까?

먼저 아리스토텔레스의 견해를 확인하자. 지성은 영혼의 활동 중 하나로, 개별적인 부분과

보편적인 부분이 있다. 개별적인 부분은 신체(질료)와 연결되어 있어서, 우리는 신체를 통해 개별적인 현상을 수용한다. 이 지성의 활동을 '수동 지성'이라고 부른다.

한편 지성에는 신체와 연결되어 있지 않은 보편적인 부분도 있다. 이 부분은 수동 지성이 수용한 개개의 현상을 지식으로서 정리하는 활동을 한다. 이것을 '능동 지성'이라고 부른다.

요컨대 영혼에는 개별적인 부분과 보편적인 부분이 있으며, 후자(능동 지성)가 진짜 지성이라고 부를 수 있는 것이다. 그리고 당연히 보편적이기에 단일하다고 이븐 루시드는 해석했다. 영혼의 불멸도 단일 부분에만 적용된다.

 ## 왜 지성은 신체와 연결되지 않는가?

'신체와 연결되지 않은 지성의 보편적인 부분'이라는 것은 언뜻 이해하기 어려운 생각이지만, 이렇게 생각한 데는 분명한 이유가 있다. 가령 눈에는 투명한 부분이 있는데, 아리스토텔레스는 이것이 색을 보기 위한 것이라고 생각했다. 눈에 색이 있으면 색안경을 통해서 색을 바라보는 셈이 되기 때문이다. 이와 마찬가지로 '코에 냄새가 있으면?', '혀에 맛이 있으면?'이라고 생각해 보기 바란다. 요컨대 '편향이 있으면 사물을 올바르게 이해할 수 없다.'라는 이야기다.

따라서 지성에는 신체로 인한 편향의 영향을 받지 않는 부분이 있어야 하며, 그것이 바로 능동 지성이다. **능동 지성은 눈의 투명한 부분과 같아서**, 덕분에 인간은 색안경을 쓰지 않고 사물을 올바르게 이해할 수 있는 것으로 생각되었다.

 ## 한 명 한 명을 특별하게 배려하는 신을 추구하다

지성단일설을 따른다면 인간의 본질일 터인 지성은 공통이며 개인 간의 차이는 육체뿐이다. 그런 까닭에 죽으면 개성은 남지 않는다. 또한 아리스토텔레스의 자연관에서 신(부동의 동자)은 개체에 대한 배려 따위 일절 하지 않는다. 크리스트교의 신학자들은 큰 당혹감을 느꼈다. 이대로는 아우구스티누스 이래 확립되었던 신과 나의 관계가 붕괴되어 버리기 때문이다.

제1장
고대 자연철학
형이상학 vs

제2장
[중세]
그리스트교 크리스트교
철학 vs

제3장
근대
인간 자연
이성 세계 vs

제4장
현대 구
철학 신학 vs

우리는 신의 은혜 없이는 선을 행할 수 없다. **이 은혜는 신이 우리 인간 한 명 한 명을 배려하기에 존재하는 것이다.** 신이 인간을 배려한다는 근거는 성경의 내용이다. 이를테면 『창세기』에 "신은 자신을 닮은 인간을 창조했다."라고 적혀 있는 것이 근거 중 하나다. 신을 닮았다는 것은 지성을 가졌다는 뜻이다. 그래서 지성이야말로 인간의 본질로 생각되었다.

그러나 지성단일설에서는 지성이 아니라 육체가 개인과 개인의 차이를 만들어낸다. 이 경우, 신이 배려하는 대상이 인간 일반이 아니라 개개인이라면 그 배려의 대상은 우리의 육체인 셈이 될 수 있다. 그러나 육체는 영원불멸인 영혼이나 지성을 배려하는 수단에 불과하다.

 ## 지성의 독립은 개인의 독립으로 이어진다

지금까지의 이야기를 정리하면, 포인트는 두 가지다. ① **지성이 인간의 본질**이라는 점, ② **신은 우리 한 명 한 명을 배려하고 은혜를 베푼다**는 점이다. 이 두 가지를 연결하려면 지성이 단일이어서는 안 된다.

그런데 왜 지성단일설이나 신의 배려 이야기가 중요한 것일까? 현대의 관점도 조금 곁들이면서 설명하면, **우리의 개성이 육체뿐만 아니라 정신(마음)에도 존재한다고 말할 수 있을 때 비로소 마음(내면)의 독립을 증명할 수 있기 때문**이다.

가령 내면의 독립을 보장하는 것은 인권이다. "신은 만인을 평등하게 창조했다."라는 말이 근대 인권의 근거가 되었다. 물론 신이 없어도 인간 개개인은 평등하다거나 특별하다고 말할 수는 있다. 그러나 그 근거는 인간끼리의 상호 이해(利害)에 기반을 둔 약속에 불과하다. 물론 근거가 없으면 인권은 존중하지 않아도 된다는 말은 아니다. 오히려 초월적인 근거나 보편성이 없기에 더욱 존중해야 하며, 그래서 치열한 투쟁도 일어난다.

권리나 배려의 대상을 어떻게 규정하느냐에 관한 논의는 오늘날 윤리와 철학의 뜨거운 주제이기도 하다. 그리고 이런 것들도 멀리는 그리스 철학과 크리스트교의 대립이나 나와 신 또는 자연의 관계 같은 주제까지 거슬러 올라갈 수 있다. 고대·중세 철학은 현대인의 관심사와 결코 무관하지 않은 것이다.

『신학대전』은 어떤 책인가?

스콜라 철학을 완성한 인물

『신학대전』의 저자인 토마스 아퀴나스는 아우구스티누스와 함께 중세 철학의 양대 거두로 평가받는다. 토마스 철학의 전체상은 거대한 스케일과 질서를 가진 문학 작품에 비유할 수 있다. 그 예로, 토마스보다 조금 뒷시대의 인물인 이탈리아 시인 **단테**의 『신곡』(지옥편·연옥편·천국편으로 구성된 서사시)은 "『신학대전』의 시적 표현이다."라는 평가를 받기도 했다.

이 책에서는 **토마스의 철학이 달성했다고 평가받는 '신앙과 이성의 조화'**에 대한 내용과 『신학대전』의 대략적인 전체상을 소개하겠다.

신앙과 이성은 서로를 필요로 한다

'신앙과 이성의 조화'란 간단히 말하면 이성(논리)을 통해서 아는 것과 신앙을 통해서 믿는 것의 구별이다. 그러나 **신앙과 이성은 서로를 배척하는 것이 아니라 필요로 한다.**

신앙에는 물론 이성으로는 이해할 수 없는 부분이 있다. 그러나 이것이 곧 이성의 부정을 의미하지는 않는다. 이성의 능력은 아는 것인데, 이성은 알지 못하는 사항을 골똘히 생각함으로써 자신의 능력을 개화시키기 때문이다. 또한 신앙도 이성을 필요로 한다. 너무나도 비합리적이어서 믿을 가치가 없으면 애초에 사람들이 믿지 않기 때문이다.

이 이성과 신앙의 협력 관계는 외부에서 보증되는 것이 아니다. 이 관계는 개개인이 깊게 사색함으로써 습관처럼 서서히 형성된다. 토마스의 철학은 바로 이것의 실천이다.

『신학대전』의 세 가지 주제

토마스 아퀴나스의 대표작인 『신학대전』은 크리스트교의 신앙이란 무엇인가를 설명한, 전체 45권으로 구성된 대작이다. 내용은 3부로 나뉘어 있어서, **제1부는 신, 제2부는 인간, 제3부는 그리스도를 주제**로 삼았다. 각각 ① 존재 그 자체이며 모든 존재의 근거인 신, ② 존재를 인식하는 지성적 존재인 인간, ③ 신과 인간을 연결하는 신비로서의 그리스도다. 토마스는 신을 아는 것, 신이 창조한 세계와 자신을 아는 것, 신이 인간으로서 수육(受肉)한 그리스도를 아는 것을 목적으로 삼았다.

 ## 토마스 철학의 근본에 자리한 신의 규정

그러면 지금부터 신과 인간과 그리스도를 각각 살펴보자.

먼저 가장 중요한 신에 대한 규정을 살펴보면, **신이란 '스스로(자신의 힘으로) 존재하는 존재 그 자체'**이다. 토마스는 아리스토텔레스 철학의 틀을 이어받아 인간 등의 자연 존재나 인공물을 질료(육체)와 형상(정신)의 혼합물로 생각했으며, 이들 존재를 '복합 실체'라고 불렀다. 반면에 신은 '순수한 형상'으로, '단순 실체'라고 불린다. 신은 질료와 섞이지 않았기 때문이다. 또한 형상은 물체가 아니므로 외부의 힘에 파괴되는 일도 없다. 따라서 신은 단일하며 영원하다. 이 단순 실체(신)가 가장 필연적인 존재다.

 ## 신이란 존재하는 것이 본질에 포함된 자

신의 존재 방식과 만물의 존재 방식은 완전히 다르다.

토마스는 신을 **'존재가 본질에 포함된 자'**라고 생각했다. 본질이란 잃으면 그것이 아니게 되는 성질을 뜻한다. 반면에 우리 인간이나 우리 주변에 있는 것들은 '없는' 것이 가능한 존재로, 존재와 본질이 별개다. 이것이 신과 그 밖의 존재의 결정적인 차이다. 우리가 주변의 것들에 대해서 일상적으로 사용하는 '존재'라는 말과는 같은 말이지만 질도 차원도 다름을 알 수 있다.

자기 자신을 원인으로 삼아서 존재하는 것은 신뿐이다. 따라서 만물은 궁극적으로는 **'신에게서 존재를 나누어 받는(분유分有하는)'** 형태로 존재하기 시작했다고밖에 생각할 수 없다. 이것을 묶어서 표현하면 "실재하는 것은 본질과 존재를 지니고 있다."가 된다. 만물은 본질과 존재를 따로따로 지니고 있는 것이다.

이상은 신의 천지창조설에 대한 철학적 해석이라고 말할 수 있다. 성경에는 옛날이야기처럼 신이 천지를 창조했다고 적혀 있지만, 신을 철학적으로 해석하면 '만물의 존재 원인은 무엇인가?'의 고찰이 된다. 고대 그리스에서 시작된 '만물의 근원'에 관한 의문이다.

이렇게 해서 **토마스 철학의 근본 원리로서 '만물의 존재 원인인 신'**이 규정되었다. 만물은 자신의 존재 원인을 신에게 의탁하는 피조물이다.

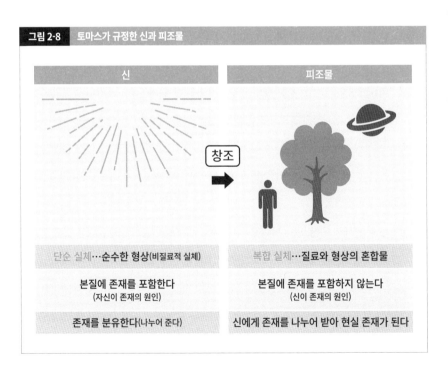

그림 2-8 토마스가 규정한 신과 피조물

신	피조물
창조 ➤	
단순 실체…**순수한 형상**(비질료적 실체)	복합 실체…**질료와 형상의 혼합물**
본질에 존재를 포함한다 (자신이 존재의 원인)	**본질에 존재를 포함하지 않는다** (신이 존재의 원인)
존재를 분유한다(나누어 준다)	**신에게 존재를 나누어 받아 현실 존재가 된다**

제1장
[고대] 자연철학
형이상학 vs

제2장
[중세] 크리스트교
그리스 철학 vs

제3장
[근대] 자연
인간 세계
이성 vs

제4장
[현대] 구조철학
신철학 vs

인간은 지성을 가진 동물

신의 규정에 이어 인간의 규정을 살펴보자. 여기에서의 포인트는 **인간의 본질은 '이성(지성) 을 가진 동물'**로 이야기된다는 것이다. 인간은 신체와 지성이라는 두 가지 측면을 지닌 존재라는 의미다. 인간은 지성을 가졌다는 점에서 동물과 구별된다.

또한 지성은 질료를 갖지 않는다는 점도 중요하다. 인간은 자신의 내부에 질료에서 유래하지 않은 실체인 지성을 갖고 있으며, 그런 점에서 다른 동물보다 더 신과 닮았다.

 아는 것은 인간에게 가장 큰 행복

그런데 인간의 본질이 지성에 있다는 것은 오늘날에는 좋은 평가를 받지 못하는 생각일지도 모른다. 동물에게도 지성은 있다고 생각하는 편이 자연스럽기에 인간을 특권화하고 동물을 부당하게 폄하하는 사상으로 보이는 것이다.

그러나 토마스를 비롯한 과거의 철학자들이 인간과 동물의 지성은 질적으로 다르다고 강조한 데는 이유가 있다. 그것은 **아는 것이 인간에게 가장 큰 행복이라는 생각**이 있었기 때문이다. 이렇게 생각한 대표적인 철학자가 아리스토텔레스다. 그리고 『신학대전』에서 인간을 다룬 제2부는 아리스토텔레스의 윤리학이 바탕에 깔려 있다. 아리스토텔레스에게 인간의 행복은 고유 능력(=지성)의 발휘와 실현이었다. 따라서 최고의 인식이 곧 최고의 행복이며, 그것은 신을 아는 것이었다.

토마스는 이 견해에서 한 발 더 나아갔다. 아리스토텔레스가 말하는 신을 아는 것은 불완전하며, **크리스트교의 신앙을 통해서 더욱 완전한 형태로 신을 알 수 있다는 것이 토마스의 생각**이었다. 요컨대 토마스는 아리스토텔레스가 어떤 의미에서 형식적으로 이야기했던 최고의 지=행복을 그리스 철학과 크리스트교의 온갖 논리와 표현을 구사해 이야기하려 했다. 이것이 잘 드러난 부분이 『신학대전』의 제3부에 해당하는 그리스도에 관한 고찰이다.

그리스도는 인간이 된 신

그리스도는 예수 그리스도를 의미하며, 신이 인간으로서 '수육'한 존재라고 이야기된다. 바꿔 말하면 신인 동시에 인간인 존재다. 이것은 이성으로 이해할 수 있는 이야기가 아니므로 신앙을 통해서 믿어야 하는 사항이다.

그리스도론에서 이야기되는 것 중 하나는 수육의 의미다. **'왜 신은 굳이 인간이 되었는가?'** 라는 의문이다. 이에 대한 토마스의 답변을 짧게 요약하면, 인간 지성이 최고의 인식(=최고의 행복)에 도달할 수 있음을 신이 스스로 인간에게 보여주기 위함이다. 우리는 수육을 통해서 예수 그리스도, 즉 인간이 된 신을 직접 볼(=인식할) 수 있기 때문이다.

그리스도는 신과 인간을 연결하는 존재다. 신이 인간이 되는 것에 필연성은 없다. 그럼에도 **수육을 행한 이유는 신이 인간을 사랑해 인간에게 희망을 주기 위해서**라고 생각할 수 있다.

그런 신의 행동이나 의지를 앎으로써 인간 또한 신을 사랑하고, 믿으며, 희망을 품는다. 이것이 '사랑·믿음·희망'이라는 크리스트교의 전통적인 덕목으로 이어진다.

크리스트교 철학의 원동력

지금까지 『신학대전』의 구성을 따라가며 토마스의 철학을 소개했다. **그의 철학을 한마디로 표현하면 크리스트교 신학을 통한 그리스 철학의 완성**이다.

다시 한 번 포인트를 이야기하면, 지성은 신앙을 통해서 사물을 더욱 깊게 알 수 있다는 견해가 중요하다. 신앙을 통한 지성의 개화와 자기실현. 이것이 이성의 한계(철학)를 뛰어넘어 신앙과 관련된 사항(신학)을 탐구하는 이유다. 종교와 철학이 협력해 진리를 탐구한다.

이것은 토마스뿐만 아니라 **크리스트교 철학 전체에 공통되는 학문적 탐구의 동기**다. 그러나 토마스가 다른 누구보다도 뛰어난 점은 신앙과 이성이 조화를 이룬 모습을 가장 장대한 스케일로 그려냈다는 것이다.

왜 '이것'이라고 가리킬 수 있는 무엇인가가 존재하는가?

 개체는 왜, 어떻게 있는 것인가?

요한네스 둔스 스코투스는 중세 후기에 활약한 철학자다. 스코투스는 스코틀랜드를 뜻하므로, 요한네스 둔스 스코투스는 '스코틀랜드 둔스 마을의 요한네스'라는 뜻이다.

스코투스는 크게 두 가지의 중요한 철학 문제를 남겼다. 하나는 '존재의 일의성'이라는 존재 전반에 관한 철학이고, 다른 하나는 '개체화의 원리'라는 개체에 관한 철학이다. '보편의 문제와 개체의 문제'라고도 말할 수 있다. 이 책에서는 보편 논쟁 이야기가 계속 나오기도 하는 까닭에 '개체화의 원리'에 관해 소개하겠다.

개체화의 원리란 **'개체는 어떻게 해서 존재하는가?'**라는 문제를 다룬 것이다. '개체'란 '이것'이라고 가리켜서 특정할 수 있는 것이라고 생각하기 바란다. '책상'이나 '인간'은 개체가 아닌 보편적인 것의 이름이지만, '이 책상'이나 '○○ 씨(이름)'는 개체다.

 '개체'란 공통점이 하나도 없는 것

개체의 존재가 문제 되는 이유는 '개체'가 '보편'보다 훨씬 수수께끼에 싸인 존재이기 때문이다. 가령 우리는 인간인데, 인간이란 일종의 보편이다. 우리에게서 공통의 성질을 추출해 그것을 '인간'이라든가 '동물'이라고 부른 것이다.

그러나 '개체'는 추출할 수 없다. '개체'는 어떤 공통점도 없기 때문이다. 그래서 우리는 '개체'나 '개성'이라는 말에 '유일무이', '둘도 없음' 같은 가치를 부여한다. 개체는 개체이기에 고귀하며, 강가의 돌멩이조차도 개체로서의 고귀함을 지녔다고 말할 수 있다.

제1장
고대 자연철학
vs

제2장
[중세]
그리스도교 철학
vs

제3장
[근대] 인간 자연 세계
이성
vs

제4장
[현대] 구 철학
신 철학
vs

아리스토텔레스의 개체론

그렇다면 그런 개체를 개체답게 만드는 원리는 무엇일까? 이에 대해 스코투스는 '이것성'이라는 철학 용어로 대답했다. 이것은 요컨대 '개체는 어떤 기존 요소나 개념을 통해서도 설명이 불가능한 특별한 존재다.'라는 생각의 표명이라고 말할 수 있다.

'이것성'은 중요한 개념이기에 조금 시간을 거슬러 올라가 아리스토텔레스와 토마스 아퀴나스의 생각을 소개하겠다. 개체화의 원리를 둘러싼 문제는 아리스토텔레스에게서 유래했으며, 토마스도 이에 관해서 논했다.

아리스토텔레스의 생각에 따르면, 같은 인간인 A씨와 B씨를 구별할 수 있는 이유는 신체가 다르기 때문이다. 아리스토텔레스의 용어로 말하면 개체는 형상(인간성)이 아니라 질료(육체)를 통해서 구별된다는 뜻이다. 분명히 **형상은 보편, 즉 공통성이므로 형상이 개체를 만들어낼 리는 없다.**

그런데 문제는 신체도 당연히 형상을 지니고 있다는 것이다. 아무리 작은 세포라고 한들 일종의 보편성을 띠고 있다. 이 때문에 개성은 질료에서 유래한다고 단순하게 말할 수가 없는 것이다.

토마스의 개체론

물론 토마스 아퀴나스는 이 문제를 깨닫고 있었으며, 매우 영리한 해답을 이끌어냈다. 그것이 바로 '지정된 질료'다. '지정'이란 '특정한 시간과 공간 속에 존재한다.'는 의미다.

앞에서 개체란 '이것'이라고 가리킬 수 있는 것을 의미한다고 설명했는데, **어떤 것을 '이것'이라고 가리킬 경우 그 시간과 그 공간도 지정한** 셈이 된다. 이 시간과 공간의 지정이 바로 '개체'를 '개체'로서 가리킬 수 있는 조건이 된다. '같은 시간과 공간에 다른 것이 동시에 존재하는 일은 있을 수 없기' 때문이다.

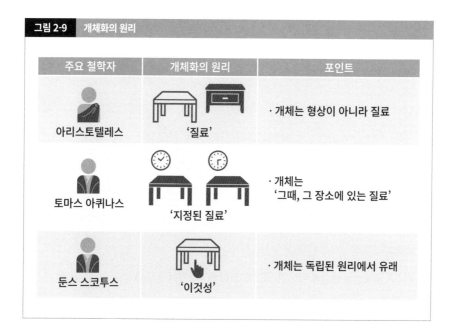

그림 2-9 개체화의 원리

주요 철학자	개체화의 원리	포인트
아리스토텔레스	'질료'	·개체는 형상이 아니라 질료
토마스 아퀴나스	'지정된 질료'	·개체는 '그때, 그 장소에 있는 질료'
둔스 스코투스	'이것성'	·개체는 독립된 원리에서 유래

이것은 매우 간단한 이야기다. 탁자 위에 물건이 놓여 있었다면 그것을 치우지 않는 한 그곳에 다른 것을 놓을 수는 없다. 그렇기 때문에 **'그때, 그 장소에 존재하는 질료(물체)'를 통해서 '개체'를 특정할 수 있는** 것이다. 토마스의 '지정된 질료'는 '이것'이라고 가리킬 때 우리가 무엇을 가리키고 있는지를 엄밀히 생각한 철학이다.

그러나 스코투스는 어떤 의미에서 토마스 이상으로 '이것'에 관해 고찰한 뒤 놀라운 견해를 제시했다.

'지정된 질료'의 문제점

이상과 같은 토마스의 설명은 어디까지나 개체화의 원리를 질료에서 찾는 시도의 연장선상에 위치한다. 그러나 이것으로는 가리킨 '이것'이 개체임은 설명할 수 있어도 '왜 가리킬 수 있는 개체가 지금 이곳에 있는가?'라는 원리까지는 설명할 수 없다.

또한 '이때, 이 장소에 있다.'는 추리 소설의 알리바이 같은 것이어서, 그 개체에는 본질적인 것이 아니다. A씨가 A씨라는 개체인 이유에 대해 "5시 30분에 편의점 잡지 코너에 있었기 때문이야."라고 말한들 수긍하는 사람은 없을 것이다.

질료나 형상 같은 개념으로는 다른 것과의 공통점, 즉 보편성이 없는 개체의 존재를 설명할 수 없다. 하물며 물체의 위치로 설명한다는 것은 언어도단이다.

'이것성'은 개체를 설명하는 원리

스코투스는 '**개체에서 그것이 개체임을 근거 짓는 것(원리)은 무엇인가?**'를 탐구했고, 그 원리를 '이것성'이라고 불렀다. 알기 쉬운 명칭인데, '이것'이라고 가리킬 수 있는 개체가 어떤 형상도 매개하지 않고 직접 성립함을 의미한다.

일반적으로 우리는 사물을 이해할 때 반드시 어떤 공통점(보편성)을 매개시킨다. 가령 "이것은 하얀 펜이야."라고 말했을 경우, '하얀'이나 '펜' 같은 보편(형상)을 이해하고 있어야 한다. 그러나 보편(형상)은 결코 개체의 원리가 되지 않는다. 형상도 질료도 개체를 개체로서 성립시키는 원리로는 충분치 못한 것이다.

개체는 신기한 존재다. 현실에 존재하는 것은 분명히 개체다. 또한 이 세계에는 개체만이 존재한다고도 생각할 수 있다. 그러나 개체는 어떤 의미에서 있든 없든 상관없는, 대체가 가능한 것일 수밖에 없다. 우리 자신도 이런저런 것들을 대체가 가능한 것으로 취급하며 살고 있다. 그러나 그것들이 개체인 이상 유일무이한 존재인 것 또한 사실이다.

스코투스의 '이것성'은 눈앞에 있는 '이것'이 '이것'으로서 존재하는 원리를 나타내는 말이다. '이것'이라는 인식은 언뜻 가장 소박하고 평범한 인식이다. 그러나 깊이 파고들면 '이것'은 우리의 이해를 아득하게 초월한 놀라운 존재임을 깨닫게 된다.

제2장 「중세」 그리스도교 크리스트 철학 vs

제3장 근대 인간 「자연 세계」 이성 vs

제4장 현대 「구 철학」 신 철학 vs

"신은 당나귀여도 상관없었다."라고 말해 파문당한 철학자

'오컴의 면도날'로 유명한 중세 철학자

오컴의 윌리엄은 토마스 아퀴나스와 스코투스를 비판한 중세 말기의 철학자다. 오컴의 면도날은 후술할 본래의 의미 이외에 오늘날 일종의 사고법으로서 사람들에게 알려져 있다. '무엇을 설명하기 위한 이론이나 근거는 복잡하지 않고 단순해야 한다.'라는 지침이다.

머릿속에서 생각한 것을 곧바로 말해 버리는 인물

오컴은 재미있는 인물이다. 그는 자신의 의견을 완곡하게 표현하지 못하는 사람이었던 듯하다. 가령 그는 **'신은 자연 법칙을 무시할 수 있다.'**라고 생각했다. 신은 필연성의 제약을 전혀 받지 않는 완전히 자유로운 존재라는 것이다. 신의 의지나 행위는 우연적, 즉 어떤 필연성도 없으며, 우연은 필연보다 근원적이라는 것이 그의 생각이었다. 이것만으로도 독특하고 재미있는 발상이다.

또한 그의 속죄론은 사람들을 크게 분노케 했다고 한다. 속죄는 신이 인간(예수 그리스도)이 되어서 인간의 죄를 씻어냈다는 이야기다(바울로 편 참조). 그런데 이와 관련해 오컴은 신은 우연적이므로 인간이 된 것에 어떤 필연적인 이유도 없다. 신이 그러기로 마음먹었다면 돌이나 당나귀가 되어서 인류를 구원할 수도 있었을 것이라고 주장했다.

물론 당시에 이런 말을 하고 아무 일 없이 넘어갈 수는 없었을 것이다. 요즘으로 치면 악의는 없지만 부도덕하다고 생각되는 발언을 해서 물의를 일으키는 사람과 비슷하다. 실제로 오컴은 파문을 당하고 프랑스에서 독일로 도피했다.

일단은 재미있는 일화처럼 소개했지만, **신의 의지의 절대성·우연성은 오컴 사상의 근간**이었다.

 ## 실체의 수는 필요 최소한이어야 한다

오컴의 면도날은 '실체'라는 아리스토텔레스의 철학에서 유래한 개념과 관계가 있다. 실체란 '그 자체로 존재하는 것', '다른 존재에 의존하지 않고 존재하는 것'을 뜻한다. 그리고 오컴의 면도날은 **'실체의 수는 필요 최소한이어야 한다.'**라는 의미다. 실체는 세계를 구성하는 요소이기에 실체의 종류나 수가 얼마나 있느냐는 문제는 매우 중요하다.

보편 논쟁으로 치면 보편은 실체인가(실재론) 실체가 아닌가(유명론)라는 문제다. 오컴은 유명론의 관점에 서서, 보편을 실체라고 하는 것은 실체를 불필요하게 늘릴 뿐이라고 말했다.

 ## 개체만이 실체다

오컴의 견해는 매우 이해하기 쉽다. **먼저 개인이나 개체가 존재하고, 서로 닮은 부분을 추출한 것이 보편적인 것**이라는 생각이다.

보편 논쟁을 간단히 복습해 보자(아벨라르 편 참조). 가령 강가에 수없이 굴러다니는 딱딱하고 작은 것을 보고 그것에 '돌'이라는 이름을 부여한다. 이때 실체는 굴러다니는 딱딱하고 작은 것 하나하나이며, 돌은 그것들을 한 단어로 표현하기 위한 이름에 불과하다. 이것이 유명론이다.

반면에 보편을 실체로 인정하는 실재론은 '돌이라는 공통점 또한 실체이며, 그것이 개체화의 원리 등을 통해 하나하나의 돌이 된다.'라고 생각한다.

 ## 자유로운 의지는 개개인에게 확실히 존재한다

개체를 실체로 보는 오컴의 생각은 자유의지와 깊은 관계가 있다. 오컴은 개개인에게 자유로운 의지가 있는 것은 자명하고 확실한 사실이라고 말했다. 그리고 **의지의 본질은 우연성과**

제1장
[고대]
자연철학
형이상학
vs

제2장
[중세]
그리스도교
그리스철학
vs

제3장
[근대]
자연세계
인간이성
vs

제4장
[현대]
구조철학
신철학
vs

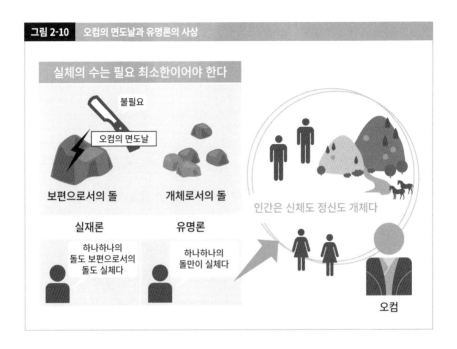

그림 2-10　오컴의 면도날과 유명론의 사상

실체의 수는 필요 최소한이어야 한다

불필요

오컴의 면도날

보편으로서의 돌　　개체로서의 돌

인간은 신체도 정신도 개체다

실재론　　　　　유명론

하나하나의
돌도 보편으로서의
돌도 실체다

하나하나의
돌만이 실체다

오컴

미결정성이다. 앞에서 신은 어떤 필연성의 제약도 받지 않는 존재라고 말했는데, 인간 개개인도 신의 그 우연성을 갖추고 있는 것이다.

　요컨대 우리 한 명 한 명은 어떤 외적인 원리에 따라서 개인으로 존재하는 것이 아니다. **각자에게 내재된 의지를 통해서 서로 구별되어 각기 다른 개인으로서 존재하는** 것이다. 여기에서 개인의 인격을 '타인의 인격과는 교환할 수 없는 완전한 존재'로 파악하는 사상에 도달한다.

　또한 자유의지를 중시하는 오컴의 사상은 바울로의 신앙의인설이나 아우구스티누스의 은총론과는 다른, 자유의지를 통한 구원설과 연결된다. 바울로 편에서 이야기한 '행위의인설'이나 '능동적 의'가 오컴의 견해이며, 후세에 오컴주의로 불린다. 참고로, 종교 개혁의 중심인물인 마르틴 루터는 오컴주의에 맞서 새롭게 신앙의인설을 주장했다.

　이처럼 **의지는 크리스트교 사회인 유럽에서 서양 철학의 근본적인 중요 개념**이다. 서양 형이상학의 마지막 철학자로 평가받기도 하는 **프리드리히 니체**의 사상도 '힘을 향한 의지'로 불린다.

그리스와는 조금 다른 크리스트교의 신비주의

제1장
고대
형이상학
자연철학
vs

제2장
[중세]
그리스
크리스트교
철학
vs

제3장
근대
인간
이성
자연
세계
vs

제4장
현대
신철학
구철학
vs

이단 선고를 받은 신비주의자

요하네스 에크하르트는 중세 후기의 신비주의 철학자로 유명하다. 생전에 이단 혐의를 받았으며, 오컴이 이단 심문에 회부된 것과 같은 시기에 프랑스의 아비뇽에 머물고 있었다. 그는 이단 심문 중에 세상을 떠났지만 사후에 이단 판결을 받았다.

에크하르트의 신비주의는 '자신의 포기'라든가 '신을 받아들인다.' 같은 개념이 특징적이며, 영혼의 '근저'에 있는 힘을 중시했다.

자신을 무(無)로 만들어 포기한다

중세 신비주의의 전체적인 특징으로 자신의 포기를 들 수 있다. 물론 중세뿐만 아니라 모든 신비주의에 공통되는 생각이기는 하지만, 중세에는 특히 '신을 받아들인다.'라는 생각이 자주 등장한다.

비유하자면 **마음은 집 같은 것이고 신은 손님**이다. 손님을 집에 들이려면 집 안을 청소해야 한다. 하물며 이번 손님은 신이므로 최고의 대접을 해야 한다. 가능하면 집 안에 먼지 하나라도 있어서는 안 된다. 집(마음)을 청결한 상태로 유지할 때 비로소 신을 받아들일 준비가 갖춰지는 것이다.

요컨대 **무엇인가를 최대한으로 받아들이고 싶다면 용기를 깨끗하게 비우는 편이 좋다**는 말이다. 그래서 자아가 없는 텅 빈 마음의 상태가 지향된다. 실제로 에크하르트는 '자신의 포기'

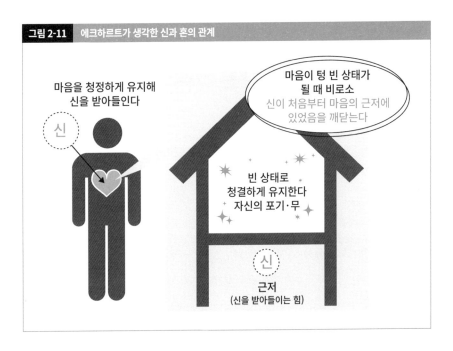

그림 2-11　에크하르트가 생각한 신과 혼의 관계

마음을 청정하게 유지해
신을 받아들인다

신

마음이 텅 빈 상태가
될 때 비로소
신이 처음부터 마음의 근저에
있었음을 깨닫는다

빈 상태로
청결하게 유지한다
자신의 포기·무

신

근저
(신을 받아들이는 힘)

나 '이탈' 같은 말을 많이 사용했다. 물론 학문에 힘쓸 뿐만 아니라 일상생활에서도 규율 바르게 살 것이 장려된다.

혼의 '근저'에 있는 힘

에크하르트의 사상에는 '근저'라는 독특한 개념이 있다. 이 개념은 다양한 명칭으로 불리고 또 다양한 방식으로 사용되는데, 대략적으로 말하면 **근저는 혼**의 기능으로 생각되고 있다. 그 힘 중 하나가 '그릇'이다.

그릇은 신을 받아들이고 파악하는 힘이다. 한편 인간의 영혼이 발휘하는 최고의 능력은 신을 아는 것이므로 결국 그 그릇이 영혼의 온갖 능력의 근저에 있는 셈이 된다. 이런 영혼의 근저는 신이 깃드는 곳이며, 또 인간의 가장 신적이고 고귀한 부분으로 이야기된다. 그리고 신이 근저에 깃들 때 인간은 신과 하나가 된다.

플로티노스의 고대 신비주의와 비교하면, 플로티노스는 '일자'를 향한 상승과 귀환을 주장했다. 반면에 **에크하르트의 신비주의에서는 신을 향해서 상승하는 것이 아니라 신을 받아들일 것을 주장했다.** 신은 처음부터 자신의 영혼 근저에 존재하고 있으며, 자신과 별개의 존재가 아니라 본래부터 함께였음을 발견하는 것이다.

수수께끼의 신비주의자 힐데가르트

에크하르트와 관련해, '신을 받아들인다.'라는 발상을 바탕으로 독자적인 사상을 이야기했던 **힐데가르트**라는 신비주의자가 있다.

힐데가르트는 성경에 규정된 언뜻 부정적이고 객체적(수동적)인 여성상을 역전의 발상으로 해석해, '신을 받아들인다.'라는 점에서는 여성이 남성보다 우위에 있다고 생각했다. 성경에서 여성(이브)은 남성(아담)의 갈비뼈로 만들어진 존재이며, 금단의 열매를 먹은 무지하고 죄 깊은 존재다. 현대의 관점에서는 여성 차별적인 기술이라고도 말할 수 있을지 모른다. 그러나 힐데가르트는 **여성이 자아도 지식도 갖지 않은 존재라면 그런 여성이야말로 신을 받아들일 수 있다**는 인식을 제시했다.

또한 힐데가르트는 여성은 무지하다는 견해를 명분으로 독자적인 용어와 언어를 만들었다. 그런 **수수께끼에 싸인 사적인 언어야말로 신의 말을 직접적으로 받아들이고 이야기하는 것**인 것이다.

이성적·능동적이라는 말은 보통 긍정적인 의미를 지닌다. 게다가 종종 남성에게 귀속된다. 이에 대한 비판으로 페미니즘도 등장했다. 그러나 '신의 수용'이라는 신비주의의 문맥에서는 오히려 남성적으로 여겨지는 경향이 있는 **이성이나 자립성, 공공성 같은 속성 혹은 능력이 반대로 신의 수용을 방해하는 약점·결함이 된다**는 통찰을 제시한 인물이 힐데가르트다.

이 책에서는 베르나르, 에크하르트, 힐데가르트로 대표되는 중세 신비주의자들의 독특한 특징을 소개했다. 중세의 신비주의라고 하면 오로지 신이 어쩌고저쩌고 이야기할 뿐 도무지 재미가 없다는 이미지가 있을지도 모르지만, 실제로는 다양한 인물이 출신과 경력에 얽매이지 않고 다양한 사색을 전개한 풍요로운 세계였다.

그다지 알려져 있지 않은 르네상스기 철학의 시초

 르네상스 시대를 연 시인

프란체스코 페트라르카는 이탈리아의 시인이다. 이탈리아어로 쓴『칸초니에레』라는 서정시집이 유명한데, 이 시집은 비슷한 시대를 살았던 단테의『신곡』이나 보카치오의『데카메론』과 함께 인류 역사에 남을 문학 작품이다.

페트라르카에게 철학자라는 호칭은 어울리지 않지만, 그는 몇 가지 철학적 작품을 썼다. 또한 '르네상스의 아버지'로 불릴 만큼 역사적으로 중요한 인물이다.

 르네상스란 '문예 부흥'

르네상스라고 하면 회화 같은 예술 작품이 꽃을 피운 시대라는 이미지가 있을 것이다. 그러나 르네상스는 '문예 부흥'으로 번역되며, 고대 그리스·로마의 문예에 큰 관심을 보였던 시대다.

페트라르카는 이들 문예 작품의 수집에 열중했던 최초기의 인물이다. 그에게서 시작된 고전 재발견 활동은 휴머니즘(인문주의)으로 불린다. **휴머니즘이란 본래 이런 문학을 읽거나 연구하는 활동**을 의미했다.

페트라르카가 특히 관심을 품었던 철학은 고대 그리스의 플라톤, 로마의 키케로와 세네카였다. 또한 학문적으로 특히 중요한 것은 역사가 **티투스 리비우스**에 관해서다. 페트라르카는 리비우스의 단편적인 문헌을 수집·편집해 하나의 작품으로 읽을 수 있도록 정리했다. 오늘날 고대 로마사의 일급 사료인 리비우스의 작품을 읽을 수 있는 것은 페트라르카 덕분이다.

페트라르카 철학의 주제는 '의지'

지금부터는 페트라르카의 철학에 관해 살펴보자.

먼저 도식적으로 정리하면, **페트라르카는 플라톤·아우구스티누스주의자**라고 말할 수 있다. 아리스토텔레스주의가 침투한 대학교의 스콜라 철학과 달리 그의 철학은 수도원적인 철학이 었다. 스콜라 철학이 논리와 지성을 사용하는 데 비해 페트라르카의 철학은 수사(修辭)와 감성 을 사용하는 이미지다. 일단은 **로직(논리)의 스콜라, 레토릭(수사)의 수도원**으로 이해하자.

페트라르카의 철학적 저작물 중 대표작은 『나의 비밀』이다. 플라톤이나 키케로처럼 대화편 으로 썼으며, 주요 주제는 의지와 윤리. 의지는 중세 철학과 크리스트교의 중요한 개념으 로, 인간이 악을 행하는 원인도 되기 때문에 올바른 의지를 갖는 것이 크리스트교의 윤리.

또한 페트라르카는 '자기기만'에 관한 독자적인 견해가 있었다. **자신은 올바른 의지를 가졌 다고 생각하지만 타인이 봤을 때는 전혀 그렇지 않은 상태**라는 것이다. 자신이 올바르다고 생 각하는 사람에게 실제로는 그렇지 않다고 가르쳐 주고 생각이나 자세를 고치게 하는 것은 어 려운 일이다. 하물며 그 대상이 자신이라면 수정은 더더욱 어려워진다. 애초에 자신이 틀렸음 을 깨닫지도 못하고, 그것을 가르쳐 줄 사람도 없기 때문이다. 요컨대 자신이 옳다는 착각에 빠져 있음을 어떻게 깨달을 것인가, 어떻게 자기기만으로부터 벗어날 것인가가 페트라르카 철학의 주제였다.

그리고 **자기기만을 깨닫기 위해 페트라르카가 사용한 도구가 대화**였다. 그것도 직접적인 대화가 아니라 고전을 모범으로 삼은 대화편이다. 그 작품에 자신을 등장시키고, 또한 자신이 마음의 스승으로서 존경하는 대철학자 아우구스티누스를 등장시켜 자신의 잘못된 생각을 지 적·논박케 했다.

페트라르카가 철학자로서 이론이나 체계를 남긴 것은 아니다. 그러나 시인으로서 천부적인 재능을 타고난 그는 **고대 철학을 모범으로 삼으면서 뛰어난 수사를 구사해 자신의 삶의 자세 와 마음의 내면을 냉철하게 음미했다**는 점에서 훌륭한 철학자라고 말할 수 있을 것이다.

제1장
고대
형이상학 vs 자연철학

제2장
[중세]
크리스트교 vs 스콜라 철학

제3장
근대
인간 이성 vs 자연 세계

제4장
현대
실존철학 vs 구조철학

근대 과학에 매장당한 '무한 우주'

 화형당한 철학자

서기 1600년, 이탈리아에서는 어느 이단 철학자의 재판과 판결의 집행(화형)이 실시되었다.

그 철학자의 이름은 조르다노 브루노로, '무한 우주론'과 '범신론(자연의 모든 것이 신의 일부라

고 생각하는 사상)' 등 당시에나 지금이나 헛소리로밖에 생각되지 않는 학설을 제창한 자연철학

자다. 성직자이면서 **니콜라우스 코페르니쿠스**의 태양 중심설·지동설을 옹호했고, 학설을 위

해 크리스트교 신앙을 버렸다. 브루노의 생애와 사상은 고대 자연철학(원자론)의 부활과 죽음,

중세의 끝과 근대의 시작을 상징하는 철학사의 중요한 한 페이지다.

 고대 원자론에서 유래한 무한 우주론

브루노의 중심적인 학설은 '무한 우주론'이다. 무한 우주론의 기본적인 발상은 고대의 원자

론에서 유래했다. 브루노는 원자론을 로마의 시인 루크레티우스의 작품에서 배웠다.

원자론의 모티프는 '진실로 존재하는 것은 원자와 공허뿐'이었다. 온갖 존재는 원자로 구성

되어 있으며, 무수한 원자가 무수한 우주를 구성한다. 브루노는 원자론의 생각을 토대로 우주

는 무한히 존재하며 공간도 무한이라고 생각했다.

공간이 무한이라는 말은 모든 장소가 중심이 된다는 의미다. 따라서 우주의 중심이 지구인

가 아니면 태양인가 같은 논쟁은 무의미해진다. 모든 별이 각각 우주의 중심이 되는 것이다.

브루노는 코페르니쿠스의 학설을 일부 받아들였지만, '우주의 중심은 태양인가, 지구인가?'

같은 문제는 무한 우주의 관점에서는 무의미한 것이었다.

제1장
[고대]
자연철학
형이상학
vs

제2장
[중세]
크리스트교
그리스
철학
vs

제3장
[근대]
자연
인간 세계
이성
vs

제4장
[현대]
구조주의
신철학
vs

온갖 개체가 우주의 중심

공간이 무한이라는 것은 무슨 의미일까? 우리 개개인에 비유해 보자.

나에게 세계는 나를 중심으로 나타날 뿐이다. 타인의 눈으로 바라보는 것은 절대 불가능하기 때문이다. 이것은 어떤 생물이든 마찬가지다.

그렇다면 왜 개체와 세계의 관계는 그런 식으로 되어 있을까? 너무나도 당연한 것이라 이에 관해서는 생각해 본 적도 없을 터인데, 브루노가 주장한 공간의 무한성은 그 근거가 된다. 즉 **자신이 중심이 되는 것은 공간적 사실로서 당연하다**는 말이다. 브루노는 개체가 자신을 중심으로만 존재할 수 있다는 당연한 사실에 근거를 부여한 것이다.

이 사상은 지금까지 이 책에서 설명해 온 '**개체의 가치를 찾아내려고 하는 중세 후기 사상의 역사**'라는 측면에서 바라봐도 압도적으로 거대한 스케일을 자랑하는 사상이다. 만물이 각자 우주의 중심이라는 사상이기 때문이다. 그에 비하면 '인간은 신의 형상으로 창조되었기에 가치가 있다.' 같은 크리스트교 철학은 왠지 편협한 생각처럼 느껴질 정도다. 이렇게 생각하면 브루노가 이단·위험한 인물로 간주된 것도 이상한 일은 아니었다.

우주는 관찰이 아니라 지성으로 파악하는 것

우주가 무한이라는 브루노의 자연철학은 고대의 자연철학과 마찬가지로 관찰이 아니라 지성으로 파악하는 것이었다. **관찰이라는 수법을 사용하지 않음으로써 우주를 단번에 파악하는 거대한 스케일의 사상**이 탄생했다.

그러나 관찰할 수 없는 '무한'이라는 개념을 자연의 기초로 삼는 자연철학은 멀지 않은 미래에 근대 과학이 시작됨에 따라 거의 완전히 소멸하고 만다. 고대부터 연면히 이어져 왔던 자연철학은 브루노의 화형과 함께 소멸했고, 그 후 관찰과 실험을 기초로 삼는 자연과학이 탄생한다. 크리스트교는 자연철학을 소멸시키는 동시에 근대 과학의 모체가 되었다.

고대·중세의 철학서를 보존해 온
이름 없는 사람들

 중세에 철학은 어떻게 보존되었는가?

중세에는 철학의 역사를 다룬 책이 거의 만들어지지 않았다. 고대에는 귀중한 사료로서 디오게네스 라에르티오스의 작품이 있었다. 철학자들의 생애와 사상, 여러 가지 일화를 수집해서 보고하는 형식의 책이었다.

중세에는 과거 철학자들의 생각에 '주해(주석)'를 다는 형식으로 철학의 문헌이 보존되었다. 가령 이븐 루시드의 작품은 전부 아리스토텔레스의 저작물에 주석을 단 것이었다. 제목도 『아리스토텔레스의 '영혼에 관하여'의 대주해』같은 식이다. 이것은 대학교와 스콜라 철학의 흐름이다. 한편 수도원에서는 오래전부터 '명제집'이라는 형식으로 철학자들의 작품을 보존했다. **페트루스 롬바르두스(피에르 롱바르)**라는 신학자의 『명제집(Libri Quattuor Sententiarum)』이 대표적인 예다. 이 책은 신앙상의 의문에 대한 교부들의 생각을 그들의 저작물에서 수집한 것이다. 앞부분의 주제는 '삼위일체설'로, 아우구스티누스의 작품에서 삼위일체설을 이해하는 데 도움이 될 만한 기술을 정리했다.

명제집은 매우 중요하게 여겨졌으며, 대학에서도 이용했다. 학생을 가르치기 위한 교과서로 사용한 것은 물론이고, 특정 명제집에 주해를 붙이는 것을 시험 과제로 삼기도 했다.

이렇게 해서 중세에 전개되었던 사상이 보존되었고, 르네상스기에는 고대 작품의 재발견이 진행되었다. 그리고 이런 전통을 이어받은 근대에 이르러 비로소 고대부터의 철학사가 등장한다.

또한 물리적인 관점에서의 이야기도 있다. 당연한 이야기지만, 작품을 보존하려면 그것을 기록할 종이가 필요하다. 고대 그리스 시대의 종이는 주로 '파피루스'라는 풀을 원료로 만든 것이었는데, 파피루스 종이는 수백 년 단위로 보존하기에는 적합하지 않았기 때문에 새로운 종이에 다시 옮겨 적음으로써 작품을 보존해 왔다. 이것을 '사본'이라고 부른다.

고대 말기부터 중세에 걸쳐 '양피지' 등 동물의 가죽을 원료로 만든 종이가 사용되었다. 양피지는 귀한 물건이었지만 그만큼 장기 보존에 적합했기에 귀중한 저작물을 엄선해 양피지에 옮겨 적었다. 옮겨 적는 작업을 한 사람들을 사자생(寫字生)이라고 부르며, 수도원에서 생활하는 크리스트교 성직자들의 중요한 일이었다.

또한 양피지는 재이용되기도 해서, 글을 적었던 부분을 얇게 깎아낸 다음 다른 작품을 썼다. 주로 **고대 그리스·로마의 작품을 지우고 그 위에 크리스트교 관련 작품을 덧썼다.** 현대의 과학 기술을 통해 지워진 부분이 일부 복원되었는데, 그 결과 귀중한 작품이 발견되기도 했다.

가령 **플라톤의 저작물 가운데 현존하는 가장 오래된 사본은 9세기의 것**이다. 지금으로부터 1,200년 정도 전에 쓰인 책이 남아 있다니 놀라운 일이다. 게다가 인터넷상에 공개되어 무료로 볼 수 있다. 플라톤이 살았던 시대는 지금으로부터 약 2,400년 전인 기원전 4세기이므로, 플라톤의 작품 중에서 가장 오래된 책은 1,200년 후에 사본으로 만들어졌고 그것이 다시 1,200년 후인 현대에 전해진 셈이다.

크리스트교는 알렉산드리아 도서관을 불태우는 등 이문화(異文化)에 굉장히 비관용적이라는 이미지가 있을지도 모른다. 그러나 한편으로는 고전 작품을 보존·유지하는 작업도 연면히 진행되어 왔다. 오늘날에도 고대·중세의 문학이나 철학·과학을 알 수 있는 것은 양피지의 이용과 사자생들의 꼼꼼한 작업 덕분이다. **귀중한 작품을 후세에 남긴다는 사명감으로 전통을 지켜 온** 것이다.

제 3 장

[근대]
자연 세계
vs 인간 이성

철학의 무대

새로운 학문·새로운 철학을 만들어내려 했던 시대

근대가 되자 철학의 무대는 그리스와 로마를 떠나 영국, 프랑스, 독일을 중심으로 한 유럽으로 이동한다. 영국과 프랑스 철학자들을 중심으로 근대 철학이 시작되었다. 스콜라 철학을 비판하고 새로운 학문을 만들자는 기운으로 가득했던 시대다.

또한 근대 독일에서는 현대 대학교의 기초를 이루는 제도가 확립되었고, 철학자들은 대학교에서 연구·강의 활동을 하게 되었다.

근대 철학의 커다란 관심사 중 하나는 인간의 인식 능력이다. 인간은 무엇을 알 수 있는가? 그것은 확실한 인식이라고 말할 수 있는 것인가? 이와 같은 이른바 '인식론'이 근대 철학의 중심 주제였다.

영국의 철학 '경험론'

영국의 철학은 이른바 '경험론'으로 불리는 철학이 중심이다. 그 시작은 베이컨으로, 그가 제안한 새로운 학문은 과학 기술의 발전과 함께 사물을 과학적으로 관찰하는 자세를 중시하는 것이었다. 영국 경험론의 특징은 형이상학의 비판과 생득관념의 부정이다. 로크와 흄이 경험론의 철학자로 불린다.

프랑스의 철학 '합리론'

프랑스의 철학은 이른바 '합리론'으로 불리는 철학이 중심이다. 그 시작은 데카르트로, 사고와 논리를 통한 확실성을 중시하는 새로운 학문을 제안했다. 확실성을 학문의 기초에 두는 것이 합리론의 특징이다. 스피노자, 라이프니츠 등이 합리론의 철학자다.

독일의 철학 '독일 관념론'

독일의 철학은 칸트에게서 시작된 '독일 관념론'이라는 철학이다. 칸트는 합리론의 확실성과 경험론의 타당성을 종합해 이성(사고) 자체의 능력과 한계를 검토했다. 그 후 피히테, 셸링, 헤겔로 이어지면서 이성의 능력에 관한 재고찰과 함께 역사에 대한 관심이 생겨난다.

헤겔 이후 철학의 전개: 실증주의

철학의 역사에서는 헤겔이 한 시대를 구별 짓는 철학으로 취급된다. 헤겔이 자신의 철학을 통해 철학의 역사가 완결되었다고 선언했기 때문이다. 이후의 철학은 주로 헤겔이나 독일 관념론에 대한 비판으로서 다시 시작된다. 그중 하나가 과학적 실증주의로, 영국의 스펜서와 프랑스의 콩트가 있다.

제1장
[고대]
형이상학
자연철학 vs

제2장
[중세]
그리스도교
그리스 철학 vs

제3장
[근대]
인간 이성
자연 세계 vs

제4장
[현대]
신 철학
구조절학 vs

'이돌라'에 주의하면서 사물을 유심히 관찰하라

 새로운 시대의 새로운 학문

프랜시스 베이컨은 르네 데카르트와 함께 근대 최초의 철학자로 불리는 영국의 철학자다.

그는 시대의식에 민감했던 인물로, 자신의 시대를 새로운 시대로 인식하고 기존의 모든 학문을 일신하자는 뜻을 세웠다. 이때 베이컨이 주목한 것이 자연 연구다.

베이컨은 기존 중세 철학의 아리스토텔레스적인 자연철학을 강하게 비판했다. 스콜라 철학의 자연 연구가 자연이나 경험 자체로부터 유리되어 버렸다고 생각했기 때문이다. 기존의 자연 연구 방법을 비판하는 가운데 그가 새롭게 중시한 방법은 '관찰'이었다. **사물을 관찰한다는 것은 무엇인지 분석하고 논한 것이 베이컨의 철학**이라고 말할 수 있다.

 관찰을 통한 자연 탐구는 철학인가?

역사를 되돌아보면, **철학에서는 자연 관찰을 자연을 열등한 방식으로 바라보는 것**이라고 평가했다. 이런 평가는 파르메니데스의 철학까지 거슬러 올라간다. 본래 철학은 자연의 근원을 인식하려는 탈레스의 시도에서 시작되었는데, 파르메니데스의 철학은 관찰을 통해서는 자연의 기원을 절대 인식할 수 없다는 것이었다. 관찰로는 얼마든지 원인을 거슬러 올라갈 수 있기 때문이다.

이 파르메니데스의 철학은 기본적으로 정당하다고 간주되었고, 그 결과 관찰이 아니라 논리·사고를 통해 자연의 본질을 파악하는 것이 철학의 방식이 되었다. 바꿔 말하면 말이나 개념을 더 중시하고 자연은 그것에 종속시키는 것이 기존 철학의 방식이었다.

이와 같은 철학의 추세에 반기를 든 철학자가 베이컨이다. 그는 이런 관점에 이의를 제기하고 정반대의 이야기를 했다. 즉 **관념이나 말이야말로 인간 지성이 지닌 중대한 편견의 원천으로서 자연을 있는 그대로 관찰하지 못하도록 방해한다**고 주장한 것이다.

이것이 유명한 '이돌라'라는 개념이다.

제1장
「고대」 자연철학 vs

제2장
중세 크리스트교 철학 vs

제3장
「근대」 인간 자연 이성 세계 vs

제4장
「현대」 신철학 구철학 vs

오류의 원천을 제거하는 '이돌라'

이돌라는 '우상'이라는 의미로, 아이돌의 어원이다. 이돌라는 우리가 저지르는 오류의 원천, 착각의 근본 원인이다.

베이컨은 학문의 기초를 '관찰'에 두고, 사물을 있는 그대로 관찰하기 위한 조건으로서 '이돌라'를 알고 항상 편견의 가능성을 염두에 두며 관찰할 것을 주문했다. 그리고『신기관』이라는 저서에서 이돌라를 네 가지로 분류했다. '종족의 이돌라', '동굴의 이돌라', '시장의 이돌라', '극장의 이돌라'다. 각각의 자세한 내용은 다음 페이지의 그림을 참고하기 바란다.

이렇게 해서 베이컨은 **인간이 인간으로서 사는 이상 절대로 피할 수 없는 편견**을 이돌라라는 개념으로서 밝혀냈다. 그리고 이 이돌라의 존재를 알고 항상 염두에 두며 주의함으로써 자연을 최대한 직접 관찰하는 것이 새로운 학문의 형태라고 이야기했다.

관찰과 이돌라를 기초로 삼는 학문

베이컨의 관찰과 이돌라에 관한 이야기를 한마디로 정리하면 **객관성의 확보**다.

베이컨은 인간이 관찰을 한다는 특수한 사정을 최대한 배제하고 보편적·객관적으로 인정할 수 있는 것을 지식이라고 부르기로 했다. 이렇게 지식이란 무엇인가를 새롭게 규정하는 동시에, 그런 지식을 획득하기 위한 방법이 모든 학문의 기초가 된다고 생각했다. 요컨대 베이컨 사상의 의의는 관찰과 이돌라를 통해 근대 자연과학의 기본적인 발상을 만들어낸 것이라고 말할 수 있다.

이돌라는 그런 것이 있다고 알아 두면 끝나는 것이 아니라 후술할 데카르트의 '방법적 회의'와 마찬가지로 항상 염두에 두면서 주의해야 하는 것이다. 즉 **근거도 없이 자신의 생각을 옳다고 믿는 자기기만에 빠지지 않기 위한 지표가 이돌라**다.

더욱 중요한 의의는 **베이컨의 철학이 형이상학·초월철학에 대한 비판**이라는 것이다. 피타고라스와 파르메니데스에게서 시작된 이래 근대에도 데카르트부터 헤겔에 이르기까지 연면히 이어지는 형이상학에 대한 경고다.

베이컨의 형이상학 비판은 영국 경험론으로서 훗날의 로크와 흄으로 이어진다.

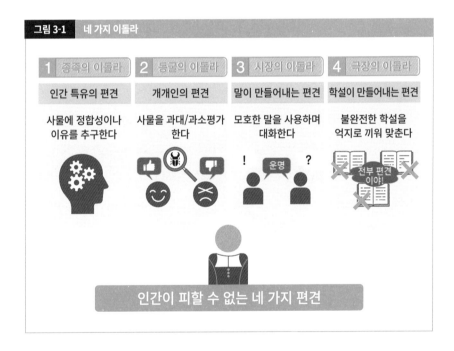

그림 3-1 네 가지 이돌라

1 종족의 이돌라	2 동굴의 이돌라	3 시장의 이돌라	4 극장의 이돌라
인간 특유의 편견	개개인의 편견	말이 만들어내는 편견	학설이 만들어내는 편견
사물에 정합성이나 이유를 추구한다	사물을 과대/과소평가 한다	모호한 말을 사용하며 대화한다	불완전한 학설을 억지로 끼워 맞춘다

인간이 피할 수 없는 네 가지 편견

"나는 생각한다. 고로 나는 존재한다."의 어떤 점이 그렇게 대단한 것일까?

 방랑하는 재야 철학자

르네 데카르트는 근대 철학의 아버지로도 불리는 프랑스의 철학자다. "나는 생각한다. 고로 나는 존재한다."라는 말은 철학 분야에서 가장 유명한 말일 것이다. 저서인 『방법서설』에서 그는 자신의 반평생을 되돌아봤는데, 젊은 시절에 종군 경험을 하는 등 여러 나라를 방랑하며 살았다. 참고로, 데카르트를 비롯한 **근대 초기(근세) 철학자들의 특징은 대학교에 몸담지 않고 공직(공무원)이나 사설 강사(가정교사) 등의 일을 했다는 것**이다. 근대는 재야 철학에서 시작되었고, 게다가 그 내용은 '나'에 관해서였다.

이 책에서는 데카르트의 철학을 이해하기 위한 세 가지 키워드를 설명한다. 각각 '방법적 회의', '코기토', '기계론적 세계관'이다.

 '방법적 회의'라는 철학을 시작하는 방식

우등생으로서 중세 철학을 매우 열심히 공부한 데카르트는 그때까지의 철학이 불확실한 전제 위에서 논의를 시작했으며 애초에 출발점부터 합의가 되지 않은 무질서한 상황이라고 느꼈다. 그래서 누구나 동의할 수 있는 **확실한 출발점과 확실한 방법을 바탕으로 새로운 철학을 이야기하자**고 생각했던 듯하다.

그 확실성을 담보하는 것이 '방법적 회의'다. 이와 관련된 상세한 경위는 『방법서설』과 『성찰』 등의 저서에 적혀 있다.

그렇다면 대체 왜 회의(懷疑)가 철학의 확실한 출발점을 보증할 수 있을까? 그 이유는 힘이 닿는 한 의심했지만 그럼에도 의심할 수 없는 주장이 있다면 그것은 진리라고 생각할 수밖에 없기 때문이다. '힘이 닿는 한 의심한다.'는 것이 방법적 회의의 중요한 포인트다.

데카르트는 회의를 수행하는 과정에서 "논리적으로는 쉽게 의심할 수 있지만, 실질적으로는 이렇게까지 의심하는 것은 미친 짓이다."라는 말을 종종 했다. 가령 '감각은 틀릴 때가 있다.'는 누구나 수긍할 수 있지만, '나는 지금 앉아 있다.', '눈앞에 종이가 있다.'를 의심하기는 어렵다. 데카르트는 이런 괴리를 반드시 종이에 기록했다. 즉 **의심하고 싶어도 자신의 '정상적인 이성'이 그 의심을 허락해 주지 않는 상황에 직면했다**는 말이다.

단순히 논리만으로 의심할 수 있다고 말한 것이 아니다. 데카르트는 "그건 바보 같은 의심이야!"라고 말하고 싶어지는 수준까지 의심하고 또 의심했다. 이것이 '힘이 닿는 한 의심한다.'는 것, 나아가서는 '자신의 머리로 생각한다.'는 것이다.

꿈의 회의: 누구나 꿈속에서는 광인이다

데카르트는 『성찰』의 첫머리인 '제1성찰'에서 회의를 수행했다. 먼저 눈앞에 있는 종이의 존재를 의심한다. 논리로는 의심할 수 있지만, 진심으로 존재하지 않을지도 모른다고 생각하는 것은 상당히 어려운 일이며 바보 같고 한심하다는 생각조차 든다. 그러나 어떤 깨달음을 통해 그 한심함이 놀라움과 공포로 바뀐다. 그것이 꿈의 회의다. 꿈을 꾸고 있을 때, 우리는 어떤 황당한 상황이라도 그것을 진짜라고 믿어 버린다. 즉 **꿈속에서는 누구나 광인과 다르지 않다**는 사실이다.

한편으로, 지금 꿈을 꾸고 있는지 아니면 깨어 있는지 판단하는 근거는 자신의 감각이다. 그런데 그 감각은 꿈속에서 완전히 말도 안 되는 것을 진짜라고 믿게 한다. 이렇게 해서 데카르트는 감각이 때때로 광기로 이어짐을 깨달았다. **감각으로는 정상과 광기의 구분조차 할 수 없는데, 우리는 그것을 태연하게 진위의 판단 기준으로 사용하고 있다.** 꿈의 회의를 통한 반성은 우리의 진위 판단이 불완전함을 가르쳐 주었다.

방법적 회의는 이성을 효과적으로 활용하는 실제 사례

데카르트의 회의는 '이성을 효과적으로 활용한다.'(『방법서설』의 주제)의 실제 사례를 제시했다는 데 의의가 있다. 꿈의 회의는 언뜻 바보 같고 무의미하게 생각되는 의심이 실제로는 정당한 의심임을 가르쳐 준다.

데카르트의 **회의의 단계는 꿈·계산·악령**이다. 계산처럼 옳음이 자명하다고 생각되는 지식도 그것을 옳다고 판단하는 근거부터 의심한다. 그리고 그런 **지식이 확실하지 않다고 의심할 충분한 이유를 추출하는 과정**으로 나아간다.

이와 같은 예에서 데카르트의 회의의 진수를 발견할 수 있다. **'사실은 근거가 없음에도 그것을 진리라고 믿는 상태'가 바로 우리 이성의 평소 모습**임을 보여준 것이다.

 ## 코기토는 확실성이 나 자신에게 있다는 발견

이런 회의를 거친 '제2성찰'에서 데카르트는 어떤 식으로 의심하더라도 옳음을 의심할 수 없는 생각을 발견했다. 그것이 이른바 '코기토 에르고 숨(나는 생각한다. 고로 나는 존재한다)', 줄여서 '코기토'다.

코기토는 '나는 생각한다.'라는 의미의 라틴어. 즉 무엇인가를 생각하고 있는 나는 존재한다. 그 **생각이 아무리 이상하다 해도, 악령에게 속고 있다 하더라도 그 생각을 하고 있는 나 자신은 존재한다.** 이렇게 해서 데카르트는 '생각하는 나의 존재'를 확실한 진리로 간주했다.

눈앞에 있는 종이는 의심할 수 있지만 생각하는 나의 존재는 확실하다고 말할 수 있는 이유는 생각하는 것이 행위이기 때문이다. 종이나 나의 신체는 물체지만 생각하는 것은 물체가 아니다. 생각한다는 행위가 신체 없이도 가능할 가능성은 충분히 존재하지만, 내 존재 없이는 생각한다는 행위를 할 수 없다.

또한 같은 행위라도 걷는 등의 행위는 신체를 동반한다. 사실은 걷고 있지 않은데 걷고 있다고 착각하는 일은 있을 수 있다(예시: 꿈). 그러나 사실은 생각하고 있지 않은데 생각하고 있다고

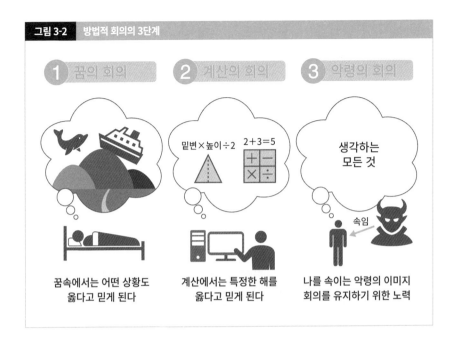

그림 3-2 방법적 회의의 3단계

1 꿈의 회의

꿈속에서는 어떤 상황도
옳다고 믿게 된다

2 계산의 회의

밑변×높이÷2   2+3=5

계산에서는 특정한 해를
옳다고 믿게 된다

3 악령의 회의

생각하는
모든 것

속임

나를 속이는 악령의 이미지
회의를 유지하기 위한 노력

착각하는 일은 있을 수 없다. 무엇인가를 의심하는 것은 생각하는 것 그 자체이기 때문이다.

코기토의 발견은 의심한다는 행위에 확실한 진리가 있음을 발견한 것이다. **근대 철학은 진리가 '확실성'을 의미하게 됨으로써 시작되었다.** 그리고 확실함을 판단하는 기준의 원천은 회의. 회의가 새로운 철학의 시작이 된 것이다.

기계론적 세계관이라는 혁명

데카르트는 방법적 회의와 코기토 외에도 사고의 전환이 되는 혁명적인 발상을 했는데, 그중 하나가 '기계론적 세계관'이다. 기계론적 세계관은 자연이나 생명을 일종의 기계로 간주하고 원인과 결과, 작용과 반작용 같은 물리적인 측면에서만 고찰하는 것이다.

기계론적 세계관은 종종 '목적론적 세계관'과 대비된다. 중세를 지배한 세계관은 아리스토텔레스에게서 유래한 목적론적 세계관이었다. 이를테면 치아는 음식을 씹기 위해 존재하는 등, 자연은 어떤 목적을 갖고 운동·존재한다는 세계관이다. 실제로 그렇다고밖에 생각이 안

156

되므로 상당히 합리적인 생각이라고 할 수 있다.

다만 데카르트의 눈에는 목적론적 세계관이 옳다는 근거가 상당히 의심스럽게 보였다. **인간의 관점에서 타당하고 올바르게 느껴지는 생각이 자연의 관점에서도 그대로 타당하고 올바르다고는 장담할 수 없다.** 언뜻 합리적으로 보이는 생각도 불확실할 수 있음은 방법적 회의에서 확인한 바 있다. 데카르트가 회의를 통해서 채용한 '기계론적 세계관'에서는 자연을 기계(정신을 지니지 않은 것)로 간주한다. 그렇다면 정신을 지니지 않은 물체가 목적을 갖고 운동하는 일은 없으므로 목적론적 세계관은 의심스러워질 수 있다. 고대와 중세를 지배했던 세계관이 흔들리기 시작한 것이다.

 ## 기술이 발달하면 기계론도 발달한다

다만 기계론적 세계관의 의의는 다른 부분에 있다. 목적을 갖지 않는 운동이라는 것 자체는 고대 원자론의 주장과 별다른 차이가 없다.

기계론적 세계관의 의의는 기계를 모델로 삼아서 자연의 운동을 해명할 수 있다는 것이다. 즉 새로운 기계가 등장하면 새로운 이해가 탄생한다. 가령 데카르트의 시대에는 기계라고 하면 시계였다. 데카르트학파의 니콜라 말브랑슈 등은 세계를 시계에 비유했다. 또한 심장을 펌프에 비유해, 혈액이 순환한다는 발상이 나왔다.

한편 2020년대에는 AI가 주목받고 있다. AI의 학습 모델에 인간이나 동물 등의 학습 모델을 적용함에 따라 인간의 인지 기능이나 커뮤니케이션에 관한 새로운 발견이 나오고 있다.

이처럼 새로운 기계의 출현이 새로운 사고를 촉진한다는 점에서 기계론적 세계관은 압도적인 생명력을 지니고 있다. **과학 기술이 이노베이션을 일으키면 새로운 사고 패턴을 획득하는** 것이다. 인간의 상상력밖에 활용하지 못하는 목적론적 세계관과는 발상의 풍부함에서 차원이 다르다.

데카르트와 함께 출현한 기계론적 세계관은 오늘날 모든 학문을 근본에서 뒷받침하는 사상이 되었다.

'나'는 이기적인 존재임을 인정하라

 "만인에 대한 만인의 투쟁"

토머스 홉스는 정치철학에 관한 책인 『리바이어던』으로 유명한 영국의 철학자다. 가정교사
와 서기관 등으로 일하는 가운데 정치철학과 수학에 관한 책을 간행했다. 참고로, 데카르트
는 50세 전후에 세상을 떠났지만 홉스는 90세가 넘어서까지 살았던 장수 철학자다.

　홉스의 철학이라고 하면 사회계약론을 기초로 한 정치사상이 유명하다. "만인에 대한 만인
의 투쟁"이라는 말은 누구나 적어도 한 번쯤 들어 본 적이 있을 것이다. 또한 리바이어던은
구약성경의 『욥기』 등에 나오는 거대하고 강력한 바다 괴물의 이름이다. 홉스는 국가를 이
괴물에 비유했다. 용서가 없는, **무자비하다고도 말할 수 있는 정치철학은 홉스의 인간과 물체
에 관한 철학에서 나온 결과물**이다.

 비물체적인 것(정신)의 독립을 부정하다

홉스의 철학은 불필요한 요소를 최대한 배제하고 단순명쾌한 하나의 원리를 추구하는 것이다.

　그 시작으로, 홉스는 **비물체적인 것이 독립해서 존재함을 부정**했다. 데카르트는 회의(의심)
를 거쳐 정신은 물체와 동등하게 독립된 존재라고 생각했다. 그러나 홉스는 정신이란 물체를
감각하는 것에서 생기는 욕구라고 생각했다. 요컨대 물체 없이는 생기지 않는다.

　정신이 존재하지 않는다면 철학이 해명하는 것은 물체가 감각 기관에 작용하는 메커니즘에
한정된다. 홉스에게 모든 인식은 감각 작용으로 환원되는 것이었다. 이런 사고는 지금으로 치

면 철학보다는 과학에 가깝다. 요컨대 **홉스의 철학은 매우 과학적**이었다고도 말할 수 있다.

제1장
[고대]
형이상학 vs 자연철학

제2장
[중세]
그리스철학 vs 크리스트교

제3장
[근대]
인간 이성 vs 자연 세계

제4장
[현대]
신철학 vs 구철학

자유의지를 부정한 '자기 보존'의 원리

정신의 독립을 부정하는 홉스는 당연히 자유의지도 부정한다. 자유란 제약을 받지 않는 능력이므로, 독립된 정신이 존재하지 않는다면 자유도 존재하지 않기 때문이다.

물론 의지가 전혀 존재하지 않는 것은 아니다. 의지는 욕구의 형태로 존재한다. 우리의 궁극의 욕구는 '자기 보존'이며, 자기 보존에 플러스가 된다고 느껴지는 것은 즐거움으로서 추구하고 마이너스가 된다고 느껴지는 것은 괴로움으로서 피한다. 다시 말해 의지란 자기 보존의 욕구에 입각한 즐거움·괴로움의 계산과 판단이다.

자유의지의 부정이 의미하는 것은 **그 누구도 자기 보존의 욕구를 무시하고 살 수는 없다는 홉스의 인간관**이다.

나는 이기적이다

데카르트 편에서 근대 철학은 '나'라는 주관과 함께 시작되었다는 이야기를 했다. 홉스에게 '나'는 자기 보존의 욕구였다. 나는 온갖 수단을 사용해 나 자신의 힘이나 존재를 확대시키고자 시도하는 존재다. 나 이외의 존재는 전부 나의 도구이며 수단이다.

이런 생각에서 홉스는 자연 상태(질서나 규칙이 없는 무법 상태)의 인간은 '만인에 대한 만인의 투쟁' 상태가 된다고 말했다. 힘이 강한 자가 지배하고 약한 자는 지배당하는 세계다. 그러나 이런 무법 상태에서는 단 1초도 안심하고 살 수 없다. 아무리 힘이 강한 자도 잠들어 있을 때 목을 베이면 그것으로 끝이기 때문이다. 그래서 사람들은 안심을 얻기 위해 계약을 통해 공동체나 법을 만들었고, 그 결과 문명사회가 발생했다. 이런 흐름은 홉스의 정치사상에서 반드시 설명되는 것으로, 그 근본에 **'정신의 독립의 부정', '자유의지의 부정', '자기 보존을 향한 욕구로서의 나' 같은 철학**이 자리하고 있음을 확인할 수 있다.

홉스 철학의 특징은 개체에 대한 주목

홉스 철학의 특징은 개체에 대한 주목이라고 정리할 수 있다. 홉스는 인간의 다양한 성격이나 행동을 전부 '자기 보존'으로 규정했다. 이것은 **인간을 무리(類)로서가 아니라 개체(個)로서 바라본** 것이다. 고대와 비교하면, 아리스토텔레스는 "인간은 정치적 동물이다."라고 말했다. 그는 명백히 인간을 무리로서 바라보았다.

종이나 류 같은 보편의 관점이 아니라 '나'라는 개체의 관점에서 인간의 본성을 관찰한다. 이것이 홉스 또는 근대 철학의 특징적인 관점이다.

홉스의 관점은 냉혹하고 비정한 것으로 보이기도 하며, 인간의 다양성을 '자기 보존'으로 완전히 일원화했기 때문에 지나치게 단순하다는 비판도 가능하다. 다만 단순한 원리를 통해서 인간의 활동을 설명하려고 한 점, **다른 동물과 비교해 인간을 특별시하지 않은** 점은 현대에도 높게 평가받고 있다.

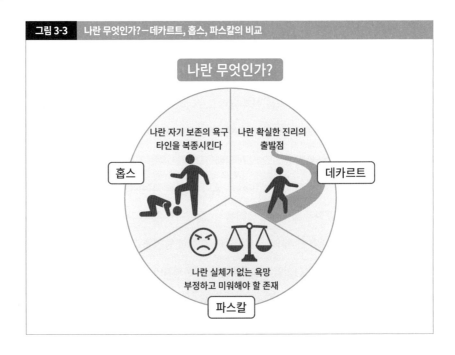

그림 3-3   나란 무엇인가? —데카르트, 홉스, 파스칼의 비교

나란 무엇인가?

나란 자기 보존의 욕구 타인을 복종시킨다
홉스

나란 확실한 진리의 출발점
데카르트

나란 실체가 없는 욕망 부정하고 미워해야 할 존재
파스칼

왜 철학자들은 사물을 부정하게 생각하는가?

 ## "인간은 생각하는 갈대다."라고 말한 철학자

블레즈 파스칼은 『팡세』로 유명한 프랑스의 철학자다. 논증수학의 천재이기도 하며, 현재도 일기예보 등에서 사용되는 기압의 단위인 '헥토파스칼'은 그의 이름에서 유래했다.

『팡세』는 장대한 논고가 아니라 짧은 격언과 단편적인 메모를 모은 작품이다. 친숙해지기 좋은 철학적 인생론으로서 오래전부터 애독되어 왔다. 일본에서는 미키 기요시라는 철학자가 1926년에 『파스칼의 인간 연구』라는 파스칼론을 출판했다.

『팡세』에 나오는 유명한 말이 "인간은 생각하는 갈대다."이다. 파스칼은 자연우주에서 보잘것없는 존재인 인간을 잡초에 비유했다. 그러나 그 잡초는 생각한다. '생각한다.'는 것이 인간의 특징임을 보여주는 격언이다.

'생각한다.'는 것은 한없이 위대한 능력인 동시에 한없이 부정한 능력이기도 하다. **파스칼은 인간의 위대함과 부정함을 날카롭게 바라본 철학자**인 것이다.

 ## 인간은 비참하고 불행함을 자각하라

『팡세』의 주제는 '크리스트교 신앙의 옹호'다. 그런 의미에서는 '호교론', '변신론'으로 불리는 내용이다. 그러나 크리스트교 신앙을 가져야 하는 이유에 대한 파스칼의 논리가 독특하고 재미있는 까닭에 크리스트교와는 인연이 없는 사람들도 즐겨 읽고 있다.

파스칼은 먼저, **우리의 인생이 얼마나 불행하고 비참한 것인지** 논한다. 다짜고짜 부정적으로 단언하면서 무작정 인간은 불행한 존재임을 자각해야 한다고 역설한다. 인간은 누구나 살아 있는 한 행복을 추구할 수밖에 없다는 것이 파스칼의 생각이었기 때문이다. 파스칼은 자살조차도 행복을 추구하며 실행되는 행위라고 말했다.

그러나 모든 행복은 일시적인 것에 불과하다. 그것은 모두가 알고 있다. 알고 있기에 더더욱 살아 있는 한은 더 나은 상태, 더 큰 행복을 추구하게 된다. 그리고 **아무리 발버둥을 쳐도 영속적인 만족은 얻을 수 없다.** 그런 우리의 삶을 관찰한 파스칼은 이렇게 말했다. "인간은 권태에 빠질 이유가 하나도 없을 때조차 자신의 기질의 본래 상태로 인해 권태에 빠져 버릴 만큼 불행한 존재다."

'나'는 부정하고 미워해야 할 존재

지금 이야기한 것은 인생론(행복론)적인 화제였으니 이제 철학적인 화제로 넘어가자. 지금까지 이야기했듯이, 근대 철학의 커다란 특징은 '나'에 대한 주목이다. 파스칼도 '나'에 관한 고찰을 남겼다. 그것이 바로 **'나는 부정하고 미워해야 할 존재다.'**라는 것이다.

홉스의 '나'는 모든 것의 밑바탕에 자기 보존의 욕구가 자리하고 있다. 자신의 이익을 위해 타인을 수단으로서 이용하고 지배하려 한다. 이런 '나'는 분명 부정한 존재일 것이다. 그렇다면 데카르트의 '나'는 어떨까? 어떤 의미에서는 홉스 이상으로 부정하다. 데카르트의 '나'는 '나의 존재'가 가장 확실한 진리라고 생각하며 '나'를 기점으로 세계를 이해하려 하기 때문이다. 특히 신조차도 '나라는 존재의 기원'으로서 '나'를 기점으로 이해한다.

이상과 같은 사실에 입각해, 파스칼은 "'나'에게는 두 가지 성질이 있다."라고 말했다. 첫째는 '자신을 모든 것의 중심에 위치시킨다는 점'이고, 둘째는 '타인을 복종시키려 한다는 점'이다. 전자는 데카르트의 '나'에, 후자는 홉스의 '나'에 대응한다. **그저 보잘것없는 갈대가 모든 것의 중심이 된다.** 이것을 파스칼은 '부정'이라고 불렀다.

'나'란 욕망이다

그렇다면 그 '나'의 정체는 대체 무엇일까? 파스칼에 따르면 **'나'는 거의 실체가 없는 것**이다. 파스칼은 이런 예를 들었다. 누군가가 나를 사랑한다, 또는 존경한다고 가정하자. 그 이유는 용모든 지위든 우수한 능력이든 무엇이라도 상관없다. 어떤 이유든 그것은 나 자신과는 다른 것이다. 나이를 먹어서 아름다운 용모를 잃어버려도, 지위를 잃어도, 능력이 쇠퇴해도 나는 나이기 때문이다.

그리고 사람들이 누군가를 사랑한다면 그것은 그 사람에게 부수되는 성질을 사랑하는 것에 불과하다. 파스칼은 그 사람 자신을 사랑하기는 절대 불가능하다고 말했다. 결국 그 사람 자신, 즉 '나'라는 존재는 있는지 없는지 확실하지 않은 존재다.

그럼에도 **'나'는 자기 자신을 모든 것의 중심에 위치시키고 타인을 지배하려 하는, 엄청난 욕망을 품은 존재**다.

 나의 철학에서 신의 철학으로

그런 '나'를 중심에 위치시킨 데카르트의 철학에 대해 파스칼은 "무익하며 불확실하다."라고 말했다. **근대의 원리라고도 말할 수 있는 데카르트 철학의 본질을 일찌감치 눈치 채고 그것을 세계에 대한 부정이라며 공격**한 것이다.

파스칼이 우수한 과학자·수학자임을 생각하면 베이컨이나 데카르트의 정신을 구현한 인물이라고도 말할 수 있다. 그러나 동시에 그들의 철학의 본질을 부정하다고 여기는 정신의 소유자이기도 했다.

파스칼에 관한 지금까지의 이야기는 『팡세』의 초반부이며, 후반에서는 신에 관해 고찰했다. 근대 철학은 '나'의 철학과 동시에 '나라는 존재의 원인'으로서의 '신'의 철학 또한 중심 주제로 삼았다. 철학의 역사에서도 데카르트의 철학에 친숙했던 **스피노자**는 데카르트가 '나'를 기점으로 철학을 시작한 것에 이의를 제기하며 '신'을 기점으로 철학을 시작하겠다고 표명했다.

감정에 휘둘리지 않고 살기 위한 관점

 ## 『에티카』는 윤리학·삶의 자세라는 의미

바뤼흐 스피노자는 네덜란드 출신의 유대인 철학자다. 그의 철학은 유대교와 크리스트교에 대한 근본적인 비판이 되는 까닭에 생전에는 공식적으로 출판된 책이 거의 없다. 대표작인 『에티카(윤리학)』도 사후에 출판된 것이다.

스피노자 철학의 특징을 한마디로 표현하면 필연성의 철학이다. 우리는 사물을 필연으로서 인식할 수 있는가? 이것이 『에티카』의 주제다. 스피노자의 생각에 따르면 이 세계에서 발생하는 온갖 일들은 예외 없이 하나의 필연성에서 귀결되며, 인간은 이 섭리를 인식하려는 노력을 통해서 능동적으로 살 수 있다.

 ## 상식을 벗어난 세계관의 철학

스피노자 철학의 세계관은 우리의 상식과 상당히 동떨어져 있다. 『에티카』의 첫머리에서 그는 다짜고짜 **"존재하는 것은 유일한 무한의 실체(신)뿐이며, 만물은 그 발현(양태)에 불과하다."**라고 말했다. '양태'란 독립된 존재가 아니라 상태·성질이라는 의미다.

실체와 양태의 관계는 인간과 감정의 관계 같은 것이다. 어떤 사람이 화를 내고 있을 때, 그곳에 나타난 분노는 단순한 상태나 성질일 뿐 그 사람 자신과는 별개의 독립된 존재인 것은 아니다. 무엇인가 필연적 원인이 있어서 그 사람의 상태가 분노로서 나타난 것이다.

신(실체)과 자연도 그런 관계다. 만물은 신의 성질을 나타낸 것에 불과하다. 신과 자연이 따로따로 존재하는 것이 아니라, 무엇인가 필연적 원인이 있어서 신의 성질이 자연으로서 나타났을 뿐이다.

이런 철학을 논하면서 **스피노자가 대결한 것은 이른바 '목적론적 세계관'이며, 그것을 내세우는 크리스트교 철학**이었다.

제1장
[고대]
자연철학
형이상학 vs

제2장
[중세]
크리스트교
그리스철학 vs

제3장
[근대]
인간 자연
이성 세계
vs

제4장
[현대]
신철학
구철학 vs

목적론은 원인이 아니며, 작용인이 진정한 원인이다

목적론적 세계관은 무엇인가가 존재하는 원인을 목적에서 찾는 가치관이다. '눈은 사물을 보기 위해 존재한다.', '기린의 목이 긴 것은 높은 나무에 달린 잎을 먹기 위해서다.'와 같이 사물의 존재 이유를 도움이 되는가, 조화를 이루는가의 여부로 생각하는 것이다.

그러나 스피노자는 목적론을 강하게 부정했다. 그것은 사물의 존재 이유를 인간의 척도로 판단했을 뿐인, 단순한 상상의 산물이기 때문이다. 목적인(目的因)을 통해서는 필연적인 인식에 도달할 수 없다.

그 대신 스피노자가 진정으로 필연적인 원인이라고 생각한 것은 '작용인(作用因)'이었다. 작용인은 일반적으로 물리적 원인이다. 과학의 대상이 되는 물리 현상의 원인을 목적인적이 아니라 작용인적으로 생각하는 것은 당연히 옳은 자세다. 그런데 그는 물리 현상뿐만 아니라 우리의 **감정이나 의지, 욕구의 원인도 목적인적이 아니라 작용인적으로 생각해야 한다**고 말했다. 인간의 내면을 특별시하지 않는 것이다. 굉장히 수긍하기 어려운 이야기지만, 스피노자는 이것을 증명하고자 감정에 관해 고찰했다.

누군가를 용서할 수 없다고 생각하는 원인도 작용인이다

인간은 사물의 원인을 목적인적으로 생각할 수도 있고 작용인적으로 생각할 수도 있다. 그러나 **목적인적으로 생각하는 한은 자유롭지 못하고 수동적이 되며, 작용인적으로 생각한다면 자유롭고 능동적이 될 수 있다.** 이것이 스피노자의 생각이었다. 감정의 원인도 마찬가지다.

미움을 예로 들어 보겠다. A씨에게 부정당하거나 모욕당해서 A씨를 용서할 수 없다고 가정하자. 미움을 작용인적으로 생각하면 '외부 원인을 동반하는 슬픔'으로 정의된다. 외부 원인이란 A씨를 가리킨다. 용서할 수 없는 상대에 대해서 생각하면 필연적으로 슬퍼지고 미워진다. 그리고 인간은 미움을 느끼는 상대를 해하고 싶어진다. 이것도 작용인이다.

작용인적으로 생각하는 것의 포인트는 감정의 원인을 자신의 내부로 한정하는 것이다. **외부 원인이 무엇이든 어떤 대상을 생각하면 슬퍼질 경우, 이것은 말하자면 자동적으로 그것을 미워하는** 것이다. 따라서 외부 원인은 우연적이며, 딱히 A씨가 아니어도 상관이 없다.

한편 목적인적으로 생각하면 어떻게 될까? 이것은 감정의 원인을 외부에서 찾는 것이다. 다시 말해 A씨가 나를 모욕한 이유로, 이를테면 'A씨가 나를 미워하기 때문이야.'라든가 'A씨의 성격이 고약해서 그래.' 등이다. 또한 '왜 나를 미워하지?'라든가 '왜 성격이 그렇지?' 등으로 계속 원인을 거슬러 올라가게 된다. 그러나 A씨 본인을 다그친들 진짜 답을 알 수 있다는 보장은 없다. 요컨대 **자신의 미움의 원인을 상대에게서 찾은들 정답에는 도달하지 못한다.**

이상이 작용인적으로 생각했을 경우와 목적인적으로 생각했을 경우의 차이다. 어느 쪽이 필연적인 인식에 도달할 수 있을지는 명확하다.

자신의 감정을 앎으로써 신을 사랑한다

그러면 정리해 보겠다. 스피노자가 목적론(목적인)을 허위라고 생각하는 이유는 사물의 필연적인 원인에는 도달할 수 없기 때문이다. 목적은 의지 또는 욕구다. 그런 것들은 어떻게든 해석이 가능하며, 확인이 불가능하다. 그렇기 때문에 **사물의 원인을 목적론적으로 생각하는 한 우리는 우연적인 원인에 의존하게** 되며, 언제라도 배신당할 수 있다.

반면에 작용인은 어떤 원인이든 물리 현상적으로 생각하는 까닭에 원인은 하나이며 필연적일 수 있다. 작용인은 구체적인 사례를 떠올리며 '이런 자극에는 이런 반응을 한다.'라는 점에 주목하기 때문이다. 요컨대 **인간의 마음의 움직임을 프로그램이나 벌레의 활동과 똑같이 관찰한다**는 말이다. 냉담한 자세일지도 모르지만, 그렇게 해서 마음의 움직임의 필연성을 알 수 있다면 헤아릴 수 없을 만큼 큰 이익이라는 것이 스피노자의 생각이었다.

스피노자는 인간은 사물의 원인을 필연으로 이해할수록 감정에 휘둘리는 일이 줄어든다고 말했다. 당연하다고 느끼는 것에는 일일이 놀라거나 호들갑스럽게 반응하지 않는다는 이야기다. 이렇게 해서 자신의 감정에 관한 필연성을 알수록 자신이 휘둘리지 않고 온화하게 살 수 있게 된다. 그리고 그 효과를 실감했을 때 자연 전체의 필연성에 관해서도 실감할 수 있게 된다. 우리는 마음의 내면의 필연성을 이해함으로써 자연 전체의 필연성을 이해할 수 있는 정신을 키워낼 수 있다.

이것이 『에티카』의 대략적인 내용이다. 스피노자의 철학은 고대부터 근대를 지배해 온 목적론적 세계관과 대결한 철학이다. 우리 개체의 존재를 '양태(성질)'로 환원한 끝에 의지나 감정까지 물리 법칙적으로 생각하는, 언뜻 터무니없어 보이는 철학이었다.

그러나 이 비인간적으로 생각되는 철학은 '자신의 상태의 원인을 알고, 자신의 정신의 위대함을 아는' 삶의 자세를 우리에게 권장한다.

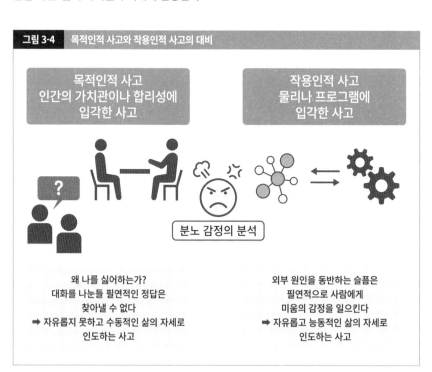

그림 3-4 목적인적 사고와 작용인적 사고의 대비

목적인적 사고
인간의 가치관이나 합리성에
입각한 사고

작용인적 사고
물리나 프로그램에
입각한 사고

분노 감정의 분석

왜 나를 싫어하는가?
대화를 나눈들 필연적인 정답은
찾아낼 수 없다
➡ 자유롭지 못하고 수동적인 삶의 자세로
인도하는 사고

외부 원인을 동반하는 슬픔은
필연적으로 사람에게
미움의 감정을 일으킨다
➡ 자유롭고 능동적인 삶의 자세로
인도하는 사고

제1장
「고대」 자연철학
형이상학 vs

제2장
중세 크리스트교
그리스 철학 vs

제3장
「근대」 인간 자연
이성 세계 vs

제4장
「현대」 구조철학
신철학 vs

이런 세상이지만, 논리적으로는 최선이다

 존재에 관한 두 가지 의문

고트프리트 빌헬름 라이프니츠는 존재의 문제를 고찰한 철학자로, '모나드'와 '예정조화'가 유명하다. 모나드는 '하나, 단일의'라는 의미의 그리스어 '모노스'에서 유래한 용어다. 참고로 '모노톤(단색)'이나 '모노럴(1채널 음향)'도 어원이 같다.

존재에 관한 라이프니츠의 의문은 두 가지다. 첫째는 **'왜 아무것도 없지 않고 무엇인가가 있는가? 그리고 그 근거는 무엇인가?'**라는 의문이다. 이 의문이 의미하는 것은 현실에 무엇인가가 존재하는 이상은 반드시 근거가 있을 터라는 점이다. 근거 없이 무엇인가가 현실에 존재하는 일은 있을 수 없다는 의미다.

둘째는 **'현재의 세계는 왜 다른 모습이 아니라 이런 모습인가?'**라는 의문이다. 머릿속에서는 이 현실 세계 외에도 수많은 가능 세계를 생각할 수 있다. 이를테면 여러분이 이 책을 읽지 않은 세계도 당연히 상상이 가능하다. 그러나 현실에서는 어떤 근거가 있기에 이 세계가 결정되었다. 라이프니츠는 그 결정의 근거를 고찰했다.

 자연에는 근거가 있으며, 그것은 비물체

라이프니츠는 처음부터 "근거가 있다."라고 단언했다. 만약 세계가 지금의 모습인 것에 어떤 근거도 없다면 애초에 자연 법칙이나 연속성이 성립하지 않기 때문이다.

우리가 사는 세계는 시간과 공간의 연속성에 지배되고 있다. 그래서 인간이 아침에 눈을 뜨니 갑자기 거대한 벌레가 되어 있다거나 일본 열도가 느닷없이 북극으로 이동하는 일은 일어나지 않는다. 그런 비연속적인 사건은 일어나지 않기에 세계가 지금과 같은 모습인 데는 어떤 근거가 있다고 생각해도 무방한 것이다.

또한 그 근거는 물체가 아니라 비물체다. 물체는 무한히 분할할 수 있기 때문이다. 물체 A가 A1과 A2로 분할 가능하다면 A가 근거라고는 말할 수 없다. 근거는 A1과 A2 중 하나에 있기 때문이다. 이런 식으로 아무리 분할을 해도 근거를 결정할 수는 없다.

한편 비물체에는 애초에 분할이라는 개념이 없으므로 단순하고 분할이 불가능한 존재를 가정할 수 있다. 따라서 **세계에 어떤 근거가 존재한다고 생각되는 이상 그 근거는 반드시 비물체적인 것**이다. 이 비물체적인 세계의 근거를 라이프니츠는 '모나드'라고 불렀다.

모나드는 개체에 깃든 실체

모나드란 현실에 존재하는 각각의 개체에 깃든 실체다. 가령 우리의 의식은 신체에 깃든 모나드다. 또한 의식만이 모나드인 것은 아니며, 신체의 세포 하나하나에도, 돌멩이에도 모나드가 깃들어 있다. 그래서 모나드는 세계 곳곳에 있다. 모나드끼리 서로 공존하면서 현실에 존재한 결과가 바로 이 세계인 것이다.

공존에는 두 가지 의미가 있다. 첫째는 서로 다른 모나드들이 복수로 존재한다는 것이고, 둘째는 서로 다른 모나드들이 함께 하나의 전체로서 존재한다는 것이다. 가령 **나의 의식이라는 하나의 모나드는 신체의 세포에 깃든 다수의 모나드 위에서 성립한다.**

각 모나드는 능력에 맞춰서 세계에 관여한다

모나드는 각각의 방식으로 세계에 관여한다. 나의 모나드는 나의 시점에서 세계에 관여하고 있다. 내게 보이는 사물은 의식에 나타나고, 보이지 않는 사물은 의식에 나타나지 않는다. 그러나 보이지 않는다고 해서 관계가 없는 것은 아니며, 그저 자신의 의식 속에 떠오르지 않을 뿐이다. 나의 지성이나 감성이 초인적으로 뛰어나다면 저 멀리에 있는 우주의 먼지나 과거

제1장
고대
형이상학 vs 자연철학

제2장
중세
크리스트교 철학 vs

제3장
근대
인간 이성 vs 자연 세계

제4장
현대
구조주의 철학 vs 신철학

또는 미래의 사건도 의식 속에 떠오를지 모른다.

또한 세포나 돌멩이의 모나드도 역시 세상에 관여하고 있다. 인간의 모나드에 비하면 보이는 것이 훨씬 적을 뿐이다. 같은 모나드이므로 인간도 물고기도 돌멩이도 존재의 원리는 같으며, 능력의 차이만이 존재한다. 인간만이 특별한 존재인 것은 아니다.

이와 같은 모나드의 성질에서 라이프니츠는 **"모나드는 세계를 비추는 거울이다."**라고 설명했다. 모든 모나드는 거울이라는 점에서 동등하다. 그저 거울의 성능, 다시 말해 크기나 순도, 왜곡의 정도가 각각 다를 뿐이다.

 ## 지금 세계의 근거는 '공가능성'

세계의 근거는 모나드인데, 모나드는 왜 현재와 같은 세계를 형성했을까? 라이프니츠는 '공가능성'이라는 개념을 사용해 이것을 설명했다. 문자 그대로 공존의 가능성이라는 의미다.

세계에 실제로 존재하는 것은 서로 공존하고 있다. 공존하지 못하는 것은 애초에 존재할 수

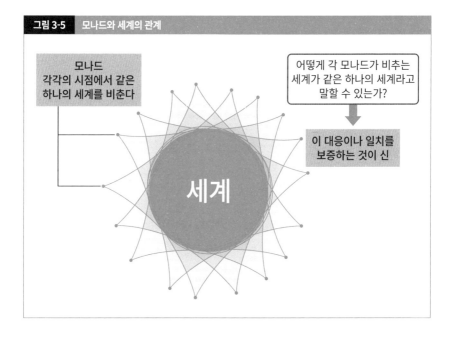

그림 3-5 　모나드와 세계의 관계

모나드
각각의 시점에서 같은
하나의 세계를 비춘다

어떻게 각 모나드가 비추는
세계가 같은 하나의 세계라고
말할 수 있는가?

이 대응이나 일치를
보증하는 것이 신

세계

없기 때문에 어떤 의미에서는 당연한 일이다. 그러나 이 '공존'이라는 당연한 사실이야말로 각각의 개체가 현실에 존재하기 위한 조건이라고 라이프니츠는 생각했다. 그것이 공가능성이다.

공가능성이 조금이라도 결여된 것은 존재하지 못한다. 이것은 현재뿐만 아니라 과거에도 그랬으며 미래에도 마찬가지다.

이렇게 생각하면 이 세계는 시작되었을 때부터 끝날 때까지 완전한 공가능성으로 가득 차 있으며 완전한 다양성을 실현하고 있다는 결론이 나온다. 이것이 '예정조화'다.

파르메니데스나 토마스 아퀴나스의 형이상학과의 비교

라이프니츠의 형이상학에 대한 이해를 돕기 위한 보조선으로서 파르메니데스의 '존재론'을 다시 한 번 떠올려 보기 바란다. '있다.'는 '없다.'를 절대 포함하지 않았다. '있다.' 속에 '없다.'가 조금이라도 들어 있으면 그것은 '있다.'가 아니게 되어 즉시 존재하지 않게 된다. 따라서 '있다.'는 완전히 순수한 '있다.'로서 존재한다는 것이 파르메니데스의 철학이었다.

파르메니데스의 '있다.'가 절대 '없다.'를 포함하지 않듯이, 라이프니츠의 철학에서는 '공가능성'이 조금이라도 결여되면 현실에 존재할 수 없다. 말하자면 **라이프니츠의 철학은 '존재론의 개체 버전'**인 것이다. 이렇게 표현하면 굉장한 철학임을 알 수 있다. 파르메니데스는 온갖 개체의 실재를 부정했다. '있다.'는 개체처럼 구별되는 것이 아니기 때문이다. 파르메니데스는 '있다.'란 무엇인가에 사고의 초점을 맞춘 데 비해, 라이프니츠는 '현실 존재'에 사고의 초점을 맞췄다고 말할 수 있다.

토마스 아퀴나스의 '존재와 본질' 이야기도 다시 한 번 떠올려 보자. 중세의 보편 논쟁에서 살펴봤듯이, 개체는 존재의 원리를 자신의 내부에 갖지 않으며 다른 것에 의존한다. 토마스는 '개체는 신에게서 존재를 나누어 받았다.'고 생각했다.

라이프니츠도 역시 궁극적으로는 신의 존재가 근거에 있다고 생각한다. 그러나 라이프니츠가 문제로 삼고자 하는 것은 개체의 존재 일반이 아니다. 어떤 개체(예: 소크라테스)가 바로 이 개체(예: 독배를 마신 소크라테스)로 결정되어서 현실에 존재하는 이유다.

정리하면, 라이프니츠의 존재에 대한 의문은 '왜 아무것도 없지 않고 무엇인가가 있는가?', '왜 다른 모습이 아니라 이 모습인가?'였다.

먼저 존재에 어떤 근거가 있다고 말할 수 있는 이유는 자연의 연속성이며, 근거는 모나드라고 부르는 비물체의 개념이다. 또한 다른 모습이 아니라 이 모습인 이유는 공가능성이라는 개념을 통해 설명되었다. 그리고 **이 세계는 과거부터 미래에 걸쳐 완전한 최대의 공가능성과 다양성이 실현된 '예정조화'의 세계다.** 이런 것들이 필연적인 대답으로서 순수한 사고를 통해 도출된다. 이와 같은 사고 활동이 고대의 파르메니데스를 원조로 삼는 형이상학이며, 그 정점 중 하나가 라이프니츠의 『모나드론』이라는 짧은 작품이다.

 ## 왜 최대의 다양성이 최선인가?

마지막으로 다양성과 선의 이야기를 하겠다. 라이프니츠는 이 세계의 완전성에서 "이 세계가 최선의 세계다."라고 말했다. 그 유명한 '최선의 세계 이론'이다.

최선인 이유는 완전성이란 질서와 조화의 실현이기 때문이다. 피타고라스를 떠올리기 바란다. 질서나 조화는 지성을 통해서 발견되는 아름다운 것이며, 우리에게 기쁨을 주는 것이다. 우리의 지성·정신에 기쁨을 준다는 의미에서 세계는 선으로 가득 차 있다.

여기에서는 **라이프니츠의 사상의 밑바탕에 '존재하는 것은 선이다.'라는 확신이 자리하고 있음**을 엿볼 수 있다. 선악은 사회나 도덕적인 문제에 한정되지 않는 매우 형이상학적인 것이며, 세계의 존재 이유라는 깊은 차원에서 이야기되는 것이기도 하다.

현대 사회에서는 다양성의 존중이 거의 무조건적인 선으로 간주되고 있다. 라이프니츠는 '왜 아무것도 없지 않고 세계가 존재하는가? 왜 이런 세계인가?'라는 형이상학의 근본적인 문제를 통해서 다양성에 관해 고찰했다는 점에서 현대에도 매우 중요한 철학자라고 말할 수 있다.

"타고난 소질 같은 것은 없다."라는 평등의 철학

제1장
[고대]
형이
상학
vs

제2장
[중세]
그리스
도교
vs

제3장
[근대]
인간 자연
세계
성
vs

제4장
[현대]
구철학
신철학
vs

 ## 시민 사회의 철학자 로크

존 로크는 영국 출신으로, 경험론의 철학자다. 정치사상 분야에서도 매우 유명해서, 우리는 학교에서 사회나 세계사 시간에 홉스, **루소**, 로크의 사회계약론을 반드시 공부하게 된다.

철학 분야에서는 데카르트와 스피노자, 라이프니츠가 '합리론의 철학자'로 불리는 데 비해, 지금부터 소개할 로크와 **버클리**, 흄은 '경험론의 철학자'로 불린다.

로크 경험론의 본질은 기존 철학(형이상학)의 파괴다. **기존의 철학이 전부 근거가 없는 허망이라는 고발이야말로 경험론 철학의 가장 큰 특징**이다. 로크를 소개할 때 종종 설명되는 '생득관념'에 대한 비판이나 마음은 아무것도 쓰여 있지 않은 '백지'라는 개념 등은 고대의 파르메니데스로부터 시작된 형이상학의 전제를 철저히 파괴하는 시도였다.

 ## 생득관념은 존재하지 않는다는 고발

철학 분야에서 로크의 대표작은 『인간지성론』으로, 그 제1권에서 로크는 '생득관념'의 존재를 부정했다. 생득관념은 태어날 때부터 지니고 있는 관념이나 지식, 사고방식을 가리킨다.

로크는 생득관념의 구체적인 예로 '있는 것은 있다.', '같은 것이 존재하는 동시에 존재하지 않는 것은 불가능하다(모순율).' 같은 사항을 들었다. 전부 경험을 통해서 옳은지 틀렸는지 확인할 필요가 없는 보편적이고 자명한 사항들로, **옳음의 근거가 마음의 내부에 있다는 의미에서 생득관념**이라고 부른다. 이런 것들은 논리적으로 옳기 때문에 철학에서는 논고를 진행하는 출발점이나 도구로서 널리 이용해 왔다. 그러나 로크는 그 보편성을 부정했다. **'어린아이나 지성이 결여된 사람은 그것을 이해하지 못하기 때문'**이다. 상당히 직설적인 이유다.

또한 어린아이의 발달 순서를 살펴봐도, 먼저 수많은 개별적인 사항을 경험하고 그 경험을 통해서 보편적인 사항을 이해하게 된다. 따라서 '있는 것은 있다.'는 생득관념도 아니고 모두가 진리라고 인정하는 보편적인 사항도 아니라는 것이 로크의 생각이다.

뒤에서 다시 이야기하겠지만, 현대의 장에 등장하는 **콰인**이라는 20세기 미국의 철학자도 이런 관념의 보편성을 문제로 삼았다.

 ## 마음은 '백지': 철학의 새로운 출발점

기존의 철학은 생득관념이나 논리적인 진리를 출발점으로 삼고 있었다. 그렇다면 이것을 부당하다고 고발한 로크는 출발점을 어디에 두었을까?

그것이 바로 '백지'다. 로크는 마음은 아무것도 적혀 있지 않은 백지 같은 것이라고 말했다. **백지인 마음에 '관념'을 적어 넣는 것이 우리의 사고와 지식의 출발점**이다. 관념을 얻는 경로는 두 가지로, 외부에서 얻는 개별적인 경험과 자신의 머릿속에서 실행되는 관념끼리의 조합이다. 이렇게 얻은 수많은 관념들의 일치와 불일치를 확인하는 것이 우리의 지식의 원천이다. 로크는 **지성의 활동이란 수많은 관념을 정리·결합하고 관념끼리의 관계를 이해하는 것**이라고 생각했다.

로크는 생득관념을 부정하고 우리가 최초로 관념을 얻는 곳은 자신의 외부라고 말했다. 요컨대 정신의 첫 활동은 수동적이다. 스피노자나 라이프니츠가 그렇게도 중시했던 정신의 능동성이 경험론 철학에서는 수동성에 종속된다. 이 차이가 포인트다.

 ## 로크의 철학적 의의는 철학의 시민 혁명

로크의 정치사상과 철학의 관계에 관해서도 설명하겠다. 로크의 정치사상은 근대 시민 사회의 기초를 만들었다. 구체적으로는 왕권신수설을 비판하고 소유권과 저항권 등 시민 권리의 토대를 세웠다. 요컨대 정치나 사회는 일부 지배자의 소유물이 아니므로 **지배자라고 해서 무턱대고 특권적인 지위에 오르는 것을 용납하지 않는 사상**이다.

생득관념에 대한 로크의 비판은 말하자면 철학에서 시민 사회의 토대를 세운 것이라고 이해할 수 있다. 즉 로크의 철학에는 철학은 일부 엘리트의 소유물이 아니므로 부당한 특권을 용납하지 않겠다는 생각이 드러나 있다. 인간에게 생득관념이 있다는 생각을 긍정하면 그 생득관념이 없는 것 같은 사람은 인간 취급을 받지 못할 우려가 있기 때문이다.

그에 비해 로크의 백지는 처음에는 누구나 아무것도 갖고 있지 않다, 즉 제로에서 출발한다는 개념이므로 원리적으로 모두 같은 조건이 된다. 생득관념은 부당한 특권이라는 것이다. 백지로서의 마음은 어떤 사람에게나 해당하는 사항이며, 예외는 전혀 없다. 이 예외 없음이 강점이다.

요컨대 **로크 경험론의 의의는 철학에서 이념적 평등을 제시한 것**이며, 그의 철학과 정치사상은 밑바탕을 이루는 부분이 일치한다.

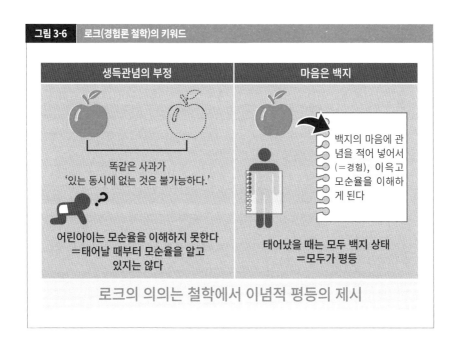

그림 3-6   로크(경험론 철학)의 키워드

생득관념의 부정	마음은 백지

똑같은 사과가
'있는 동시에 없는 것은 불가능하다.'

백지의 마음에 관념을 적어 넣어서(＝경험), 이윽고 모순율을 이해하게 된다

어린아이는 모순율을 이해하지 못한다
＝태어날 때부터 모순율을 알고 있지는 않다

태어났을 때는 모두 백지 상태
＝모두가 평등

로크의 의의는 철학에서 이념적 평등의 제시

상식적으로 생각하면 물체는 존재하지 않는다

 물질은 실재하지 않는다는 관념론자

조지 버클리는 'The 관념론자'라고도 부를 수 있는 아일랜드의 철학자다. 대표작은 『인간 지식의 원리론』, 『새로운 시각 이론에 관한 시론』, 『하일라스와 필로누스가 나눈 대화 세 마당』으로, 전부 20대에 쓴 것이다.

버클리의 사상은 두 가지 포인트로 정리할 수 있다. ① **'존재하는 것은 지각(知覺)되는 것'**이라는 존재 이해, ② 물체는 실재하지 않으며 관념만이 실재한다고 생각하는 '관념론'이라는 사상이다.

이 얼마나 현실과 괴리된, 상식 밖의 철학이란 말인가? 그러나 버클리는 자신의 저서에서 "나는 상식인의 편이며, 상식에 의거해 생각한다."라고 수없이 강조했다. 요컨대 물체가 존재하지 않는다는 생각이 오히려 상식적이라는 말이다. 버클리는 **"철학의 역할은 물체가 정신의 외부에 있다는 생각이 착각임을 이해하는 것이다."**라고 말했다.

 존재라는 말의 의미를 바꾸다

"존재하는 것은 지각되는 것이다."는 버클리의 사상을 한마디로 나타내는 유명한 말로, 존재의 조건 또는 의미에 관한 이야기다. '지각되는 것'이란 누군가의 감각이나 사고의 대상이 된다는 뜻이다.

그러나 존재하는 것은 누군가에게 지각되든 지각되지 않든 상관없이 존재하지 않을까? 요컨대 보통은 '존재하기 때문에 지각된다.'고 생각하기 마련이다. 그러나 버클리는 "지각되기 때문에 존재한다."라고 말했다. 버클리가 이렇게 순서를 뒤바꾼 목적은 **존재의 본질을 '지각된다.'라는 수동성을 통해서 다시 규정하는** 것이다.

이것은 놀라운 사상이다. 그때까지의 역사에서는 존재를 무엇보다 능동적인 것으로 생각해 왔기 때문이다. 가령 아리스토텔레스는 자연을 '운동의 원리를 자신의 내부에 지닌 것'으로 규정했다. 운동(=능동성)을 자연의 본질로 생각하는 관점이다. 데카르트에게도 '나'의 존재는 '생각한다.'라는 능동적인 행위를 통해서 확신되는 것이었다.

반면에 버클리는 '지각되고 있다.'라는 수동적인 작용이야말로 존재의 본질이라고 단호하게 규정했다.

 ## 관념이란 머릿속에 있는 이미지

버클리의 또 다른 유명한 사상은 '관념론'이다. 먼저, **'관념'이란 우리의 머릿속이나 마음속에 있는 생각 또는 이미지**를 뜻한다. 관념은 다종다양해서, 지식이라고 부를 수 있는 명료한 관념도 있고 말로는 표현할 수 없는 막연한 관념도 있다.

그렇다면 우리는 어디에서 관념을 얻을까? 그 원천은 두 가지다. 첫째는 우리의 외부이고, 둘째는 우리 자신이다. 이 두 가지 원천을 '감각'과 '반성'이라고도 한다(로크가 이렇게 정리했다).

우리는 먼저 감각을 통해서 외부로부터 다종다양한 관념을 받아들인다. 이 관념들은 각각 개별적인 관념이다. 다음으로 반성은 외부에서 받아들인 수많은 관념을 정리하는 것이다. 이를테면 빨간 것의 관념을 잔뜩 받아들여서 '빨갛다', '색'이라는 보편적인 관념을 얻는 것이 반성의 활동이다.

참고로, 버클리의 사상은 중세의 보편 논쟁으로 치면 '유명론'의 견해와 거의 같다. 외부로부터 받아들이는 개별적인 관념만이 실재이며 우리 자신이 내부에서 만들어낸 보편적인 관념은 단순한 이름에 불과하다.

물체의 존재는 관념으로부터 추측될 뿐인 착각

우리 내부에 관념이 있음은 명백하지만, 외부에 물체가 있는지 어떤지는 명백하지 않다. 물체의 관념을 갖고 있다고 해서 그것이 물체의 존재에 대한 증명이 되지는 않기 때문이다. 오히려 '외부에 물체가 있다.'라는 생각은 사실의 증명이 아니라 우리가 품고 있는 관념을 통한 추측에 불과하다는 것이 버클리의 생각이었다.

여기에서 물체와 관념의 주종 관계가 역전된다. 즉 **우리에게는 물체의 존재보다 관념의 존재가 더 확실**한 것이다. 이것이 '물체는 존재하지 않으며 관념만이 실재한다.'라는 버클리의 관념론이다. 버클리에게 세계는 물체의 집합이 아니라 관념의 집합인 것이다.

 ## 버클리 철학의 핵심

이처럼 버클리의 관념론은 '보편'을 부정하고 철저하게 '의식에 나타나는 개별적인 관념'만을 실재라고 생각하는 사상이다.

이 관념론의 장점은 세계를 이해하는 데 그 어떤 철학적 전제도 필요가 없다는 것이다. 가령 데카르트나 스피노자 철학의 경우는 세계를 이해하려면 신이나 무한 같은 철학적 관념을 이해해야 한다. 형이상학을 부정한 홉스조차도 '인간의 본성은 자기 보존이다.' 같은 규정을 전제로 두어야 했다.

그러나 버클리의 철학은 '자신의 마음속에는 어떤 관념이 존재한다.'라는 누구나 경험적으로 이해하고 있는 단순한 사실에서 출발한다. 그의 철학이 '경험론'으로 불리는 이유가 여기에 있다.

누구나 이해할 수 있는 경험을 바탕으로 세계를 완전히 이해하는 것. 이것이 버클리 철학의 핵심이라고 말할 수 있다. 세계는 전체가 관념(지각되는 것)이며, 독립된 물체는 존재하지 않는 것으로 이해된다.

한편 버클리의 관념론과 정반대의 사상을 '유물론'이라고 한다. 이것은 관념의 실재를 완전히 부정하고 물체만을 실재라고 여기는 사상이다. 그러나 버클리는 이렇게 반박할 것이다. "과연 물체와 관념 중 어느 쪽이 우리에게 확실하게 존재한다고 말할 수 있을까? 그것은 자신의 마음속에 있는 것이다." 버클리가 관념론을 상식이라고 말한 근거는 그것이 어떤 철학적 전제도 필요 없이 누구나 이해할 수 있는 경험에 기반을 둔 사상이기 때문이다.

제1장
[고대]
형이상학
자연철학
vs

제2장
[중세]
그리스철학
크리스트교
vs

제3장
[근대]
인간 이성
자연 세계
vs

제4장
[현대]
신철학
구철학
vs

"인간은 사고를 과대평가한다." 오만과 편견을 고발한 철학자

 ## 세계에는 인과관계도 마음도 존재하지 않는다

데이비드 흄은 스코틀랜드의 철학자다. 대표작은 『인간 본성에 관한 논고』로, '인과관계'의 필연성·객관성을 부정하고 '의식', '마음'의 실재를 부정하는 등 상당히 불온한 주장을 했다. 이런 점에서 흄은 근대적인 회의주의 철학자로도 불린다.

그러나 **흄의 철학은 인간이 어떻게 자신을 과대평가하며 그 결과 부당한 편견을 갖게 되는지 고발**한다. 인과관계나 의식을 부정하는 등 비정상으로 생각되기까지 하는 주장도 전부 인간의 부당한 자기 평가를 비판한다는 맥락에서 생각하면 이해하기 쉬워진다.

 ## 필연성과 객관성을 부정하는 철학

먼저 흄 철학의 전제를 살펴보자. 우리 내부에 있는 것은 관념이며, 관념의 유래는 경험이다. 생득관념은 없다. 관념에는 외부에서 주어지는 것(단순관념)과 내부에서 만들어내는 것(복합관념)의 두 종류가 있다. 이런 것들은 로크나 버클리와 공통되는 부분이 있다.

관념에 관한 전제를 바탕으로 흄은 '필연성', '객관성', '보편성' 같은 철학의 중요 개념에 대한 비판을 꾀했다. 이것들은 진리의 근거로서 유력한 개념으로, 어떤 사항을 진리라고 말할 수 있는 것은 그것에 어떤 필연성이나 보편성이 인정되기 때문이다. 좋은 예가 인과관계(원인과 결과의 관계)다. 인과관계는 수많은 추리의 기초가 되며, 필연성이나 객관성이 없는 인과관계는 존재하지 않는다. 그러나 흄은 **인과관계에는 필연성도 객관성도 없다**고 말했다.

인과관계는 인간이 만들어낸 편견

인과관계에 관해 자세히 고찰해 보자. 우리는 '스위치를 누르면 전등이 켜진다.' 등, 사물을 원인과 결과의 관계로 이해하고 있다. 그런데 흄은 인과관계를 보편적인 진리로 생각하지 않고 개연적인 진리라고 생각했다. 개연적이란 '대략적으로는 참이지만 때로는 거짓일 수 있다.'라는 식의 의미다.

그러나 원인이 없는데 무엇인가가 생기는 것은 논리적이지도 물리적이지도 않다. 흄이 정말로 하고 싶었던 말은 **'인과관계는 외부에서 얻은 관념이 아니라 우리가 내부에서 만들어낸 관념이다.'**라는 것이다. 우리가 경험할 수 있는 관념은 '스위치를 누른다는 관념'과 '전등이 켜진다는 관념'이다. 그리고 'A(스위치를 누른다)를 행하면 항상 B(전등이 켜진다)가 발생한다.'라는 경험을 하고 있을 뿐이다.

요컨대 'A는 B의 원인이다.'라는 관념은 결코 외부 세계에 존재하지 않는다. 인과관계에 필연성이나 보편성이 있다고 인정하는 것은 우리의 주관이나 사고의 메커니즘을 부당하게 과대평가한 편견이라는 것이 흄의 생각이다.

의식은 지각의 다발에 불과하다

그리고 흄은 우리의 주관·자아·의식 같은 것에 대한 고찰을 진행했다. 우리의 **주관이나 의식이야말로 부당한 편견의 원천**이기 때문이다.

먼저 흄은 자아나 마음 같은 것의 실재를 부정했다. 우리가 자아나 마음이라고 생각하는 것은 실제로는 존재하지 않으며, 수많은 지각이 다발이 되어서 겹친 것에 불과하다는 이야기다. 이것은 우리의 의식을 구성하는 것이 매우 많은 감각과 지각, 사고이며 다른 것은 아무리 찾아도 나오지 않기 때문이다. 의식이나 마음 자체를 추출하기는 절대 불가능하다.

로크는 마음이 백지라고 말했다. 이것은 마음이 경험을 받아들이는 그릇 또는 기반으로서 존재함을 인정한 것이다. 그러나 흄의 생각에 따르면 그런 그릇은 허구(픽션)일 뿐이다.

또한 흄은 의식이나 마음을 국가에 비유했다. 국가를 구성하는 것은 토지나 사람, 제도 등 무수한 요소이며, "이것은 국가입니다." 같은 식으로 국가 자체를 추출하기는 절대 불가능하다.

이렇게 해서 **흄은 의식이나 마음을 본래는 존재하지 않는 허구로 간주했다.** 요컨대 인간은 자신의 내면에 관해 오해하고 있다는 말이다. 자신의 내면에 관해서조차 이렇게 오해하고 있는 인간이 외부 세계에 관한 판단의 옳음을 인과관계 등으로 설명할 수 있을 리가 없을 것이다.

흄의 철학은 **우리 인간의 부당한 특권화를 경계하는 철학**으로서 오늘날에도 그 의의를 잃지 않고 있다.

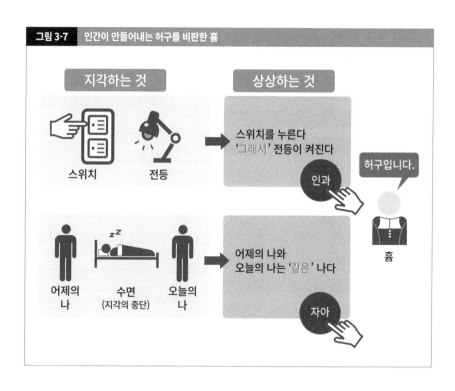

그림 3-7 인간이 만들어내는 허구를 비판한 흄

우리의 마음은 밤하늘의 별들만큼 고귀하다

제1장
고대
형이상학
자연철학
vs

제2장
중세
그리스
철학
크리스트교
vs

제3장
[근대]
인간
이성
자연
세계
vs

제4장
현대
신철학
구철학
vs

학문의 확실한 토대를 세우고자 하는 비판철학

이마누엘 칸트는 프로이센의 도시인 쾨니히스베르크(현재의 러시아령 칼리닌그라드)에서 태어난 독일어권 철학자다. 일생의 대부분을 태어난 곳에서 살았다는 점에서 아테나이의 소크라테스와 닮았다. 칸트는 꼼꼼한 성격이었던 듯, 매일 오후 3시가 되면 반드시 산책을 나왔다고 한다. 그래서 마을 사람들이 칸트를 보고 시계를 맞췄다는 유명한 일화가 있다.

칸트의 철학은 '비판철학'으로 불리며, 대표작은 『순수이성 비판』, 『실천이성 비판』, 『판단력 비판』이다. 여기에서 '비판'은 음미 또는 확인이라는 의미다. 즉 '순수이성/실천이성/판단력'이라는 것의 능력을 음미하고 가능한 것과 불가능한 것을 구별한다는 목적으로 쓴 책이다.

칸트 철학의 기본

칸트 철학의 기본적인 취지는 확실성을 기반으로 학문의 토대를 세우는 것이다. 로크나 흄의 경험론은 수학이나 자연과학에조차 확실한 근거가 없다는 결론을 이끌어냈다. 이에 칸트는 그 학문들이 확실한 지식이라는 근거를 부여하려 구상했다. 그런 의미에서는 칸트에게 자연과학에 대한 신뢰가 있었다고 생각해도 무방할 것이다.

수학이나 자연과학이 확실한 학문이라는 근거를 어떻게 부여할 것인가? 이것이 칸트의 과제였다. 그리고 그 과제에 대한 대답이 '물자체'와 '현상'의 구별이다. 수학이나 자연과학의 대상은 '물자체'(신의 관점에서의 진리)가 아니라 '현상'(인간의 관점에서의 진리)이며, 그 '현상'의 범위 안에서라면 우리는 확실한 지식을 가질 수 있다고 칸트는 말했다.

별들로 가득한 밤하늘과 도덕 앞에 무릎을 꿇다

지금까지의 설명은 상당히 추상적이었으니, 조금 구체적으로 이미지를 떠올릴 수 있도록 칸트의 명언을 소개하겠다.

"여기에 우리가 그것에 관하여 긴 시간을 들여서 생각을 거듭할수록 새로운 감탄과 경외심으로 우리의 마음을 채워 주는 두 가지가 있다. 그것은 **내 머리 위의 별들로 가득한 밤하늘과 나의 내부에 있는 도덕률**이다."

이것은 『실천이성 비판』이라는 윤리학적 저서의 마지막에 나오는 말이다. 왜 칸트는 밤하늘의 별과 마음의 도덕률이라는 서로 관계가 없는 두 가지에 대해 동등한 수준의 감탄과 경외심을 품었을까? 이것을 이해하면 칸트 철학의 가장 중요한 부분을 이해할 수 있다.

자연 법칙은 객관적이 아니라 주관적

먼저 별들로 가득한 밤하늘, 즉 자연 우주부터 이야기를 시작하겠다. 우리는 자연을 얼마나 알 수 있는가? 그 지식에 확실성은 기대할 수 있는가? 이것이 『순수이성 비판』의 주제다.

우리는 경험을 통해 자연에 관해 알게 된다. 그리고 다양한 관찰과 실험을 통해 자연을 수학적으로 기술하거나 자연의 보편성(법칙)을 찾아내려 한다. 이를테면 '만유인력(보편중력)의 법칙' 등이다. 그러나 칸트는 이런 자연 법칙들이 객관적인 진리가 아니라고 생각했다. 인간의 정신에는 그런 자연 법칙이 존재하는 듯이 생각되지만 실제로 자연 속에 존재하는지는 알 수 없기 때문이다. 만약 우리와는 다른 방식으로 느끼는 벌레나 지구 밖 생명체가 있다면 물체의 낙하와 행성의 운동에 관해 '만유인력의 법칙이 존재한다.'라고 이해하지 않을지도 모른다. 그래서 칸트는 자연 법칙을 인간 지성의 주관적인 이해로 간주했다. **법칙은 자연 속이 아니라 지성 속에 있는** 것이다.

칸트는 자연이나 물체 그 자체를 '물자체'라고 명명하고 '현상'과 구별했다. 수학 공식이나 만유인력 같은 자연 법칙은 인간의 정신이 느낀 현상일 뿐 물자체를 인식한 것이 아니다.

현상과 물자체를 구별하라

현상과 물자체를 구별하고 우리는 현상밖에 알지 못한다고 규정하면 필연적으로 모든 것에는 근거가 없다는 '회의론'에 도달할 우려가 있지 않을까? 그럼에도 칸트는 자연과학이 인간의 지성에 확실하고 보편적인 것이라는 근거를 부여하려 했다. 이것은 상당히 어려운 시도로 보인다.

이에 대한 칸트의 해결책은 다음과 같은 것이었다. 분명히 인간은 물자체에 관해 무엇 하나 확실히 알지 못한다. 그러나 인간이 현상을 이해하는 방식에서는 어떤 보편적이고 확실한 패턴이 발견된다. 그 인간의 인식 능력을 칸트는 '감성≒감각 능력', '오성(悟性)≒이해 능력', '이성≒추론 능력'의 세 가지로 나누고 각각 분석했다.

즉 **확실하고 보편적인 사항은 자연(물자체) 속에 있는 것이 아니라 인간의 이해 방식(현상) 속에 있다는** 말이다. 회의론은 물자체와 현상의 구별을 고려하지 않기 때문에 모든 것에는 근거가 없다는 결론을 내릴 수밖에 없는 것이다.

이렇게 해서 칸트는 수학이나 과학에 확실한 근거를 부여하기 위해 현상과 물자체의 구별을 도입했다. **'확실한 지식으로서 토대를 세우고 싶다면 현상과 물자체를 구별해야 한다.'라는 것이 칸트의 결론**이다.

자연 세계에 경외심을 품다

일단 전반부를 정리하겠다. 칸트는 로크나 흄 등의 경험론 철학을 따르면서도 경험론이 빠진 회의론의 시각을 극복하기 위한 활로를 찾아냈다. 그것이 물자체와 현상의 구별이다.

우리는 물자체에 관해 알 수 없다. 그러나 자연과학이 해명한 자연 법칙은 분명히 자연에 대한 우리의 인식을 깊게 해 준다. **밤하늘에 떠 있는 별들은 인간 지성의 학문적 활동을 통해서 해명된, 자연 속의 질서와 법칙**이다. 그 질서들을 느낄 수 있기에 자연 우주에 대한 감탄과 경외심이 자연스럽게 솟아나는 것이다.

도덕 법칙에 대한 경외심과 감탄 『실천이성 비판』

다음은 '도덕 법칙'의 이야기다. 칸트는 자신의 윤리학적 저서이며 '제2비판서'로 불리는 『실천이성 비판』에서 '도덕 법칙'에 관해 이야기했다.

칸트의 재미있는 점은 **자연에 법칙이 있는 것과 마찬가지로 도덕에도 법칙이 있다**고 생각한 것이다. 도덕은 각각의 문화나 풍습에서 발생한 것인 까닭에 보통은 누구도 자연 법칙 같은 보편성이 있다고 생각하지 않는다. 그런 것을 칸트는 의도적으로 자연 법칙과 유사하다고 생각함으로써 도덕에도 보편적인 법칙을 세우고자 시도했다.

각각의 문화나 풍습에 기반을 둔 도덕이 인간 이성 특유의 능력인 것은 아니다. 인간 이외의 동물에게서도 일종의 사회나 도덕을 발견할 수 있다. 반면에 자연 법칙을 발견하는 등 확실하고 보편적인 사항을 이끌어내는 능력은 인간 이성 특유의 능력이다. 그렇다면 자연과학뿐만 아니라 도덕이나 윤리의 영역에서도 이 인간 이성 특유의 능력을 발휘할 수 있을까? 만약 발휘할 수 있다면 자연 법칙이 학문의 기초이듯이 **도덕 법칙이 이성에 기반을 둔 진정한 시민 사회라고 말할 수 있는 공동체의 기초가 될** 터이다. 이것이 칸트 윤리학의 '도덕 법칙'이라는 개념의 포인트다.

도덕 법칙이란 만인에게 적용되는 격률

도덕 법칙은 우리가 지켜야 할 행동 원리(의무)를 뜻한다. 그것은 다음과 같이 규정된다. "네 의지의 격률(행동의 지침)이 언제나 동시에 보편적인 입법의 원리로서 적용되도록 행동하라."

요컨대 '○○해야 한다.'라는 행동의 지침을 너의 개인적인 처지나 기호에 따라 선택해서는 안 되며, 모든 사람이 똑같은 행동을 해야 한다고 생각되는 방침을 선택하라는 의미다.

칸트는 이 규정을 '이성의 사실'이라고 부르고, 자연 법칙과 마찬가지로 만인이 승인할 수 있는 자명한 법칙인 듯이 말했다. 그러나 자연 법칙과 도덕 법칙은 전혀 다르다. 도덕은 자신

그림 3-8 칸트 철학의 키워드

『순수이성 비판』
· 자연 법칙
· 질서의 존재
· 자연과학의 기초

『실천이성 비판』
· 도덕 법칙
· 자유의 존재
· 시민 사회의 기초

칸트 "내 머리 위의 밤하늘과 나의 내부에 있는 도덕률에 대한 감탄과 경외심"

의 의지로 노력해서 실행하는 것이기 때문이다. 자연 법칙은 거스를 수 없는 것이지만 도덕 법칙은 그런 것이 있다 해도 태연하게 거스를 수 있다.

다만 이것은 뒤집어 생각하면 우리에게 자연 법칙에 대한 자유는 없지만 도덕 법칙에 대한 자유는 있음을 의미한다. 자연 법칙만 있다면 인간에게 자유는 있을 수 없다. **도덕 법칙의 존재를 인정하는 것은 인간의 자유를 인정하는 것과 같다.** 이것이 칸트의 생각이었다.

 거짓 약속을 해서는 안 된다

구체적인 예를 통해서 도덕 법칙을 생각해 보자. 칸트는 '거짓 약속을 해서는 안 된다.'라는 행동 지침을 예로 들며, 이것은 만인이 지켜야 한다고 말했다. 모두가 '자신의 이익을 위해서라면 거짓말을 해도 된다.'라는 행동 지침을 채용한다면 약속 자체가 성립하지 않게 되기 때문이다.

물론 도덕 법칙도 자연 법칙과 마찬가지로 물자체로서의 진리는 아니다. 그러나 현상으로

187

서의 진리, 즉 인간의 지성에 대해서는 '거짓 약속을 하지 마라.'라는 명령이 만인에게 적용되는 확실한 명령이라고 칸트는 생각했다. 그러므로 이 명령은 이성에 기반을 둔 진정한 시민 사회의 법률로서 입법해도 될 정도의 보편성을 지녔다고 말할 수 있다.

바꿔 말하면, **자연 법칙이나 도덕 법칙에 정답은 없다.** 정답이란 물자체를 의미하기 때문이다. 설령 정답이 존재하더라도 그것은 물자체인 까닭에 우리는 알 수 없다. 그렇기에 우리는 도덕 법칙의 존재를 인정하면서 무엇을 도덕 법칙으로 삼아야 할지 그때그때 자신의 머리로 생각해야 하는 것이다. 이것이 칸트 윤리학의 중요 개념인 '계몽'이다. 칸트는 '계몽'을 '자율', 즉 '자신의 머리로 생각하는 것'이라고 설명했다.

 ## 이성에 기반을 둔 학문과 시민 사회의 구상

이제 후반부를 정리하겠다. 칸트는 도덕 법칙의 존재가 우리 인간의 자유의 근거라고 말했다. 그리고 도덕 법칙의 존재는 기존의 전통이나 습관에 기반을 둔 도덕을 초월한, 이성에 기반을 둔 도덕을 가능케 한다. 그런 시민 사회를 칸트는 '목적의 나라'라고 불렀다. 그리고 『영구 평화론』이라는 저서에서 연합 국가와 세계 평화를 논하는 정치철학을 구상했다.

도덕 법칙의 존재가 '이성의 사실'로서 인정될 때, 칸트의 마음은 별들로 가득한 밤하늘을 올려다볼 때처럼 도덕 법칙에 대한 감탄과 경외심으로 가득해진다. 우리는 이성의 힘으로 자연의 질서나 법칙을 아는 동시에 우리 내부에 자연을 초월한 자유가 있음을 확신한다.

이것으로 칸트가 별들로 가득한 밤하늘과 도덕 법칙에 감탄과 경외심을 품은 이유가 밝혀졌다. 이 둘은 각각 **진정한 학문의 기초와 진정한 시민 사회의 기초를 구상한다는 칸트 철학의 본질을 상징**하는 것이다.

제 3 장 | [근대] 자연 세계 vs 인간 이성 | 피히테 |

제1장
[고대]
자연철학
형이상학
vs

제2장
중세
그리스도교
철학
vs

제3장
[근대]
인간 자연
이 세계
성 vs

제4장
[현대]
신 구
철학 조철학
vs

주관과 객관을 분리시켜서는 세계에 관해 아무것도 알 수 없다

 ## 독일 관념론의 특징

요한 고틀리프 피히테는 '나＝자아'의 존재를 근본으로 삼는 '지식학'으로 유명한 철학자다. 철학의 역사에서는 일반적으로 피히테부터 헤겔까지를 '독일 관념론'이라고 부른다.

먼저 독일 관념론이란 무엇인가를 설명하면, 기본적으로는 칸트 철학의 성과를 바탕으로 그 후에 발전한 철학을 가리킨다. 칸트 철학의 성과란 모든 학문의 철학적 토대 구축이다. 이를 위해 물자체와 현상을 구별했다. 칸트 철학의 '물자체'는 인간의 이성으로는 알 수 없기에 절대 규명되지 않는 것이었다.

그래서 **독일 관념론은 사고의 형태와 과정을 근본적으로 재검토함으로써 물자체와 이성의 경계를 걷어내려 했다.** 그런 철학을 최초로 시도한 인물이 바로 피히테다. 자신의 '지식학'을 '최신 철학', '최초의 자유 체계' 등으로 부른 것에서 그의 자부심이 엿보인다.

 ## 지식학이란 앎의 활동을 생각하는 철학

피히테의 지식학은 그 이름처럼 지에 관한 학문으로, 앎의 활동을 생각하는 철학이다. 학문이란 아는 것이기에 온갖 학문의 기반이 된다. 그리고 모든 학문의 기반이 되는 철학에 또 다른 기반이 있어서는 안 되기에 지식학은 다른 근거가 필요 없는 근본적인 지를 대상으로 삼는다. **근거가 자신의 내부에 존재하는 지, 이것이 지식학의 조건**이다.

먼저, 앎의 활동이란 사물의 동일성을 파악하는 것이다. A(이를테면 개)는 A이며 다른 것(이를테면 고양이)이 아니다. 앎의 첫 번째 활동은 A를 A라고 이해하는 것이다. 이것을 "A를 A로 정립한다." 등으로 말한다. 즉 개를 개라고 이해하고 그 이해를 유지하는 것이 정립이라는 활동의 의미다.

지식학의 출발점 'A＝A'와 그것을 성립시키는 '자아'

이렇게 해서 피히테는 지식학의 출발점을 A＝A(A는 A다)라는 논리식으로 표현했다. A＝A는 형식상 반드시 옳다.

그리고 앎(A를 A로 정립)의 활동에서 A 이외의 존재가 모습을 드러낸다. 그것은 **A를 정립하고 있는 의식(나)의 존재**다. 이 의식은 정립하는 활동이며, 'A＝A'라는 판단을 성립시키는 숨은 전제다. 이것을 피히테는 '자아'라고 명명했다.

A＝A라는 판단은 '자아'를 통해서 성립하며, 모든 판단은 '자아'의 내부에 있다. 모든 판단은 '자아'의 존재를 전제로 삼으므로 A＝A에 대입되는 최초의 대상은 '자아'다. 따라서 **'자아는 자아를 정립한다'**. 이것이 지식학의 제1원칙이다.

이야기가 조금 복잡한데, 앎의 활동을 고찰해 나가면 '자아'에 도달한다는 말이다. 여기에서 말하는 '자아'는 앎의 활동을 가리키며, 그 '자아'가 있음으로써 A＝A가 성립한다. 이상이 지식학의 출발점이 되는 중요 포인트다.

사고 과정을 뒤엎는 시도

이상의 흐름은 피히테의 중요 개념인 '사행(事行)'이라는 사고 과정을 나타낸다. 즉 나의 존재는 나의 사고(행위)를 통해서 성립한다. 이것을 추상적으로 말하면 "행위가 주체(존재)에 앞선다."라고 표현할 수 있다.

일반적인 우리의 생각은 정반대다. 우리는 보통 '존재(사물)가 행위(인식)에 앞선다.'라고 생각한다. '사고하기에 존재가 성립한다.'는 말도 안 되는 이야기이며, '존재하기에 사고가 성립한다.'가 우리의 상식이다.

그러나 피히테는 행위를 통해 주체의 존재가 드러난다며 순서를 뒤엎었다. 이것이 앞에서 말한, 사고의 과정을 근본적으로 재검토한다는 것이다.

세계는 과정 그 자체

어째서 피히테의 이런 이야기가 가능한 것일까? 이것을 이해하려면 세계의 형태에 주목해야 한다. 즉 **'사행'은 세계의 형태와 사고의 형태가 일치함을 제시하려는 개념**이다.

먼저, 우리의 세계는 부단한 운동(생성변화)의 과정 그 자체다. 무엇인가 세계 또는 물체라는 본체가 있는 것이 아니라 모든 것이 유동적이며 과정에 있는 것이라고도 말할 수 있다.

비유를 들자면 자전거 같은 것이다. 자전거를 타고 있을 때는 모든 것이 움직인다. 나도 자전거도 움직이고 풍경도 움직인다. 움직이는 풍경을 인식하면서 자신의 움직임도 바꿔 나간다. 그런 까닭에 자전거를 타는 장면에서는 행위와 인식이 일치하며, 이 둘은 분리할 수 없는 것이 된다.

또한 움직이기를 멈추면 넘어지고 만다. 끊임없이 자신을 변화시키는 운동의 과정이 자전거를 탄다는 형태를 성립시킨다. 이렇게 생각하면 자전거의 예도 "행위가 존재에 앞선다."라고 말할 수 있다.

이런 이유에서 세계는 운동을 통해 성립하고 있다. 그런데도 우리는 존재를 통해 세계가 성립한다고 믿고 있다. 이래서는 진리를 알 수 있을 리가 없지 않은가?

피히테 철학의 의의

세계(객관)와 사고(주관)는 서로 다른 것이 아니라 사실 같은 형태를 띠고 있다. 피히테 철학의 독자성은 이것을 제시했다는 데 있다. 그래서 피히테는 자신의 철학을 '최신 철학'이라고 불렀다.

운동이 세계를 성립시키듯이, 피히테의 '사행'은 사고를 통해 세계를 성립시키는 활동이다. 이것은 신을 제외하면 인간 이성을 통해서만 가능한 활동이다. 피히테는 이런 철학을 실천하

제1장
고대
형 자연철학
이 vs
상
학

제2장
중세
그 크리스
리 트교
스 철학 vs
철
학

제3장
근대
인 자
간 연
이 세
성 계
vs

제4장
현대
구 철학
신 철학 vs

는 것이 인간의 자유라고 생각했다.

인간 특유의 능력인 이성의 활동＝자유의 확대야말로 인간의 사명이며, 윤리적인 삶의 자세다. 게다가 그 사명은 시간이 흐름에 따라 서서히 달성되어 간다는 시간성·역사성을 획득했다.

또한 '사고가 존재에 앞선다.'라는 관점에서 피히테는 '주관과 객관', '인식 주체와 인식 대상'이라는 구도를 초월하려 시도했다. '사행'은 100퍼센트 순수한 주관의 행동이므로, 주관을 통해 객관(칸트의 물자체)을 불필요하게 만들려는 시도다. 이것이 피히테의 철학이 '주관적 관념론'으로 불리기도 하는 이유다.

세계의 근원은 물자체가 아니라 우리의 행위에 있다. 이렇게 해서 세계를 주관 속에 감싼 것이 피히테의 철학이며 독일 관념론의 철학이다.

| 그림 3-9 | 독일 관념론의 역사 철학 |

① 역사는 자연이 자신의 본질을 아는 과정
② 역사는 원리를 통해 체계적으로 이야기할 수 있다

	① 자연의 본질	② 지의 원리	키워드
피히테	자아	지식학	· 역사는 자아와 자연의 대립 · 자연은 절대자가 나타나는 곳
셸링	자유	지적 직관	· 자유가 자연의 원리 · 신의 실존에서 출발
헤겔	정신	변증법	· 의식 경험의 학 · 소박한 신념에서 출발

서양 철학사에서 가장 심오하다는 평가를 받는 철학자

 근대의 자연철학자 셸링

프리드리히 빌헬름 요제프 셸링은 자연철학자의 측면을 지닌 독일 관념론 철학자다. 앞에서 자연철학은 브루노를 마지막으로 소멸했다고 말했는데, 브루노의 사상을 부활시키려 꾀했던 인물이 셸링이다.

또한 피히테와 셸링, **헤겔**은 문호 **괴테**와 같은 세대인데, 다채로운 재능의 소유자였던 괴테는 자연철학도 연구했다. 독일에서는 한때 '살아 있는 자연=생명'을 인식할 수 있는 사고·철학을 만들어낸다는 콘셉트 아래 셸링과 괴테를 중심으로 자연철학이 유행했었다.

현대에는 생명에 관한 연구라고 하면 생물학이나 의학 등의 담당 분야라는 이미지가 있을 것이다. 그러나 **셸링의 자연철학은 생명의 원리와 필연성의 철학적 연구**였다. 철학은 자연과 생명의 비밀에 어떻게 다가갈 수 있을까? 셸링의 천재적 사색을 살펴보자.

 자연의 내부에 있는 대립

먼저, 셸링은 자연이나 생명의 내부에는 대립이 존재한다고 지적했다. 자연의 모든 생명은 자신의 내부에 대립을 발생시켜서 생명을 유지한다. 이를테면 세포 분열이나 영양 섭취, 진화가 그것이다.

또한 셸링은 이 대립을 발생시키는 근원적인 것의 존재를 지적하고 그것을 '힘'이라고 불렀다. 바로 이 '힘'이 셸링이 생각한 생명의 원리다.

피히테는 다른 곳에서 '나'와 관련된 대립을 이야기했다. '나'의 내부에서 일어나는 '자아'와 '비아(자연)'의 대립을 극복하는 것에 인간의 자유가 있다고 말한 것이다.

이에 셸링은 **자신 내부의 대립과 극복이 자유라면 인간뿐만 아니라 자연 전체가 자유롭다**고 생각했다. 즉 자연과 인간 이성의 차이는 단순히 그 대립이 의식되고 있느냐 그렇지 않느냐의 차이뿐이다. '자유야말로 모든 것(자연 전체)의 유일한 원리'다. 이처럼 셸링은 피히테가 '나'의 철학에서 전개한 '자유의 체계'를 자연과 생명의 원리로까지 확장시켰다.

이것은 인간 이성의 관점에서 바라본 궁극의 자연철학이라고 말할 수 있다. 브루노의 자연철학도 무한 우주라는 거대한 스케일의 철학이었지만, 브루노는 '공간적 무한'이라는 물리적인 원리를 설정했다. 반면에 셸링은 물리적인 원리가 아니라 자유라는 매우 철학적인 원리를 설정했다.

 자연에는 역사가 있으며, 종착점이 있다

이에 따라 자연에는 일정한 출발점과 도착점이 생겨난다. 브루노의 무한 우주에서는 모든 것이 중심이며 시작도 끝도 없었다. 그러나 셸링의 자유로서의 자연은 그 자유가 자각되지 않던 상태에서 자각되는 상태에 이르는 역사적인 과정으로서 이야기된다.

즉 **셸링의 자연철학은 자연이 자유라는 자신의 본질을 자각하기까지의 역사**로서 그려진다. 자연(생명)은 자유를 원리로 삼아 자신을 끊임없이 만들어낸다. 자연 자체는 자신의 활동을 자각하고 있지 않지만, 이윽고 자연은 인간을 만들어낸다.

생각하는 존재인 인간은 이윽고 자신에 관해서 생각하게 되고, 자기의식에 눈을 떠 자유란 무엇인가를 생각하기 시작한다. 그 발단이 칸트와 피히테다. 그들은 인간에게는 도덕 법칙을 따를 자유, 자신의 대립을 극복할 자유가 있으며, 그 자유를 따르는 것이 인간성이라고 생각했다.

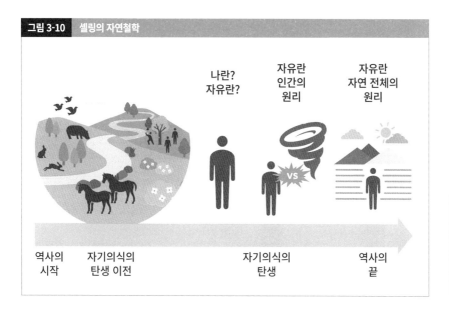

그림 3-10	셸링의 자연철학

나란?
자유란?

자유란
인간의
원리

자유란
자연 전체의
원리

VS

역사의
시작

자기의식의
탄생 이전

자기의식의
탄생

역사의
끝

제1장
[고대] 자연철학 vs 형이상학

제2장
[중세] 그리스도교 vs 철학

제3장
[근대] 인간 vs 자연 이성 세계

제4장
[현대] 신 vs 철학 구조 철학

이윽고 인간은 자연 또한 인간과 마찬가지로 자유라는 원리를 갖고 있음을 깨닫는다. 이것은 자연의 일부로서의 자기 자신을 아는 것이다. 자유의 실현으로서의 생명의 역사는 여기에서 완결된다. 남은 일은 그 끝에서 시작을 되돌아보는 것이며, 이것이 철학에 남겨진 마지막 활동이다. 이 역사적 시점이 셸링의 자연철학의 특색이다.

대표작 『인간적 자유의 본질』

셸링의 자유론이라고 하면 대표작으로 평가받는 『인간적 자유의 본질』이 유명하다. 자유는 자연의 원리이며, 인간도 자연 존재인 이상 당연히 자유를 원리로 삼아 존재한다. 그렇다면 인간의 자유란 구체적으로 무엇일까? 이 문제를 고찰한 책이다.

왜 인간의 자유가 문제가 되느냐 하면, 인간은 자연 존재면서도 자연 속에서 얌전히 살지 못하는 과도한 존재이기 때문이다. 자연에 간섭하고, 자연을 파괴하며, 자연을 초월하는 존재가 인간이다. 요컨대 **인간은 자연계의 이물(異物) 같은 존재이며, 자연환경에 조화롭지 못한 영향을 끼친다.** 말하자면 인간은 자연계에 있어 외래종 같은 존재로, 본래의 생태계에 적응하면서도 그것을 변용시키고 때로는 파괴하는 힘을 지니고 있다. 셸링은 이런 존재자가 자연 속에 있는 이유를 문제로 삼았다. 즉 셸링이 『인간적 자유의 본질』에서 탐구한 주제는 악을 저지르는 존재자의 필연성이다.

물론 인간이나 악의 존재에 이유 같은 것은 없다. 단순한 우연이라고도 말할 수 있다. 그러나 순수한 우연은 있을 수 없을 터이다. 아무런 외부 원인도 없이 어떤 생태계에 외래종이 출현하는 일은 있을 수 없는 것과 마찬가지다.

 ## 악이 존재하는 먼 원인은 신에게 있다

그래서 셸링은 자연의 모체인 신까지 원인을 거슬러 올라갔다. **인간이나 악이 존재하는 원인은 신의 내부에 있다.** 이것이 셸링의 발상이다.

기존의 철학이나 신학에서도 악은 무엇인가에 관한 수많은 논의가 있었다. 그러나 대부분은 '악이란 선의 결여다.'라고 규정되었다. 이것은 악에 실체를 부여하지 않기 위함이며, 악의 원인을 신에게 돌리지 않기 위함이었다. 그러나 셸링은 인간 또는 악의 존재의 필연성을 인식할 때 비로소 자연에 대한 더 깊은 이해를 얻을 수 있다고 생각했다. 결론적으로 **자유나 악을 인간 사회나 윤리의 문제로 한정하지 않고 자연 전체의 문제로서 생각하려 하는 것이 셸링의 철학**이다.

물론 셸링도 신이 악을 만들어냈다고는 말하지 않았다. 의도적으로 악을 만들어냈다면 악의가 있는 존재이고 의도치 않게 악을 만들어냈다면 무능한 존재인데, 신이 그런 존재일 리는 없기 때문이다.

그렇다면 신은 대체 어떤 존재일까? 셸링은 자연철학에서 자연을 분석하듯이 신의 분석을 시도했다.

 ## 신의 내부에 있는 '근저'

먼저, 신이란 무엇일까? 과거의 수많은 철학자는 신의 성질로 '단일성'을 꼽았다. 신은 하나인 존재라는 것인데, 단일한 존재가 이 세계와 같이 다양한 것을 창조하기란 불가능하다.

그러나 자연이 존재하려면 원인이 있어야 한다. 그러므로 신의 내부에는 자연이 존재하기에 이른 어떤 원인·부분이 포함되어 있다. 바로 그것이 자연이 존재하는 근거이며, 셸링은 그것을 '근저'라고 불렀다. 에크하르트를 소개할 때도 같은 말이 나왔었다.

이 '근저'는 자신을 만들어내는 욕구이며, 신의 내부에 있으면서 신과는 다른 것으로 규정된다. 피히테의 '사행'이나 생명의 내부에 대립이 있었듯이 신의 내부에도 대립이 존재한다.

이 근저의 욕구를 신의 순수한 지성이 인식했을 때, 그것은 신의 의지로서 하나가 되어 창조가 시작된다고 이야기된다. 의지는 근저에 질서를 부여하고 근저의 욕구를 자연이라는 형태로 현실에 존재시키는 작용을 한다.

신의 내부에 존재하는 신의 대립. 이것이 자연의 질서와 혼돈의 근거이며 인간의 선과 악의 근원이라고 셸링은 생각했다.

셸링 철학의 의의는 '신의 실존의 분석'

셸링의 자연철학과 자유론의 의의는 자연이나 생명이 바로 지금 이렇게 존재하는 원리와 필연성을 철학으로서 고찰한 점에 있다. 신이라는 절대자의 구체적인 존재 방식을 분석하는 시도를 통해 자연의 창조 필연성부터 악의 존재 근거에 이르기까지 언어화한 것이다.

표현을 바꾸면, **셸링의 철학은 신의 실존(존재 방식)의 분석**이다. 말하자면 신의 내면을 정신분석해 신의 무의식 속에 있는 욕구를 밝혀낸 것으로, 이만큼 도전적인 시도는 없다. 실제로 20세기의 **하이데거**라는 철학자는 셸링의 『인간적 자유의 본질』을 "서양 철학에서 가장 심오한 책"이라고 평가했다.

셸링의 자연철학과 자유론은 역사 철학이라는 관점에서 하나로 이어진다. 자유란 자연의 본질·원리이며, 자연이 자신의 본질을 자각하는 과정이 역사다. 셸링의 철학은 신, 자연, 자유를 하나로 연결하는 거대한 스케일의 사상인 것이다.

단순한 잡학을 뛰어넘은, 역사를 공부하는 법을 가르쳐 주다

 ## 자칭 '철학의 완성'

게오르크 빌헬름 프리드리히 헤겔은 독일 관념론의 마지막에 위치하는, 근대 철학의 정점·완성으로 평가받는 철학자다. 놀랍게도 이 정점·완성은 단순히 후세의 평가가 아니라 자기 평가이기도 하다. 다시 말해 자타공인이다.

헤겔은 『세계사의 철학』이라는 저서에서 자기 시대의 철학을 소개한 뒤, "여기에 이르러 정신은 완성의 때를 맞이하고, 철학사는 막을 내린다."라고 말했다. 요컨대 그의 시대에 철학은 끝이 난 것이다.

그의 자기 평가에서도 미루어 짐작할 수 있듯이, **헤겔 철학의 흥미로운 점은 역사에 대한 의식**이다. 그는 철학을 항상 역사와 관련지었다. 철학사 외에도 세계사를 논한 『역사 철학 강의』가 있으며, 『정신현상학』에서도 철학사와 세계사에서 일어난 사건의 관계를 명시했다.

헤겔의 역사의식을 이해하기 위해서는 그 유명한 '변증법'을 이해하는 것이 중요하다. 변증법은 역사를 비롯한 온갖 학문 체계에 공통되는 구조이기도 하며, 또한 체계를 논하는 방법으로도 이용되었다.

 ## 정신의 역사의 출발점은 소박한 의식

헤겔의 대표작인 『정신현상학』은 '의식 경험의 학'으로 불리며, 의식이 자신의 본질을 조금씩 자각해 나가는 역사가 그려진다. 그런 까닭에 이 역사의 출발점은 소박한 의식의 감각이라고 할 수 있다.

우리의 의식은 평소에 외부 세계를 향하고 있다. 이를테면 '지금 여기에 나무가 있다.' 등이다. 그리고 일상에서는 그것을 옳은 생각으로 간주한다. 그런 까닭에 역사의 시작은 의식이 그 무엇도 전제로 삼지 않고 '자신의 감각이 옳다.'고 생각하는 지점(=감각적 확신)에서 출발한다.

요컨대 헤겔에게 역사란 우리 의식의 활동에서 시작되는 것이다. 그것도 감각이라는, 누구나 이해할 수 있고 승인하지 않을 수 없는 지점에서 시작된다. 이 점은 경험론의 철학과 비슷하다.

즉 이성이 자신을 아는 역사는 신이라는 궁극의 출발점이 아니라 실제로 존재하는 자신의 내부에 있는 가장 소박한 앎에서 시작되어야 한다. 이것이 헤겔의 생각이다. 신의 실존에 대한 분석에서 출발한 셸링과는 대조적이다.

 '지금은 낮이다.'를 분석하다

우리는 평소에 무엇인가를 옳다/옳지 않다고 판단하는데, 그 판단은 반드시 모순에 직면한다. 가령 '지금은 낮이다.'라는 판단은 시간이 지나면 밤이 되므로 옳지 않게 된다. 물론 이것만이라면 시시한 말장난이지만, 헤겔은 이어서 조금 재미있는 이야기를 했다. 밤이 되더라도 그때가 '지금'임에는 변함이 없다는 것이다. 실제로 우리는 낮이든 밤이든 상관없이 항상 '지금'이라고 말한다. 요컨대 **'지금'이란 개별적인 시간을 의미하는 것 같지만 실제로는 보편적인 의미를 지닌 말**이다. '지금은 낮이다.'라는 판단은 지금 이 순간이라는 개별 구체적인 상황을 대상으로 삼고 있지만, 그 안에는 보편적인 사항이 숨어들어 있다.

감각을 통한 옳음의 판단은 개별적인 사항에 관한 것일 터였다. 그러나 그 옳음은 '지금'이라는 보편적인 사항의 보증을 받고 있음이 밝혀졌다. 이렇게 해서 '의식'은 옳음의 기준을 '자신의 감각이 옳다.'에서 '보편적·일반적인 것이 옳다.'로 바꾸어 간다.

제1장
고대
형이상학 vs 자연철학

제2장
중세
크리스트교 철학 vs 크리스트교 신학

제3장
근대
인간 이성 vs 자연 세계

제4장
현대
신 철학 vs 구조철학

모순의 해결책을 찾아내는 '변증법'

의식은 현 시점에서 자신이 지니고 있는 옳음의 기준으로 사물을 관찰하고 진리를 탐구한다. 그러나 그럴 때마다 반드시 모순에 직면하며, 그래서 사실은 자신도 자각하지 못했던 어떤 기준을 찾아내게 된다.

"지금은 낮이야."라고 말했을 때 '지금'이 사실 보편적인 판단이라는 사실은 생각지도 못한 것이었다. 그러나 모순에 직면함으로써 '지금'의 정체가 의식에 자각되었다.

모순에 직면함으로써 자각 없이 전제로 삼고 있었던 인식을 자각시키는 과정이 이른바 '변증법'이라고 불리는 것이다. 이 점에서 변증법은 모든 전제를 근거가 없다고 비판하는 경험론 철학에 대한 재비판이 되었다.

변증법은 세 가지 계기로 구별되며, 그것은 '정립·반정립·종합' 등으로 불린다. 앞의 예에 대입하면 '지금은 낮이다.'가 정립, '지금은 밤이다.'가 반정립, '지금이란 사실 어느 때든 사용할 수 있는 보편적인 말이다.'라는 자각이 종합이다.

변증법은 말하자면 체조다. 체조를 통해서 자기 몸의 구조에 관해 조금씩 이해해 나가는 이미지다. 구조를 몰랐어도 몸을 움직일 수는 있었지만, 몸은 그 구조를 전제로 움직인다. 또한 구조를 알면 가동역도 넓어지며 더욱 자유롭게 몸을 움직일 수 있게 된다. 이를 위해 이미 전제가 되고 있었던 것을 발견해 자각하는 것이 바로 변증법이라는 사고의 체조다.

진리를 운동이라고 생각하면 역사를 이야기할 수 있다

변증법의 포인트는 과정을 중시하는 것이다. 헤겔은 진리의 본질은 '운동'이라고 말했다. 그러나 일반적으로는 진리란 공식처럼 고정적으로 정해진 것이라는 인상이 있다. 때와 장소를 불문하고 언제나 변하지 않기에 옳다는 것이다.

헤겔은 그런 발상에 이의를 제기하고, 진리란 운동이라고 말했다. 운동은 생성변화이므로 불변이 아니다. 나아가 운동에는 시간과 공간이라는 존재가 필요하다. 즉 **진리를 운동으로 이**

해하는 것은 진리에 시간과 공간의 개념을 도입하는 것이 된다. 진리란 일정한 공간·장소에서 시간의 경과를 동반하며 서서히 발견·자각되는 과정이다. 변증법은 그 운동의 방식이다.

이렇게 해서 헤겔은 진리를 역사(운동)로서 이야기할 근거를 부여했다.

제1장
[고대]
형이상학 자연철학 vs

제2장
[중세]
크리스트교 철학 vs

제3장
[근대]
인간 자연 세계 이성 vs

제4장
[현대]
신 철학 구조철학 vs

역사를 이야기하려면 근거가 필요하다

헤겔의 역사관은 '진보사관' 등으로 불린다. "진리가 단계적으로 모습을 드러내는 것이 역사다."라는 헤겔의 말은 역사가 서서히 진보, 개선되고 있다는 의미로 이해할 수 있다.

실제로 헤겔은 세계나 철학사와 관련해서 고대부터 현대로 이어지는 역사의 흐름을 파악하기 위해 '발전'이라는 개념을 사용했다. 또한 역사는 '절대정신'이 자신을 드러내는 과정이라고 말했다. 인간 정신이 절대정신을 이해한 시점이 역사의 끝이다. 헤겔은 자신의 시대와 철학이 바로 그때라고 간주하는 듯한 발언을 했다.

여기에는 이론이 제기되는 것도 당연한 일이다. 역사는 하나의 이념이나 전제에 입각해서 이야기할 수 있는 것이 아니다. 어떤 이념을 기반으로 역사를 파악하려는 태도는 오히려 역사를 보잘것없게 만든다고 반론할 수 있다.

물론 헤겔도 이런 반론은 당연히 예상했을 것이다. 그렇다면 헤겔은 왜 굳이 역사에 어떤 이념을 설정한 것일까? 그 이유는 **역사를 사건의 단순한 나열이라는 형태로 이해하는 것을 저지하기 위함**이다. 가령 세계사 교과서를 보면 연표나 일문일답 형식으로 "○○년에 이런 사건이 있었습니다."라는 서술이 나열되어 있다. 그러나 이래서는 보는 사람도 '으음, 그렇구나.' 하고 끝날 뿐이며, 역사를 이해했다고 말할 수 없다. 그 사건이 일어난 필연적 이유나 의의를 알 때 비로소 역사를 이해했다고 말할 수 있는 것이다. 또한 그렇다면 이념 없이 역사를 이해한다는 것은 있을 수 없는 일이다. 역사를 이야기한다는 것은 이념을 이야기하는 것이다.

이념 없이는 역사를 이야기할 수 없다

조금 더 깊게 파고들어 생각해 보면, 역사를 사건의 나열로서 이야기하는 것은 애초에 불가능하다. 역사에는 반드시 취사선택이 들어가기 때문이다. 바로 그 취사선택이 역사를 이야기하는 자가 전제로 삼는 이념이다.

가령 플라톤이 철인 정치를 실현하고자 시라쿠사로 건너간 것은 역사의 사건으로서 언급된다. 그러나 플라톤이 시라쿠사에서 무엇을 먹었는지는 언급되지 않는다. 그런 것은 아무래도 상관없다는 가치 판단이 작용하기 때문이다.

요컨대 헤겔이 제시한 이념으로서의 역사는 사실 다들 실천하고 있는 것이며, 헤겔은 그것을 명확한 말로 표현했을 뿐이다. 그러므로 논의의 대상은 어떤 이념을 설정할 것이냐다. **화자의 이념이 명확하게 보이지 않는 역사, 사건이나 개인의 행동, 철학적 견해를 나열했을 뿐인 역사를 헤겔은 '바보들의 화랑(Galerie der Narrheiten)'이라며 야유했다.**

헤겔의 이념은 '이성이 자신의 본질을 자각하는 역사'이며, 역사의 전개는 변증법으로서 이야기된다. 이런 역사의 이념과 변증법이라는 전개 방법에 동의하는가 아니면 반대하는가? 이것이 헤겔 이후 철학의 역사가 된다.

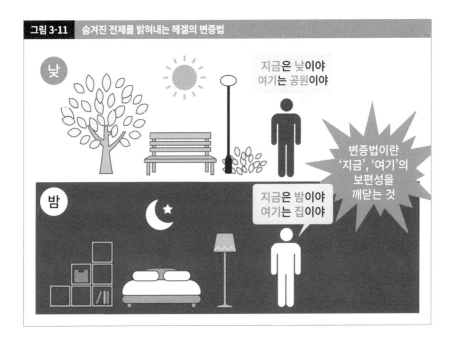

그림 3-11　숨겨진 전제를 밝혀내는 헤겔의 변증법

낮

지금은 낮이야
여기는 공원이야

변증법이란
'지금', '여기'의
보편성을
깨닫는 것

밤

지금은 밤이야
여기는 집이야

현대에는 당연한 가치관이 된 '실증주의'의 원조

 ## 실증주의는 학문의 기본

오귀스트 콩트는 실증주의를 제창한 프랑스의 철학자다. 또한 사회학의 창시자로도 불린다.

실증주의는 간단히 말하면 무엇인가를 실증할 때 **과학적으로 관찰할 수 있는 사실을 가장 유력한 증거로서 중시하는 주의**를 뜻한다. 지금은 당연한 가치관이라고도 말할 수 있지만, 그렇기에 더더욱 중요하다. 이 책에서는 실증주의의 철학적 배경과 의의를 소개하겠다.

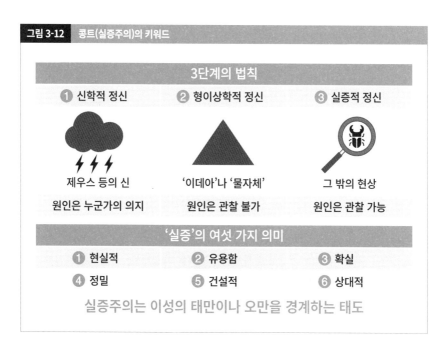

그림 3-12 콩트(실증주의)의 키워드

3단계의 법칙

❶ 신학적 정신   ❷ 형이상학적 정신   ❸ 실증적 정신

제우스 등의 신   '이데아'나 '물자체'   그 밖의 현상

원인은 누군가의 의지   원인은 관찰 불가   원인은 관찰 가능

'실증'의 여섯 가지 의미

❶ 현실적   ❷ 유용함   ❸ 확실

❹ 정밀   ❺ 건설적   ❻ 상대적

실증주의는 이성의 태만이나 오만을 경계하는 태도

실증주의의 여섯 가지 의미

콩트는 『실증정신론(Discours sur l'esprit positif)』이라는 강의에서 실증주의의 여섯 가지 의미를 이야기했다(203쪽 그림 참조). 유용함이나 건설적 같은 긍정적인 가치관을 포함하고 있는 것이 특징이다. 실증주의는 프랑스어로 'positivisme'이라고 한다.

확실과 상대적은 언뜻 서로 모순되는 듯이 보이기도 한다. 이것들은 형이상학적인 사변(思辨)을 통한 절대적인 확실성을 배제하고 과학적인 관찰을 통한 상대적인 확실성을 중시한다는 콩트의 입장 표명이다. 인간의 관찰 능력에는 한계가 있다는 것이 상대적의 의미다.

즉 **실증주의는 형이상학에 대한 비판을 배경으로 등장한 사상**이다.

지식·학문 발전의 3단계

콩트는 또한 지식의 역사로서 인간 정신을 3단계의 국면으로 정리했다. ① 신학적 정신, ② 형이상학적 정신, ③ 실증적 정신이다.

이들 정신은 전부 인간의 자연 연구·과학적 탐구 장면을 나타낸다. 가령 **번개의 원인을 제우스신에게서 찾는 것은 신학적 정신**이다. 즉 의지를 가진 인간 이외의 존재가 있다고 생각하는 것이 신학적 정신이다.

다음으로 형이상학적 정신은 신의 의지가 아니라 좀 더 합리적이고 추상적인 힘을 자연 현상이나 사건의 원인으로 가정한다. 또한 절대적인 확실성을 추구하며, 단순히 각각의 원인을 설명하는 데 만족하지 않고 '이데아'나 '물자체'처럼 **현상의 배후에 존재하지만 관찰을 통해서는 절대 알 수 없는 궁극의 원인을 찾는 자세가 형이상학적 정신**이다.

실증적 정신은 위의 두 정신처럼 관찰할 수 없는 것이 사물의 원인이라고 설명하기를 거부한다. 그리고 **관찰할 수 있는 사항을 통해 일정한 법칙을 이끌어내는 것을 목표로 삼는 자세가 실증적 정신**이다. 관찰을 통해 얻은 지식들이 각기 따로따로인 것이 아니라 여러 법칙 아래에서 통일되어야 한다고 생각하는 것이 포인트다.

독일 관념론과는 다른 지를 모색하다

콩트가 대립한 것은 형이상학적 정신의 지의 확실성이었다. 관찰이란 언제나 상대적인 지에 머물 뿐 엄밀한 의미에서는 확실하지 않기 때문이다. 그에 비해 **형이상학적 정신은 관찰로는 실현할 수 없는 확실성에 쉽게 도달할 수 있다.** 이것이 데카르트에게서 시작되었고 독일 관념론을 정점으로 삼는 형이상학적인 지의 체계다.

그러나 콩트에게는 이성에 대한 근본적인 불신이 있었다. 콩트는 '정신의 무력함'이라는 말을 자주 사용했다. 콩트의 이야기에 따르면, 관찰은 번거로운 까닭에 이성은 금방 관찰로부터 멀어져 자신의 생각(상상)을 진행하게 된다. 게다가 인간은 자신의 상상의 산물을 "확실·엄밀하다."라고 말해 버릴 만큼 게으른 동물이다. 요컨대 '정신의 무력함'은 세밀하고 신중하게 관찰하자며 주의를 환기하는 표어 같은 것이다.

실증주의라고 하면 이성을 사용해서 온갖 사항을 관찰해 밝혀내려고 한다는 이미지가 있지만, 실제로는 의외로 이성의 남용을 경계하는 측면이 있다. **실증주의는 형이상학은 이성의 남용이며 관찰이 이성의 적절한 사용임을 베이컨 이후 또다시 선언한 것**이라고 말할 수 있다.

 콩트의 삶과 '인류교'

실증주의라는 견실한 학문관·진리관을 제창했지만, 그런 **콩트의 인생은 참으로 파란만장했다.**

콩트는 굉장히 가난한 환경에서 어렵게 공부했던 인물로, 빈곤과 질병 등의 이유로 결혼 상대와 원만하게 살지 못했다. 자살을 시도한 적도 있을 정도다. 게다가 만년에는 '인류교'라고 부르는 종교를 설립했다. 인류를 사랑하고 숭배의 대상으로 삼는 종교다. 실증주의의 시조가 상당히 감정적이고 독선적인 행동을 했다고 느낄 것이다.

그러나 인류를 숭배한다는 것은 개인주의적인 생각에 대한 비판이기도 하다. 말하자면 '나'에게서 시작된 근대 철학에 대해 '우리'로 맞서는 사상이라고도 말할 수 있다. 그렇다면 인류교는 실증주의적 철학의 윤리적 귀결로서 이해되어야 할 것이다.

제1장
[고대]
자연철학
형이상학
vs

제2장
[중세]
크리스트교
그리스트철학
vs

제3장
[근대]
인간
이성
vs
자연
세계

제4장
[현대]
신학
구조학
vs

'학문의 정점' 철학이 가장 빛났던 순간

 독일 관념론과는 다른 학문 체계의 지향

허버트 스펜서는 철학에 진화론적인 발상을 도입한 것으로 유명한 영국의 철학자다. 대표작인 『종합철학의 체계(A System of Synthetic Philosophy)』는 철학을 중심으로 한 모든 학문의 체계화를 시도한 대작으로, 30년 이상을 들여서 완성한 작품이다.

참고로 일본에서도 메이지 시대에 서양 철학이 도입되었을 때 스펜서의 철학이 널리 받아들여지면서 수많은 저서가 번역되었다. 그러나 이후 독일 철학이 받아들여짐에 따라 일본에서 스펜서의 영향력은 서서히 축소되었다.

스펜서는 독일 관념론에서 보이는 체계 지향, 영국 경험론과 근대 과학에서 보이는 이성 비판·형이상학 비판을 모두 고려하며 **독자적인 철학 체계의 구축을 꾀한 철학자**다. 또한 한편으로는 피히테, 셸링, 헤겔의 철학에서 보이는 초월성·절대적인 지에 대한 지향을 비판했다. 그러나 한편으로는 그들의 체계 지향을 정당한 것으로 평가하고, 철학이 가장 고도의 보편성을 지닌 체계적인 학문임을 인정하기도 했다.

 철학은 모든 학문의 정점

스펜서가 규정한 철학은 고도의 일반성(보편성)과 체계를 갖춘 학문이라는 것이다. 스펜서는 이에 관해 철학 쪽도 과학 쪽도 같은 의견이라고 말했다.

물론 과학의 지 또한 체계적이고 보편적이다. 그러나 과학의 지는 부분적인 체계이며, 과학은 수많은 체계가 있는 학문이다. 반면에 **철학은 그 부분적인 체계들도 종합하는 학문이며, 학문이라는 행위의 최종적인 생산물**이라는 것이다.

스펜서는 철학과 과학의 대립을 중재하고, 철학이란 온갖 체계를 통일하는 이론을 다루는 학문이라고 생각했다.

 ## 학문의 원리는 '동질성에서 이질성으로의 진화'

이런 이야기를 들으면 가장 고도의 보편성을 지닌 체계라는 것이 애초에 존재하느냐는 의문도 생길 것이다. 그 의문에 대해 스펜서는 단호하게 "존재한다."라고 주장했다. 그것이 스펜서의 유명한 '진화(진보)' 개념이다.

여담이지만, 스펜서의 '진화' 개념에 관해서는 일반적으로 같은 시대를 살았던 **찰스 다윈**의 '진화론'의 표절이라든가 진화론의 남용이라는 인식이 있다. 이런 평가는 스펜서가 살아 있던 시절부터 존재했다. 그런데 스펜서 본인은 이 평가에 이의를 제기했다고 한다. 그는 『종의 기원』이 출판되기 몇 년 전에 이미 진화에 관한 논고를 발표했으며, 다윈에게서 아이디어를 얻은 것이 아니라는 것이다. 과소평가되는 경향이 있는 스펜서의 철학에 대한 중요한 사실이기에 소개하고 싶었다.

다시 본론으로 돌아가서, '진화'는 스펜서 학문의 철학적 원리다. 그렇다면 무엇에서 무엇으로 진화하는 것일까? 그것은 '동질성에서 이질성으로의 진화'다. 요컨대 **단순·단일한 것에서 복잡·다양한 것으로 향하는 운동**을 '진화' 또는 '진보'라고 부른다.

스펜서는 이 '진화'의 원리가 온갖 자연과 유기체에 공통되는 법칙이라고 지적했다. 게다가 물리나 화학, 생물학의 영역에 국한되지 않고 인간 사회나 문명 사회의 영역에 이르기까지, 단순한 것에서 복잡한 것으로 운동한다는 점에서 진화의 원리가 작용하고 있다고 주장했다.

이상과 같은 스펜서의 철학을 한마디로 표현하면, **진화의 원리를 통해서 철학적인 지의 체계와 과학적인 지의 체계가 하나가 된다**는 통찰이다.

제1장
고대
형이상학 자연철학 vs

제2장
중세
그리스 철학 크리스트교 vs

제3장
근대
인간 세계 vs 자연
이성

제4장
현대
신철학 구철학 vs

유일한 통일 원리 '진화'

스펜서는 실증적인 과학 연구를 기반에 두고 압도적인 체계성을 지향했지만, 동시에 인간 지성의 한계도 인정한다. 지식에는 한계가 없다고 생각했으며, 독일 관념론처럼 절대적이고 확실한 지가 존재한다거나 그것을 획득할 수 있다는 생각을 부정했다.

또한 우리는 자신들이 만들어낸 언어나 사고방식의 제한을 받고 있다는 베이컨의 '이돌라'적인 생각도 엿보인다. 가령 스펜서는 자연과 인공, 유기체와 무기물 같은 구분에 대해 그것들을 포괄하는 원리로서 '진화'의 개념을 제시했다. 그러나 이런 **이항대립적인 구분은 사물의 본성으로서는 전혀 필연적이지 않으며, 인간 이성을 제약한다**고 생각했다.

인간 이성에 관한 스펜서의 이런 생각들은 영국 경험론이 원류라고 봐도 무방할 것이다. 스펜서는 이런 생각들을 바탕으로 인간 지성을 통해서 알 수 있는 유일한 공통 원리가 '진화'라는 통찰을 남겼으며, 온갖 대립을 종합한 유일한 학문 체계를 독일 관념론과는 전혀 다른 형태로 시도한 철학자였다.

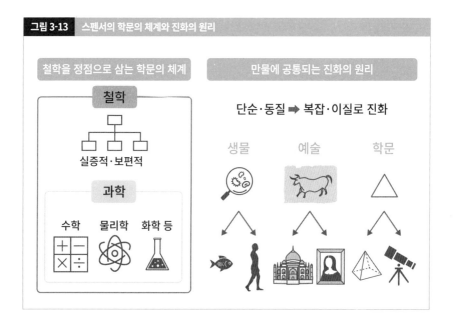
그림 3-13 스펜서의 학문의 체계와 진화의 원리

철학을 정점으로 삼는 학문의 체계

만물에 공통되는 진화의 원리

철학

실증적·보편적

과학

수학 물리학 화학 등

단순·동질 ➡ 복잡·이실로 진화

생물　　　예술　　　학문

철학은 인류 최고 지혜의 결정체!

 헤겔 철학사의 공적

철학사의 모델은 헤겔과 헤겔주의자, 혹은 신칸트학파로 불리는 19세기에 영향력을 지녔던 독일 철학자들이 발전시킨 철학사다.

헤겔이 쓴 『세계사의 철학』의 서문은 상당히 고양되어 있다. 철학은 인류 최고 지혜의 결정체라든가, 각 시대에 등장한 가장 반짝이는 지성을 찾아내는 것이 철학사라는 학문의 사명이라는 등의 내용이 적혀 있다.

여기에서 헤겔이 채택한 전략은 하나의 이념을 기반으로 역사를 그리는 것이었다. 그 이념은 절대 이성이나 정신의 자기 전개(발전)다. **헤겔은 과거의 철학에 단순한 컬렉션이 아니라 역사의 중요한 한 페이지라는 의미를 부여했다.**

헤겔의 철학사를 통해 철학자들을 역사적으로 평가하는 것이 가능해졌다. 그러나 동시에 헤겔은 철학의 역사를 '발전'으로 이해한 까닭에 과거의 철학을 이미 극복된 것으로 간주해 버렸다. 이른바 '진보사관'이다.

그런 문제점은 있지만, 헤겔 이후로 철학사라는 분야가 폭발적으로 활성화되었으며 철학사에 관한 수많은 책이 출판되었다. 그리고 현대에 이르러서도 철학사는 전혀 쇠퇴하지 않았다. 오히려 철학이라는 학문의 중요한 측면으로서 지위를 획득했다. 철학사를 공부하는 것은 단순히 과거 학설을 조사하거나 정리하는 것이 절대 아니다. 철학자들의 새로운 측면을 찾아내기 위한 창의적인 궁리가 넘쳐나는 활동인 것이다.

제 4 장

[현대]
구철학
VS 신철학

코펜하겐
키르케고르와 관련된 지역
베를린
케임브리지
비트겐슈타인의 대학교 소재지　본　쇼펜하우어의 대학교 소재지
마르크스, 니체의 대학교 소재지
파리
프라이부르크
수많은 프랑스 철학자의 활동 거점
바젤　후설·하이데거 등의 대학교 소재지
니체의 대학교 소재지
몽펠리에
앙리의 대학교 소재지
보스턴
콰인의 대학교 소재지
알제리
데리다의 출생지
철학의 무대　　　　　　　　　　미합중국

근대까지의 철학과 학문에 새롭게 의문을 제기하며 다양한 철학이 등장한 시대

현대 철학의 특징은 고대부터 근대까지의 모든 철학과 포괄적으로 대결하며 비판하는 것이다. 그 대결 방식과 비판 방식은 다양한데, 영국·미국의 분석철학과 독일·프랑스의 이른바 생의 철학, 실존주의, 현상학으로 크게 나눌 수 있다.

비판의 내용은 그전까지 자명하다고 생각되었던 전제의 오류를 지적하거나 기존 철학에서 배제되어 왔던 개념 또는 사항에 주목하고 그 중요성을 지적하는 것이다.

그런 비판들은 매우 학술적이고 정교하며 치밀한 논리를 통해 이루어지는 까닭에 철학은 대학교의 전문 연구 분야가 되었다.

생의 철학·실존주의

현대의 철학은 근대 철학의 비판에서 출발했다. 생의 철학은 정신과 물질이라는 이원론으로는 파악할 수 없는 자연이나 생명의 전체성을 '생'으로서 고찰하는 철학이다. 실존주의는 헤겔의 이성과 변증법의 체계에 맞서 자신이란 무엇인가 등의 의문을 주체로 이성이나 변증법의 본질을 재고하는 철학이다.

현상학

현상학은 독일의 후설이 시작한 철학이다. 그때까지 철학은 '존재란 무엇인가?'나 '올바른 인식은 어떻게 가능한가?'를 문제로 삼았다. 현상학은 그 양쪽에 새로운 의문을 제기하기 위해 자신의 의식의 형태에 주목했다. 일상적 의식을 '자연적 태도'라고 부르고, 그 태도의 극복을 지향한다.

분석철학

분석철학은 영국·미국의 주류 철학이다. 말이나 글의 의미를 누구나 이해할 수 있는 명쾌한 형태로 분석하는 수법을 갈고닦은 철학이다. 그 배경에는 새로운 논리학의 발달이 있다. 또한 기존의 형이상학을 비판하는 측면도 강해서, 철학이 전통적으로 자명하다고 여겼던 논리나 전제를 차례차례 비판했다.

프랑스 현대사상

프랑스 현대사상은 과거의 철학사·철학자의 텍스트를 꼼꼼히 읽고 모순이나 숨은 전제를 밝혀내는 철학이다. 주로 존재의 문제를 다루며, 고대 이후의 형이상학을 '현전성'이나 '동일성', '전체성'으로 총괄하고 그런 형태와는 다른 완전히 새로운 방식으로 존재의 문제를 생각한다.

독일 관념론의 철학을 절대 용납할 수 없다

 칸트 철학을 기반으로 삼는 철학

아르투어 쇼펜하우어는 『의지와 표상으로서의 세계』로 유명한 독일의 철학자다. 불교와 인도의 사상을 도입한 것이라든가 수많은 에세이와 인생론을 쓴 철학자로도 유명하다.

　쇼펜하우어 철학의 포인트 중 하나는 칸트 철학을 바탕으로 이성(인식)의 한계를 재설정한 것이다. 그것이 '의지와 표상으로서의 세계'나 '세계는 고통이다.'라는 유명한 사상으로 이어졌다.

 독일 관념론을 비판한 '충족이유율' 논문

쇼펜하우어의 첫 번째 중요한 저작물은 학위 논문인 「충족이유율의 네 겹의 뿌리에 관하여」다. 이 논문은 초판과 제2판이 있는데 피히테와 셸링, 헤겔에 대한 악담을 크게 보강했다.

　'충족이유율'이란 사물이 현실에 존재하는 이유로, 인간의 표상에 따라 네 종류가 있다고 이야기된다(오른쪽 그림 참조). 다만 충족이유율은 '표상(현상)'에 속하는 것이지 '물자체'에 속하는 것이 아니다. 요컨대 **충족이유율은 인간이 사물을 인식할 때의 제약**이지만, 인간은 그 틀을 벗어나서는 사물을 생각하지도 느끼지도 못한다.

　그런데 쇼펜하우어가 충족이유율을 주제로 논문을 쓴 의도는 확실히 밝혀지지 않은 모양이다. 그래서 이 책에서는 그 의도가 독일 관념론에 대한 비판이었다고 생각해 보겠다. 요컨대 피히테가 말하는 '사행'은 의식·주관의 활동이며, 그런 이상은 '표상'의 틀 안에서 이루어진다. 그러므로 피히테를 비롯한 독일 관념론의 사고도 충족이유율을 따르는 생각일 뿐이다.

이처럼 **표상과 물자체를 구별하는 칸트 철학에 가까운 관점에서 독일 관념론을 재비판한 것이 이 논문의 의의**다.

 ## 세계는 나의 표상이며, 의지

쇼펜하우어의 대표작 『의지와 표상으로서의 세계』는 그 충족이유율 논문을 기반으로 집필된 책이다. 이 책은 "세계는 나의 표상이다."라는 말로 시작된다.

쇼펜하우어의 주장에 따르면 세계는 나의 표상에 불과하며, 칸트가 말하는 물자체는 부정된다. 우리가 인식하며 살고 있는 것이 표상의 세계임은 물론이고, 칸트처럼 우리 표상의 유래나 배경에 물자체가 있다는 가정도 하지 않는다.

물자체를 부정한 쇼펜하우어는 표상의 유래를 '의지(구상력)'라고 규정했다. 그런 의미에서 "세계는 나의 의지다."라고 말한 것이다.

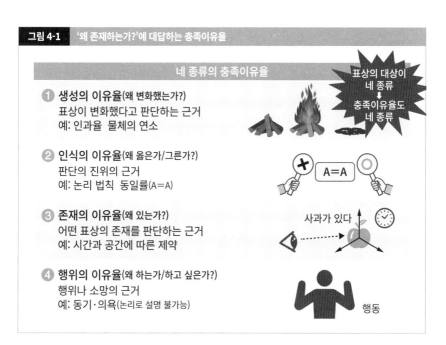

그림 4-1   '왜 존재하는가?'에 대답하는 충족이유율

네 종류의 충족이유율

표상의 대상이 네 종류 충족이유율도 네 종류

① **생성의 이유율**(왜 변화했는가?)
표상이 변화했다고 판단하는 근거
예: 인과율 물체의 연소

② **인식의 이유율**(왜 옳은가/그른가?)
판단의 진위의 근거
예: 논리 법칙 동일률(A＝A)

③ **존재의 이유율**(왜 있는가?)
어떤 표상의 존재를 판단하는 근거
예: 시간과 공간에 따른 제약

사과가 있다

④ **행위의 이유율**(왜 하는가/하고 싶은가?)
행위나 소망의 근거
예: 동기·의욕(논리로 설명 불가능)

행동

구상력이라는 용어는 본래 칸트가 『순수이성 비판』에서 사용했던 개념인데, 쇼펜하우어는 구상력을 '의지'의 활동으로 해석했다. **구상력이란 어떤 표상이든 만들 수 있는 능력**이다. 합리적인 표상은 물론이고 비합리적인 표상도 만들 수 있다. 또한 표상은 지우자고 생각하면 지울 수 있는 것이 아니다. 가령 불쾌한 음악이나 말이 머릿속에서 떠나지 않고 계속 반복된 경험은 누구에게나 있을 것이다.

그래서 구상력은 '맹목적(무목적)'이다. 그리고 인간의 지, 이성 등은 오히려 이 구상력에 의존한다. 지의 활동은 구상력이 만들어내는 표상의 적절함을 판정하는 것에 불과하다.

이 부분이 지에 대한 이해에서 독일 관념론과 크게 다른 점이다. 독일 관념론에서는 이성이 인간이나 자연의 본질이었지만, 쇼펜하우어에게 인간이나 자연의 본질은 의지에서 유래하는 구상력이었다.

이성이 수단이고 의지가 목적이다

의지는 철학사에서 언제나 중요한 주제였다. 쇼펜하우어는 이성이 의지를 이용하는 것이 아니라 의지가 이성을 이용한다며 의지와 이성의 주종관계를 역전시켰다. 의지 자체는 올바른 것이 아니라 올바름과 사악함, 선과 악이 섞여 있는 혼돈(카오스)이다. 요컨대 **자연이나 존재를 무조건 선하다고는 인정하지 않는 사상**이다.

굳이 비교하자면, **쇼펜하우어의 철학은 셸링 철학의 세계관과 정반대**다. 셸링의 철학에서는 자연이 자신의 본질을 인식하는 과정이 역사지만, 쇼펜하우어 철학에서는 그 자체는 결코 규정되지 않는 의지가 자기 확장을 계속하는 것이 역사다.

이 통찰을 이해하면 '세계의 밑바탕은 비합리다.'라든가 '고통의 세계'라든가 하는 그의 유명한 염세주의(페시미즘)가 이해될 것이다.

쇼펜하우어의 철학은 맹목적인 의지라는 **완전히 비이성적인 것을 근원에 둔 철학**으로, 독일 관념론을 비롯한 기존의 철학과는 선을 긋는다. 또한 당시의 예술가들에게도 지대한 영향을 끼쳤다.

진리를 추구한다면 신과 대화하는 방법뿐

제1장
고대 자연철학
vs

제2장
중세 크리스트교철학
vs

제3장
근대 인간 자연 이성 세계
vs

제4장
[현대] 신철학 구철학
vs

 크리스트교 철학의 관점에서 독일 관념론을 비판하다

쇠렌 키르케고르는 덴마크의 사상가로, 『죽음에 이르는 병』 등의 작품과 '실존주의·실존사상'의 철학자로 유명하다. 그는 대학교의 연구자가 아니라 재야 저술가로, 다양한 가명을 사용해 수많은 작품을 발표했다.

키르케고르의 저서 중 대부분은 크리스트교에 관한 것이다. 그가 중요한 철학자인 이유는 헤겔을 중심으로 한 독일 관념론의 신이나 크리스트교에 대한 관점을 비판한 것에 있다.

종교를 들고 와서 철학을 비판하는 것은 언뜻 질이 나빠 보인다. 그러나 **종교는 '진리(신)란 무엇인가?'나 '신과의 만남·대화'를 문제로 삼는다는 점에서 철학과 밀접한 관계**에 있다.

 헤겔에 대한 비판 "변증법은 대화다."

키르케고르의 헤겔 비판 가운데 철학적으로 중요한 것은 변증법에 대한 비판이다. 변증법이라는 말에는 본래 '**대화**'라는 의미가 있다. '의식의 경험의 학'인 『정신현상학』에서 헤겔의 변증법은 의식이 자신의 본질을 서서히 자각하는 구조다. 모순에 직면했을 때 숨겨진 전제가 밝혀짐에 따라 극복되어 가는 순서로 단계적으로 진행되는 것이었다. 그리고 의식은 결국 절대정신(신)의 존재를 인식하기에 이르며, 자신의 본질과 신의 본질이 동일하다는 인식이 종착점이었다.

반면에 키르케고르는 인간이 자신을 완전히 이해하기는 불가능하다고 생각했다. 그래서

'대화'가 중요해진다. 대화는 '나와 당신'이라는 관계 위에서 성립하는 행위이기 때문이다. 그러나 헤겔의 변증법은 '나와 나의 사고 대상'이라는 관계 위에서 성립한다. 키르케고르는 이 점을 비판했다. 대화는 타자(他者)와 하는 것이다. **누구와 대화하는가? 그 대화를 통해서 무엇을 얻는가? 이것이 키르케고르의 관심사였다.** 그리고 대화의 전형인 소크라테스의 대화를 고찰했다.

진리는 자신의 내부에 있는가, 외부에 있는가?

변증법은 진리를 발견하는 방법이기도 하다. 그렇다면 대화를 통해 진리가 획득될 때 그 진리는 어디에서 획득되는 것일까?

대화의 원조인 **소크라테스나 플라톤은 본래 자신의 내부에 있었던 진리가 대화를 통해 눈앞에 나타난다고 생각했다.** 이른바 '상기설'과 '산파술'이다. 우리는 본래 진리를 내부에 지니고 있지만 생각해내지 못하고 있는데, 대화 상대의 인도를 통해서 그것을 생각해낸다. 이와 같은 대화와 진리의 관계를 산파의 도움으로 자신의 생각을 외부에 낳는다고 비유한 것이다.

한편 키르케고르는 진리가 자신의 내부에 있다고 생각하지 않았다. 오히려 정반대로, **대화(변증법)를 통해 밝혀지는 것은 자신이 진리를 갖고 있지 않다는 것**(비진리라는 것)이라고 생각했다. 키르케고르는 소크라테스의 대화가 부지의 자각의 촉진을 본질로 심는다는 점에 찬사를 보냈지만, 상기설이나 산파술과 같은 '자신의 내부에 진리가 있다.'라는 생각은 비판했다. 상기설과 산파술을 이야기한 소크라테스도 대화를 통해서 실제로 달성한 것은 서로의 무지를 자각시키는 것에 불과했기 때문이다.

변증법은 철저히 개인적인 것

이와 같은 키르케고르의 독자적인 변증법은 헤겔 변증법에 대한 근본적인 비판이라는 의미를 지닌다. 헤겔에게 변증법은 학문의 기초로서의 엄밀한 지였기 때문이다. 요컨대 헤겔은 변증법을 최고 수준의 일반성·보편성을 지닌 인식으로 생각하고 있었다.

키르케고르 변증법의 핵심은 철저히 주체적·개인적인 것이라는 점이다. 그는 변증법에서 학문적인 의미의 보편성이나 객관성을 뽑아내 버렸으며, 헤겔이 구상했던 학문의 기초로서의 변증법을 전부 허구라고 단정했다.

 ## 자기 탐구의 자유와 진리를 추구하는 삶의 자세

키르케고르의 대화(변증법)는 자신이 비진리임을 자각시키는 역할을 한다. 그러나 사람들은 대부분 자신이 진리이든 비진리이든 신경 쓰지 않는다. "자신을 아는 것이 중요하다." 같은 말을 어디에서나 종종 듣지만, 그것은 '적당히' 자신을 아는 것이 중요하다는 이야기일 뿐이다. 자신은 비진리라는 부분까지 자기 탐구를 계속하려 하는 사람은 거의 없을 것이다. 물론 이런 자기 탐구를 계속해서 진리를 추구하는 삶의 자세를 선택하는 것 또한 가능하며, 여기에 개개인의 자유와 결단이 있다.

즉 **자신은 비진리이며 아무리 자신과의 대화나 타인과의 대화를 통해 사색을 거듭한들 진리는 알 수 없음을 자각한 상태에서 그럼에도 진지하게 진리를 추구하는 삶을 살 수도 있는** 것이다.

그런 사람에게는 신이라는 존재가 중대하고 현실적인 문제가 된다. 자신이 비진리라면 진리는 자신의 외부에서 얻을 수밖에 없기 때문이다. 그런 절실함이 키르케고르 철학의 포인트다.

 ## 신과의 대화를 추구하는 것이 철학적인 삶의 자세

지금까지의 이야기를 한마디로 표현하면, 키르케고르의 생각은 **인간이 진리를 추구한다면 그 방법은 신과의 대화뿐**이라는 것이다.

다만 신과의 대화라는 것은 허황된 이야기로 들릴 것이다. 애초에 인간 쪽에서 신과 대화 관계를 맺으려 하는 시도는 설령 신의 존재를 인정하는 사람일지라도 망상이나 광기로 느껴질 뿐이다. 신은 이쪽이 시도를 한다고 해서 그 작용을 받을 존재가 아니기 때문이다.

그런 것은 잘 알지만, 그럼에도 "신이여."라고 부를 수밖에 없다. 그런 상황이 비진리인 내가 진리를 추구하는 철학적 탐구의 모습이다. 신과의 대화는 성경을 읽는 것이나 참회, 기도라는 행위로 시도된다.

신이라고 하면 우리는 자신도 모르게 거부해 버리는 경향이 있다. 그러나 자신이란 무엇인가에 관해 탐구를 진행해 나가면 반드시 자신의 내부에서 깊은 균열을 발견하게 된다. 그 균열을 메울 가능성이 있다면 그것은 존재하는지 어떤지도 알 수 없는 **신적인 존재에게 호소**하는 것뿐이다. 이런 메시지를 전하는 것이 키르케고르의 철학이다.

이처럼 키르케고르는 헤겔 이후로 철학을 개인의 삶의 자세로서 생각한 인물이다. 그래서 크리스트교나 신의 문제가 현실감을 갖게 된다. 이것이 그가 '실존주의·실존사상'으로 불리는, 20세기에 대유행한 '어떻게 살아야 하는가의 철학'의 원류에 해당하는 철학자로 평가받는 이유다.

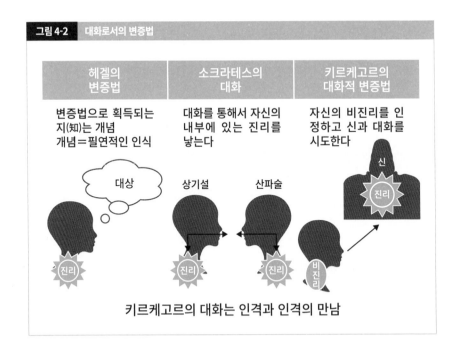

그림 4-2 대화로서의 변증법

헤겔의 변증법	소크라테스의 대화	키르케고르의 대화적 변증법
변증법으로 획득되는 지(知)는 개념 개념＝필연적인 인식	대화를 통해서 자신의 내부에 있는 진리를 낳는다	자신의 비진리를 인정하고 신과 대화를 시도한다

키르케고르의 대화는 인격과 인격의 만남

공산주의는 자기실현의 최종 목적지

『자본론』의 철학자

카를 마르크스는 『자본론』으로 유명한 독일의 철학자다. 그의 『자본론』은 20세기에 가장 큰 영향을 끼친 철학서(경제학서)로, 소련 등 사회주의·공산주의를 표방하는 국가의 이론적 지주였다. 또한 일본에서도 제2차 세계대전 전후의 시대에 마르크스주의가 크게 유행했던 만큼, 매우 지명도가 높은 철학자일 것이다.

　마르크스는 **자본주의의 탄생과 그 자본주의를 극복하는 체제로서의 사회주의·공산주의를 역사의 필연**으로 이야기했다. 이것을 필연이라고 말한 이유는 마르크스가 생각하는 인간의 본질이 최종적으로 도달한 형태가 자본주의와 사회주의이기 때문이다.

　먼저 마르크스 철학의 출발점이 된 중심 개념인 '소외'에 관해 소개하고, 그런 다음 인간의 본질과 역사의 필연을 알아보겠다.

소외된 노동은 인간성을 빼앗는다

소외는 마르크스가 젊은 시절부터 만년까지 일관되게 지니고 있었던, 그의 저작물 전체에 공통되는 중심 개념이다. **소외란 자신이 만들어낸 것이 자신과 관계가 없어지는 것**을 뜻한다. 가령 노동은 자신이 무엇인가를 생산하는 활동이다. 자신이 만들어낸 노동의 성과물이 자신의 것이 되지 않는 것, 이것이 바로 소외다.

　예를 들어 수제품을 자작할 경우, 완성된 제품은 자신의 것이다. 또 소유물이라는 의미뿐만 아니라 자신의 개성 또는 창조성이 눈에 보이는 물체로서 나타났다는 의미에서도 자신의 것이다. 이것을 마르크스는 '발현'이라고 불렀다. **노동의 본질은 인간성(개성)의 발현**이라는 것이 마르크스의 이야기다.

그러므로 노동이란 각자가 자신의 개성을 발현하는 것이다. 노동이나 경제 활동은 본래 개성의 발현일 뿐만 아니라 **'유적 존재(類的存在)'**로서의 인간성의 발현이기도 하다. **소외된 노동이란 이런 개성이나 인간성을 발휘·획득할 수 없는 노동**을 의미한다.

 ## 의지에 따른 자유로운 활동이 인간의 본질

유적 존재라는 말이 나왔는데, 이것은 인간의 본질을 가리킨다. 본질이란 공통성(유類·보편)을 뜻하기 때문이다. 마르크스는 유적 존재로서의 인간성을 중시했으며, 인간의 유적 본질은 자유로운 활동에 있다고 말했다.

자유로운 활동이란 함축적인 표현이다. 먼저, 자유롭다는 것은 미결정·미래 지향을 의미한다. 요컨대 인간의 본질은 '이것이 인간의 본질입니다.'라고 구체적으로 규정되는 것이 아니며, 미래를 향한다는 것이다. 그리고 활동은 행위를 의미한다. 즉 정신이나 의식의 존재 자체가 인간의 본질이 아니라는 말이다. 노동이나 생산 등 자연 속에서 자연에 대해 구체적으로 행동할 때 비로소 인간은 자신의 본질로서의 자유를 획득할 수 있다. 정리하면, **미래를 향해서 자유롭게 활동하는 인간이 마르크스의 인간관**이다.

 ## 자본주의의 등장은 자기실현의 필연적 과정

자본주의나 소외된 노동이 출현한 것은 역사의 필연이라고 말할 수 있다. 이것은 인간이 자유로운 활동을 추진한 결과 생겨난 것이기 때문이다. 가령 노동자(경영자·기업가)는 미래를 향해서 자유로운 활동을 꾀하는 전형적인 인간이다. 즉 자본가는 인간이 자신의 본질을 실현한 모습 중 하나다. 그런 까닭에 **자본가의 등장은 인간의 자기실현의 발전에 동반되는 역사적 필연**인 것이다.

그런 인간 본래의 모습이 자본주의라는 경제 구조의 노동에서는 소외되는 일 또한 필연적으로 발생한다. 자유로운 활동에 따른 인간성의 획득이었을 터인 노동이 단순히 생존 수단으로 전락했다고 마르크스는 지적했다.

자본주의와 공산주의가 등장하는 필연성

자본가는 자본의 확대 재생산을 통해 자기실현을 이루는 존재다. 그러나 자본(돈)은 그 성격상 절대 최종적인 목적이 될 수 없다. 돈은 수단이기 때문이다.

마르크스는 인간이 돈을 최종 목적으로 착각하는 과정을 상세하게 논했다. 돈을 신처럼 여긴다는 이야기가 있다. 돈을 늘리는 것과 자기실현을 동일시하는 가치관이다. 그러나 그 가치관도 인간이 자기실현을 지향하는 한 언젠가는 버려진다. 그것이 자본주의의 다음에 찾아오는 사회주의와 공산주의의 시대다. **공산주의는 인간의 본질(인간성)이 최고 수준으로 발휘되는 사회 형태**로 설명된다.

즉 마르크스가 자본주의나 공산주의를 역사의 필연으로 묘사할 수 있었던 것은 자유로운 활동을 인간의 본질로 간주하고 역사란 인간이 자기실현을 계속해 나가는 과정이라고 생각했기 때문이다.

근대 철학의 정수가 응축된 철학

독일 관념론도 역사를 자연이나 이성이 자신을 실현하는 과정이라고 생각했다. 그러나 마르크스는 그런 이념적 존재의 자기실현이 아니라 하나의 신체를 가진 인간이 자신을 실현하는 과정이 역사라고 생각했다.

마르크스의 철학은 근대 철학에 대한 비판인 동시에 근대 철학의 정수가 응축된 철학이기도 하다.

제1장
[고대]
자연철학
vs
형이상학

제2장
중세
그리스도교
vs
철학

제3장
[근대]
인간 자연세계
vs
이성

제4장
[현대]
신철학 구철학
vs

수많은 명언의 밑바탕에 자리하고 있는 하나의 철학

 ## 힘을 향한 의지와 허무주의

니체는 『차라투스트라는 이렇게 말했다』나 『도덕의 계보학』으로 유명한 독일의 철학자다. "신은 죽었다.", "초인", "영원회귀", "아모르파티(운명애)" 같은 말로도 유명하다. 명언 제조기라고 해도 과언이 아닐 정도다.

니체는 본래 고대 그리스의 문헌을 연구한 뛰어난 고전 문헌학자로, 고대편의 칼럼에서 소개한 디오게네스 라에르티오스의 『유명한 철학자들의 생애와 사상』 등을 연구했다. 고대 그리스에 관한 니체의 풍부한 지식은 문헌학이 그 원천이다.

철학의 방면에서는 자연이나 진리, 선이나 도덕 같은 개념의 의미를 되묻고 **고대·중세·근대의 형이상학을 전면적으로 비판한 거대한 철학자**다.

니체 철학의 포인트는 자연이나 생명을 '힘을 향한 의지'라는 개념으로 해석했다는 것, 그리고 기존의 철학·형이상학은 필연적으로 '허무주의(니힐리즘)'에 도달한다는 통찰이다. '영원회귀'는 그 귀결이다.

 ## 삶이란 힘을 향한 의지

니체 철학의 중요 개념은 '힘을 향한 의지(힘에의 의지)'다.

'힘을 향한 의지'라고 하면 지배권을 차지하려는 의지처럼 생각되겠지만, 니체가 말하는 힘은 좁은 의미에서의 권력이 아니다. 이 힘은 **생명이 자기 자신을 뛰어넘으려 하는 움직임**을 뜻한다. 생명은 끊임없이 생성·변화해 그전까지의 자신과는 다른 모습으로 바뀌어 간다.

의지 역시 일반적인 의미와는 다르다. 아니, 정확히 말하면 니체는 기존의 철학이 '의지'라는 말에 담았던 의미를 비판했다. 그때까지 의지는 자각적이고 목적을 동반한 인간 정신의 활동이라는 의미로 사용되고 있었다. 그러나 **니체가 말하는 '힘을 향한 의지'는 자각도 목적도 없는 것**이다.

이 점은 쇼펜하우어의 이른바 '살고자 하는 맹목적인 의지'와 유사하다. 다만 니체는 쇼펜하우어의 '삶을 향한 의지'라는 말이 의미적으로 모순이라고 말했다. 의지는 살아 있는 존재이기 때문이다. 요컨대 이미 실현한 것을 바라는 것은 모순이라는 말이다. 니체는 "이미 존재하고 있는 것이 왜 또다시 현존재가 되고자 바라겠는가?"라고 비꼬았다.

 ## 제어할 수 없을 정도의 힘을 지닌 의지

니체는 아우구스티누스 편에서도 설명했던 '의지'의 의미를 충분히 이해한 상태에서 역전시켰다. 아우구스티누스는 의지란 자유로운 선택이며, 자유 속에서 올바른 의지를 갖는 것이 좋은 삶으로 이어진다고 말했다.

고대부터 의지는 매우 큰 힘을 지닌 것으로 생각되어 왔다. 스토아학파와 데카르트가 그 전형으로, 그들은 의지의 능력만 놓고 보면 인간은 신에 필적한다고 말했다. 그들에게 의지는 어디까지나 주체인 '나'가 지닌 능력이었다. 내가 의지를 통제할 수 있는 것이다.

반면에 니체는 그렇게 생각하지 않았다. **의지란 개인의 힘으로는 저항할 수 없을 만큼 거대한 힘을 지닌 것**이다. 나의 내부에 있지만 내가 감당할 수 없는 것, 그것이 의지다. 이 정도의 거대한 힘을 지닌 의지가 인간의 소유물이라는 시시한 위치에 머물 리가 없다. 오히려 의지 자체가 주체이며 개개인의 자아나 의식 등은 의지의 수단에 불과하다고 니체는 생각했다.

즉 **니체는 인간과 의지의 관계를 역전시켜서 의지를 주체에, 인간을 객체에 위치시켰다.** 의지는 인간을 수단으로 삼아 자신을 실현한다.

이렇게 해서 니체는 자연이나 생명의 근원을 '힘을 향한 의지'라는 말로 표현했다. 힘을 향

제1장
고대 자연철학
형이상학
vs

제2장
중세
크리스트교 철학
vs

제3장
근대 자연세계
인간 이성
vs

제4장
현대 구철학
신철학
vs

한 의지는 개체를 초월한 거대한 힘이며, 항상 자신을 변화시키고 뛰어넘으려 한다. 이 의지는 자각도 목적도 없는 측면이 있기 때문에 충동이나 본능 같은 말에 가깝다.

 ## 허무주의는 모든 가치가 없어지는 것

다음으로 힘을 향한 의지와 허무주의의 관계를 살펴보자.

니체의 이야기에 따르면, **허무주의는 '지고(至高)의 가치들**(선善·미美·정正·성聖 등)**이 무가치해지는 것'**으로, "신은 죽었다."라는 말도 허무주의적인 생각이라고 말할 수 있다.

왜 그런 가치들과 신이 무가치해졌는가 하면, 니체는 모든 학문의 필연적인 귀결이라고 생각했다. 먼저, 자연과학은 세계에서 일어나는 사건들의 메커니즘을 연구할 뿐 그것이 선인가 악인가를 논하지는 않는다. 그런 학문들이 발전할수록 세계는 가치와는 상관없이 존재한다는 견해가 지배적이 되어 간다.

 ## 계보학을 통해 도덕의 역사적 기원을 밝히다

한편 철학은 자연과학과는 조금 다른 측면도 지녔다. 이데아처럼 선이나 미라는 가치가 단순한 주관이 아니며 실재한다는 생각도 하기 때문이다. 또한 신이라는 존재는 가치 그 자체다.

그러나 니체는 선이나 미, 도덕이나 신 같은 가치가 발생한 역사를 조사했다. 이것이 '계보학'이다. 조사 결과, 그런 가치들은 어떤 시점에 탄생한 것이 판명되어 보편적인 실재라고는 말할 수 없게 되었다. 그러므로 **"신은 죽었다."라는 말은 자연과학이나 계보학의 성과를 통해 신은 인간의 발명품임이 실증되었다는 의미**다.

 ## 과학과 철학의 공통점은 '힘을 향한 의지'

지금의 설명은 철학과 과학을 대비시킨 것이었다. 그러나 니체가 중요한 점은 오히려 둘 사이에 공통의 발상이 있다고 지적한 것이다. 그 공통의 발상이란, 이데아든 과학이든 객관성을 지향한다는 점이다. **객관성의 지향이야말로 철학과 과학의 '힘을 향한 의지'**다.

과학은 세계에 가치가 존재하지 않음을 진리로서 말하고, 철학은 세계와는 별개로 가치가 실재함을 진리로서 주장한다. 이처럼 양쪽 모두 객관적인 진리를 지향한다. 그리고 주관적인 것은 '가상', 즉 부정되어야 할 것으로 본다는 점도 공통적이다.

그러나 객관성을 추구할수록 자신의 독선성이 점점 밝혀지게 되어 있다. 지금까지 객관적·보편적으로 생각되었던 지식이 주관적·지역적인 지식에 불과함이 차례차례 밝혀져 간다. 이렇게 해서 철학을 포함한 모든 학문은 자신의 진리성을 추구할수록 자신이 보편적인 가치를 지니고 있지 않음이 밝혀진다. 그 종착점, 아니, 오히려 **보편성이나 객관성이 완전히 실현된 모습이 바로 모든 보편성과 객관성을 부정하는 허무주의**다. 그래서 니체는 허무주의가 '지금까지의 세계 해석의 필연적 귀결'이라고 말했다.

 ## '모든 가치의 전환'을 지향하는 영원회귀

이렇게 해서 니체는 모든 학문 또한 '힘을 향한 의지'의 발로 중 하나에 불과하며 그것이 판명됨에 따라 필연적으로 허무주의에 도달한다는 역사의 운명을 밝혀냈다.

여기에서 니체는 모든 것이 무가치함을 오히려 긍정하려 했다. 그것이 '모든 가치의 전환'이라는 시도이며 『차라투스트라는 이렇게 말했다』의 내용이다. '초인'이나 '영원회귀', '대지'나 '신체' 같은 개념이다. 이것들은 요컨대 과학이나 철학이 '가상'이라고 부정한 사항의 복권(復權)을 지향하는 것이다.

힘을 향한 의지가 목적이 없는 이상, 의지의 활동은 '아이의 놀이'와 다르지 않다. 영원회귀란 그런 무의미한 놀이가 과거부터 영겁의 미래에 걸쳐 똑같은 모습으로 반복된다는 사상이다. 무의미한 것의 반복만큼 무의미한 것은 없다. 그러므로 **영원회귀는 무의미함을 한없이 과격하게 강조한 사상**으로 이해할 수 있다.

우리에게 있는 것은 압도적인 무의미함뿐이다. 그리고 기존의 철학은 그런 것에서 어떤 의미를 찾아내려고 노력했다. 그러나 의미를 찾아내는 것이 아니라 무의미함을 직시하고 긍정하는 것, 그것이 진리이며 우리가 유일하게 획득할 수 있는 가치다.

니체는 결코 철학의 관점에서 과학을 부정했다든가 무신론 또는 허무주의의 관점에서 이데 아와 신을 부정한 철학자가 아니다. 그의 독자성·영웅성은 객관성·보편성의 추구라는 철학 과 과학에 공통되는 발상을 발견한 점, 그리고 그것을 '힘을 향한 의지'의 발로 중 하나로 이 해하고 역사의 운명을 밝혀냈다는 점에 있다.

그래서 니체는 어떤 때는 과학(실증주의)의 관점에서 철학을 부정하고, 또 어떤 때는 철학의 관점에서 과학(실증주의)을 부정했다.

니체의 철학은 **방대하고 치밀한 문헌 조사와 과학의 견지에 입각한 근대 비판이라는 현대 사상의 기본적인 동향**을 결정지었다.

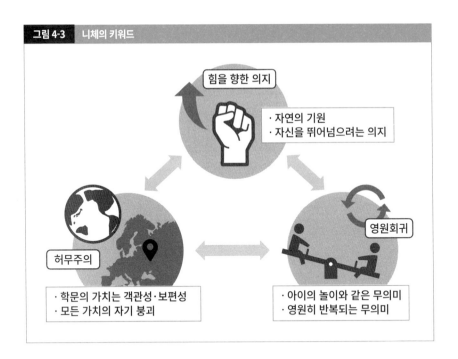

그림 4-3　**니체의 키워드**

힘을 향한 의지
· 자연의 기원
· 자신을 뛰어넘으려는 의지

허무주의
· 학문의 가치는 객관성·보편성
· 모든 가치의 자기 붕괴

영원회귀
· 아이의 놀이와 같은 무의미
· 영원히 반복되는 무의미

제 4 장 | [현대] 구철학 vs 신철학

베르그송

제1장
고대
형이상학 자연철학 vs

제2장
중세
그리스도교 그리스철학 vs

제3장
근대
인간 자연 이성 세계 vs

제4장
현대
신철학 구철학 vs

극복할 수 있을 것 같으면서도 극복할 수 없는 '생'에 관한 철학

 현대 철학의 한 가지 조류 '생의 철학'

앙리 베르그송은 『의식에 직접 주어진 것들에 관한 시론』과 『창조적 진화』로 유명한 프랑스의 유대계 철학자다. 노벨 문학상을 수상해 세계적인 명성을 얻었다.

그의 철학은 '생의 철학'이라는 철학·사상의 범주로 분류된다. '생의 철학'을 아주 간단히 설명하면, 생명의 본질을 정신이나 물질로만 환원하지 않고 이성이라고는 말할 수 없는 감정이나 신체성 등도 포함한 **생명의 전체성(＝생)을 고찰하는 철학**이다. 요컨대 '생의 철학'은 독일 관념론이나 유물론·실증주의에 대한 비판으로서 위치한다.

저서에서 베르그송은 과학의 지식을 사용하며 다채로운 주제를 풍부한 발상으로 논했다. 그런 베르그송 철학의 전체적인 주제를 한 가지 꼽는다면 그것은 근대의 세계관에 대한 비판이다. 근대의 세계관이란 주로 과학과 철학이 만들어낸 기계론적 세계관을 가리킨다(데카르트 편 참조). **기계(수학)를 모델로 자연이나 동물을 연구하는 근대의 학문과 지식에 맞서 베르그송은 새로운 모델·새로운 세계관을 제시**하고자 시도했다.

그러면 '의식'과 '생명'에 관한 베르그송의 고찰을 소개하겠다.

 의식이란 지속이다

첫 저서인 『의식에 직접 주어진 것들에 관한 시론』에서 베르그송은 시간을 주제로 의식에 관해 고찰했다. 그는 시간을 양적인 것과 질적인 것으로 크게 나누었다. 양적인 시간은 구분

지을 수 있는 것으로, 몇 시 몇 분이라든가 며칠, 혹은 다음 주 등으로 말할 수 있다. 한편 질적인 시간은 우리의 개인적인 체감으로, 같은 한 시간이라도 길게 느껴질 때가 있는가 하면 짧게 느껴질 때도 있다.

그렇다면 어떤 시간이 우리의 의식에 본질적인 것일까? 베르그송은 질적인 시간이라고 말했다. 구분 지을 수 있는 양적인 시간은 생활하는 데 편리하기에 사용할 뿐이다. 게다가 시간은 물질이 아니기 때문에 실제로는 구분 지을 수 없다.

이 질적인 시간을 베르그송은 '지속'이라고 불렀다. 지속은 각각의 의식이 느끼는 시간 감각인 까닭에 객관적으로 나타낼 수 없으며, 한 시간이라고 해도 사람에 따라 다르게 느낀다. 또한 곤충이나 식물도 생명인 이상은 시간에 대한 어떤 의식을 지니고 있을 터이지만, 어떤 식으로 느끼는지는 전혀 알 수 없다. 그러나 베르그송은 이 **지속에 의식의 근원이 있다**고 생각했다.

 ## 생명은 창조적 진화

다음은 생명이다. 또 다른 대표작인 『창조적 진화』는 생명과 생물에 관한 고찰이다. 당시의 진화론은 진화의 과정이 기계론과 목적론 중 어느 한쪽이라고 생각했다. 기계론은 목적이 없는 인과·필연성이고, 목적론은 목적을 가진 필연성이다. 어느 쪽이든 진화의 과정은 어떤 필연성을 동반하며 처음부터 결정되어 있었다는 것이 당시의 생각이었다.

이에 대해 베르그송은 **진화는 필연적인 것이 아니며 결정되어 있지도 않다**고 말했다. 진화에는 우연의 측면이 있어서 사전에 예측이 불가능하다. 비결정이라는 것이 진화와 생명의 대전제이며, 그렇다면 기계론도 목적론도 시작부터 틀린 것이다.

다만 그렇다고 해서 진화는 우연일 뿐이라고도 생각하지 않았다. 베르그송은 진화란 생명이 예측할 수 없는 방향으로 자신을 창조하는 행위라고 생각했다. 그런 까닭에 **진화의 본질은 비결정적이며 미완료인 창조 행위**다.

모든 생명에는 의식이 있다

창조는 필연이라고도 우연이라고도 말할 수 없는 주체적인 활동이다. 여기에서 베르그송은 의식에 관한 전통적인 사고방식의 쇄신을 시도했다. 즉 의식은 정신적 존재에게서만 인정된 다든가 식물은 움직이지 않으므로 의식이 없다는 등의 생각을 부정했다. 있다 아니면 없다, 0 아니면 100으로 생각하지 않았다는 말이다.

모든 생명에는 의식이 있으며, 다만 그 의식이 각성했느냐 마비된 상태이냐의 차이가 있을 뿐이다. 요컨대 정도의 차이인 것이다.

가령 동물은 생존을 위해 여기저기를 이동하는데, 이동하려면 의식이 깨어 있어야 한다. 실제로 자고 있을 때는 거의 움직이지 않는다. 한편 식물은 움직이지 않아도 살아갈 수 있다. 그래서 줄곧 자고 있는 것 같은 상태로 있어도 아무런 불편이 없다.

각각의 생명이나 종은 필요에 맞는 의식을 지니고 있다는 것이 베르그송의 생각이었다. 이렇게 생각하면 이동하는 식물이나 이동하지 않는 동물, 육상에서 사는 물고기 같은 예외적인 생물도 정의가 불가능한 수수께끼는 아니게 될 것이다.

 ## 생명이란 물질의 내리막길을 다시 올라가려는 노력

베르그송이 생각한 생명의 이미지는 '물질의 내리막길을 다시 올라가려는 노력'이다. 생명은 일종의 힘이며, 물질은 그 힘을 잃어버린 것이다. 그리고 우리는 자신의 물체(신체)에 고정되어 있으며 점점 파괴되어 간다. 즉 죽음으로 향하는 내리막길을 내려가고 있다.

다만 하릴없이 굴러 떨어지는 것은 아니며, 그 내리막길을 다시 올라가려 하는 활동이 보인다고 베르그송은 말했다. 그 **다시 올라가는 행위야말로 그가 재생 또는 창조라고 부르는 것**이며, 필연적인 결정을 전제로 삼는 기계론이나 목적론으로는 절대 설명할 수 없는 생명의 상태 또는 의미가 여기에 있다.

베르그송의 철학은 생명이나 의식을 창조의 주체로 이해하는 것이다. 그 밑바탕에는 자유

제1장
[고대]
자연철학
형이상학 vs

제2장
[중세]
크리스트교
철학 vs

제3장
[근대]
자연 세계
인간 이성 vs

제4장
[현대]
구 철학
신 철학 vs

가 자리하고 있으며, 그 자유는 시간 의식에서의 질적인 체감이나 진화에서의 비결정이라는 말로 표현되었다. 이런 **질감이나 비결정을 기초에 둔 베르그송의 철학**은 현대 프랑스 사상을 비롯한 수많은 철학에 지대한 영향을 끼치게 되었다.

제 4 장 | [현대] 구철학 vs 신철학 | 후설

제1장
고대 | 형이상학 자연철학 vs

제2장
중세 | 그리스도교 철학 vs

제3장
근대 | 인간 자연 이성 세계 vs

제4장
[현대] 신 구 철학 철학 vs

현상학의 기본 중의 기본

 현상학이란 존재 또는 의미를 묻는 철학

에드문트 후설은 현상학이라고 부르는 철학의 창시자로 유명한 독일의 유대계 철학자다. 주요 저서로는 『순수현상학과 현상학적 철학의 이념들』, 『데카르트적 성찰』이 있다.

그의 현상학은 존재나 자신 등의 의미를 근본적으로 되묻는 것으로, 20세기 이후의 철학 중에서도 중요성이 매우 높다. **현상학의 기본적인 생각은 '존재에 관해 알기 위해서는 일상성으로부터 거리를 둘 필요가 있다.'라는 것이다.** 가령 우리는 일상생활 속에서는 눈앞에 있는 탁자의 존재를 의심하지 않는다. 일상의 물체뿐만 아니라 학문에서 사용하는 사고나 논리도 마찬가지다. 수학이나 물리의 공식을 일단 이해하고 나면 일일이 확인하지 않고 사용하기 마련인 것이다.

 일상성=자연적 태도로부터 멀어진다

일상생활이나 학문은 사물의 존재를 자명한 것으로 생각함으로써 성립한다. '사물은 눈에 보이는 그대로 존재하며, 그것에는 객관성·타당성이 있다.'라는 생각(신념)을 후설은 '자연적 태도'라고 불렀다.

일상생활이나 과학에 대해서는 자연적 태도로 충분하다. 자연적 태도 없이는 생활도 연구도 불가능하다. 그러나 철학의 의문은 '사물이 존재한다는 것은 어떤 것인가?', '사물이 존재하는 것의 근거는 대체 무엇인가?'라는 것이다. 즉 **자연적 태도에서는 자명한 사항에 관해 의**

문을 품는 것이 철학이다. 자연적 태도로는 이런 의문에 대한 답을 찾을 수 없다. 그래서 우리의 자연적 태도를 일단 보류하고 존재에 관해서 생각하는 방법을 모색하는 것이 후설의 현상학이다.

 ## 자연적 태도로부터 멀어지는 방법은 '현상학적 판단 중지'

자연적 태도란 어떤 탁자를 봤을 때 '목제'라든가 '길쭉하다.' 같은 성질에 관한 생각과는 별개로 '탁자가 존재한다.'라는 신념도 갖게 되는 것이다. 탁자의 성질(본질)과 탁자의 존재를 한 세트로 생각하는 것이 자연적 태도다.

더욱 중요한 점은 우리도 탁자도 세계의 일부이며, 먼저 **세계가 존재함을 전제로 삼는 것이 자연적 태도**라는 것이다. 자연과학도 실증주의도 세계나 사물의 실재를 전제로 삼을 때 비로소 성립하는 학문이다.

그러나 이렇게 실재를 전제로 삼아 버리면 존재에 관해 의문을 품을 수 없게 된다. 그래서 실재를 자명한 것으로 생각하기를 그만둠으로써 존재에 대한 의문을 깨닫는 것이 후설의 현상학의 노림수이며, 그 전제를 제거하는 방법이 '현상학적 판단 중지(에포케)'다.

'탁자가 실재한다.', '세계가 실재한다.'라는 판단을 중지하고 나의 의식이 눈앞의 탁자를 어떻게 느끼는지에만 집중한다. 이것이 '현상학적 환원'이라고 부르는 행위다.

 ## 세계란 의미다

현상학적 환원을 통해서 탁자를 바라보면 '탁자'라는 것은 의미임을 깨닫는다. 눈앞의 물체는 나의 의식에 '탁자'로서 나타났다. 그러나 탁자라는 것은 물론 나 자신이 그 물체에 부여한 이름이다. 바꿔 말하면 '탁자'를 의미하는 물체가 눈앞에 있다. 비단 탁자뿐만 아니라 모든 것이 그렇다. 세계는 나의 의식이 의미를 부여한 것들로 가득하다.

즉 '세계가 먼저 존재한다.'라는 자연적 태도를 벗어던지면 **세계는 나의 의식이 의미를 부여했을 때 비로소 존재하는 것**임을 느낄 수 있다.

나의 의식은 '흐름'이다

나의 의식의 존재는 세계(주관)가 성립하는 조건이다. 그래서 나의 의식(자기의식)이란 무엇인가가 문제가 된다. 후설은 자기의식을 과거와 미래에 대해 일정한 지속을 포함한 현재라고 생각했다. 음악이나 사이렌 등을 예로 들면 이해하기 쉬울 것이다. 자기의식이 대상(음)을 파악하는 데는 반드시 일정 시간이 필요하다. 과거부터 계속되는 음은 물론이고 미래(계속)에 어떤 음이 들릴지도 포함했을 때 비로소 그것이 음악이나 사이렌을 의미함을 알게 된다.

바꿔 말하면, 후설은 **자기의식이란 대상이 나타났다가 사라져 가는 '흐름'** 자체라고 생각했으며, 이것을 '의식류'라고 불렀다.

이것은 거대한 강의 흐름 같은 이미지다. 강에는 다종다양한 것이 흐르고 있다. 그러나 대부분은 가라앉아 있기 때문에 존재를 깨닫지 못하며, 그중에서 수면에 떠오른 것이 눈에 들어와 '이것은 ○○이야.'라고 의미 부여(인식)된다. 여기에서 수면에 떠 있는 상태가 현재다. 이 현재는 아직 수면에 떠오르지 않은 과거와 이윽고 가라앉을 미래를 포함하고 있다.

 의식류를 만들어내는 것 '살아 있는 현재'

의식의 흐름을 현재라고 생각한 후설은 하나의 난제에 부딪혔다. **의식에 관한 분석(반성)은 반드시 사후적으로 실시된다**는 것이다. 자기의식은 흐르는 현재라고 했지만, 그 분석을 통해서 얻은 현재는 이미 흘러가 버린 뒤다.

자기의식이 자기의식인 이유는 자기 분석, 즉 반성이 가능하다는 점에 있다. 반성은 항상 나중에 되돌아보는 형태로 실시된다. 그러나 후설이 가장 밝혀내고 싶은 자기의식의 근본에 자리한 '흐름'은 현재에만 존재한다. 자기의식은 자신을 흐름으로서 성립시키고 있는 근거의 존재를 깨닫지만 절대 그 근거를 파악할 수 없는 상황에 이른다. 후설은 그 결코 파악할 수 없는 자기의식의 근거를 '살아 있는 현재(생생한 현재)'라고 불렀다.

 현상학의 의의

현상학의 가장 큰 의의는 자연적 태도의 극복에 있다. 자연적 태도는 실증주의와 과학의 기반이다. 그래서 후설은 자연적 태도를 자명한 것으로 간주하지 않고 우리의 자연적 태도가 발생하는 원리를 밝혀내는 것이 온갖 학문의 기초가 되리라고 생각했다.

또한 후설의 현상학은 **존재나 존재의 의미를 근본적으로 되묻는 것을 목적**으로 삼았다. 그 근본을 '살아 있는 현재'로서 밝혀내, 자기의식이나 세계를 만들어내는 근거를 발견했다. 게다가 그 근거는 절대 해명되지 않는다는 점이 중요하다.

이것은 인간 지성의 한계가 드러난 것으로도 보이지만, 자연이나 존재의 정체를 밝혀냈다고도 평가할 수 있을 것이다. 자연이나 존재는 그 근원에서는 자신을 절대 드러내지 않는다는 통찰이다.

이렇게 해서 철학은 또다시 **현상의 밑바탕에 있으며 현상을 성립시키고 있는 근원적인 무엇인가에 대한 탐구**로 향한다. 현대 이후에도 근대 철학이나 중세 철학이 결코 시대에 뒤처진 것이 되지 않고 계속 읽히는 데는 필연성이 있는 것이다.

그림 4-4	후설의 키워드
문제의식	**후설의 개념·용어**
벗어나야 할 전제는 무엇인가?	자연적 태도
존재에 대한 의문을 어떻게 품을 것인가?	현상학적 판단 중지 현상학적 환원
존재를 이해하는 의식이란 무엇인가?	의식류
의식에 있어 존재란 무엇인가?	살아 있는 현재

제 4 장 | [현대] 구철학 vs 신철학 | 하이데거

제1장
[고대]
자연철학
형이상학 vs

제2장
[중세]
그리스도교
철학 vs

제3장
[근대]
인간
자연세계
이성 vs

제4장
[현대]
신철학
구철학 vs

20세기 최대의 철학서 『존재와 시간』을 풀어 읽는다

 ## 완결되지 못한 20세기 최대의 철학서

마르틴 하이데거는 20세기 위대한 철학자 중 한 명으로 평가받는 독일의 철학자로, 『존재와 시간』이 유명하다. 또한 나치 정권에서 프라이부르크 대학교의 총장으로 선출된 직후 나치당(국가사회주의 독일 노동자당)에 입당한 것이 유명하다(나쁜 쪽으로). 국립 대학교의 총장이 된 하이데거는 자신의 철학과 교육 이념을 기반으로 대학 개혁·교육 개혁을 시도했지만, 격렬한 저항에 부딪히자 불과 1년 만에 총장직에서 사임했다.

하이데거의 대표작인 『존재와 시간』은 현상학의 수법을 사용해서 존재에 관해 생각한 철학서다. 도중에 집필을 포기한 미완의 책이지만, 그 후의 하이데거 철학은 최종적으로 플라톤 이후의 서양 형이상학 전체를, 즉 **이 책에서 지금까지 이야기한 철학의 거의 전부를 '존재 망각의 역사'라고 비판하기에 이르는 거대한 철학**이다.

 ## '존재자'와 '존재'의 구별

『존재와 시간』의 줄거리를 소개하겠다. 하이데거의 이야기에 따르면, 기존의 철학은 '존재자'만을 고찰할 뿐 '존재'의 고찰을 잊고 있었다. 여기에서 존재자는 눈앞의 탁자나 책을 의미하며, 존재는 '눈앞에 탁자가 있다는 것' 혹은 '탁자라는 존재자를 존재시키는 원리' 등을 의미한다.

존재자와 존재를 구별하는 의미는 우리가 존재란 '눈앞에 있는 것'이라고 생각함을 분명히

하는 것이다. 물리적인 것뿐만 아니라 머릿속에서 무엇인가를 떠올리는 것도 '눈앞에 있는 것'이라고 말할 수 있다. 참고로 이것을 '현전성'이라고 한다. 이 용어는 하이데거뿐만 아니라 데리다 등 다른 철학자의 키워드이기도 하다.

존재나 진리는 숨어 있다

하이데거의 주장에 따르면, 기존의 철학이 존재를 현전성으로서 생각한 탓에 존재에 관해서는 거의 고찰되지 않았다. 존재 자체에 관해 고찰했다기보다 주체(이성)의 판단 방식에 관해서 고찰했던 것이다.

즉 하이데거가 하고 싶었던 말은 눈앞에 있는 것만이 존재가 아니라는 것이다. 그렇다면 눈앞에 없는 존재란 무엇일까? 물론 숨어 있는 것인데, 여기에는 폭넓은 의미가 있다. 가령 자연이나 생명도 하이데거에게는 숨어 있는 것이었다. 눈앞에 나타나는 것은 산이나 바다, 동물이나 식물 등의 물체(존재자)이며, 그런 것들을 아무리 분해·해부한들 자연이나 생명을 존재자이게 하는 본질은 절대 눈앞에 나타나지 않는다.

오히려 **생명 같은 숨어 있는 것이 존재자를 존재시키는 것**이다. 그래서 하이데거에게 '진리'는 숨어 있는 것을 어떤 형태로 아는 것이었다. 그러나 그 지는 결코 '생명이란 ○○이다.'라는 형태로 정의할 수 없다. 하이데거는 그 정의할 수 없는 것을 어떤 형태로 아는 것이 진리를 아는 것이라고 생각했다.

존재란 시간이다

다음으로 시간에 대해 이야기하겠다. **『존재와 시간』이라는 제목의 의미는 존재와 시간은 하나다, 존재란 시간이라는 것**이다. 존재와 시간을 연결시키는 것은 '현전성'과 관계가 있다. 무엇인가가 눈앞에 나타나는 것은 항상 지금 현재이기 때문이다.

또한 어떤 것의 존재에 관해 판단하고 존재란 무엇인가를 생각할 수 있는 주체를 '현존재'라고 부른다. 현존재는 지금 존재에 관해 생각하고 있는 나 자신(인간)을 뜻한다.

그림 4-5 | 하이데거의 존재자와 존재에 관해

존재자
(자연)

생물은 현전하고 있다 = '존재자'

현존재
(인간)

존재는 현전하지 않는다
존재가 밝혀지는 것이 진리

제1장
「고대」
자연철학
형이상학
vs

제2장
중세
그리스도교
크리스트철학
vs

제3장
「근대」
인간 자연
이성 세계
vs

제4장
「현대」
신철학 구철학
vs

　여기에서 하이데거는 존재란 무엇인지 알기 위해 현존재의 분석을 시도했다. 우리(현존재)는
어느 정도는 존재를 알고 있기 때문이다. 만약 전혀 모른다면 애초에 생각도 하지 못한다.
즉 『존재와 시간』은 현존재를 분석한 철학서다.

 ## 현존재는 이중의 측면을 지니고 있다

하이데거는 우리 현존재가 이중의 측면을 지니고 있다며, 그것을 '본래적 자신'과 '비본래적
자신'으로 구별했다.

　먼저 비본래적 자신은 자신이 아닌 측면, 즉 타인과 똑같이 생각하고 행동하려는 측면을 의
미한다. 현존재는 일상생활에서는 비본래적인 모습을 보인다. 그러나 타인과 완전히 똑같을
수는 없다. 타인은 이렇게 하는데 나는 어떻게 할 것이냐는 문제에 직면한다. 그래서 중요한
것이 일상적인 모습과는 다른 '본래적 자신'이다. 본래적 자신은 문자 그대로 자신을 다른 존

239

재와 구별하는 것이다. 자신의 고유 모습이라고도 말할 수 있다.

본래적 자신과 비본래적 자신을 구별하기 위해 하이데거는 현존재의 특징 또는 행동을 고찰하고 그것을 '염려'라고 규정했다.

'염려'의 본질은 '시간성'

염려란 본래적 자신과 비본래적 자신에게 공통되는 현존재의 존재 방식이다. 다만 그 염려의 표현 방식이 서로 다르다.

하이데거가 현존재의 특징을 염려라고 규정한 이유는 우리가 세계 속에서 세계와 관계를 맺으면서 존재하기 때문이다. 하이데거는 현존재가 세계와 맺는 그런 관계를 '염려'라고 불렀다.

염려의 내용은 크게 두 가지로, 주변의 도구에 대한 염려(배려)와 타인에 대한 염려(심려)다. 그리고 염려의 본질은 '시간성'이다. 시간이란 과거, 현재, 미래를 가리킨다. 염려는 이미 주어진 상황(과거)에서, 그곳에서 만나는 사물(현재)에 작용해, 새로운 상황을 지향하는 것(미래)이다.

참고로, 일상적인 비본래적 자신의 염려는 새로운 상황을 지향하기보다 타인이나 과거와 같아지려고 한다. 반면에 **본래적 자신의 염려는 미래, 아직 보지 못한 가능성을 향한다.**

또한 하이데거가 염려 같은 현존재의 관점에서 세계를 이야기하는 목석은 인간과 세계를 주관(주체)과 객관(객체)의 관계로 파악하는 단순하고 도식적인 사고방식을 비판하기 위함이다.

자신의 삶 전체를 지탱하는 원리는 '죽음'

본래적 자신은 아직 보지 못한 가능성의 추구라는 방식으로 존재한다. 아리스토텔레스의 가능태와 현실태 이야기와 같다. 가능태를 현실태로 만드는 것이 본래적 자신의 활동이라고 말할 수 있다.

현존재는 본래적 자신과 비본래적 자신을 오가면서 살고 있다. 누구나 항상 자신의 존재를 신경 쓰는 이상은 자신의 고유한 모습을 생각할 때도 있기 때문이다. 다만 하이데거는 때때로

가 아니라 항상, 그리고 부분적이 아니라 전체적으로 현존재가 본래적 자신으로서 살기 위한 조건, 그런 철학적인 원리를 탐구했다. 따라서 현존재가 현실뿐만 아니라 가능성을 포함한 자신의 전체를 둘러보는 시점을 확보할 필요가 있는데, 그것이 '죽음'이다.

죽음은 항상 우리 곁에 가능성으로서 존재한다. 죽음이 실현되면 우리는 죽게 되므로 언제나 가능성이다. 게다가 우리가 언젠 죽을 것은 확실하며, 우리의 뜻대로 되지 않는다. 또한 죽음의 가능성이 다른 가능성과 다른 점은 죽음은 우리가 지향하는 목적이 되지 않는다는 것이다.

뜻대로 되지 않고 목적조차 되지 않는 존재가 우리의 삶 전체를 지탱하는 원리라는 것. 하이데거는 이 점에 주목했다.

'양심'은 본래적 자신의 증거

죽음의 고찰은 본래적 자신으로서 살아갈 가능성을 나타낸 것이다. 그러나 어떤 삶의 자세가 본래적 자신이냐는 점은 아직 드러나지 않았다. 본래적 자신으로서의 삶의 자세를 확증할 수단이 결여되어 있는 한, 죽음을 이해했다고 생각한다든가 본래적 자신으로서 살고 있다고 생각하는 최악의 자기기만이 늘 따라붙는다.

그래서 하이데거가 **본래적 자신으로 향하고 있다는 증거·기준으로서 제시한 것이 '양심'이라는 개념**이다. 하이데거는 '양심을 갖고 싶다는 염원'이나 '양심의 목소리를 들으려는 의지'가 어떤 사람이 본래적 자신으로 향하려 하고 있다는 증거가 된다고 말했다.

그건 그렇고, 죽음이니 양심이니 하는 상당히 수상쩍은 이야기가 계속 나오고 있다. 양심은 당연히 존재자가 아니므로 객관적인 증거가 되지 못한다. 어떤 사람이 정말로 양심을 따르고 있는지 어떤지는 타인이 알 수 없는 일이며, 본인조차도 알지 못할 것이다. 이에 관해서는 중세 철학의 의지에 관한 개념을 떠올리면 조금 이해가 될지도 모른다. 가령 **양심의 목소리를 들으려고 하는 의지는 아우구스티누스가 신을 알려는 의지를 갖고 은총을 구하는 것**, 에크하르트가 자신을 포기할 의지를 갖고 마음의 근저에 있는 신을 받아들이는 것과 같은 이미지다. 요컨대 구체적으로 이렇게 하면 은총을 얻을 수 있다든가, 이것을 하면 양심의 목소리가 들린다든가 하는 이야기가 아니다. 신의 은총이나 양심의 목소리는 이쪽의 뜻대로 되지 않는 것이 기 때문이다.

그러므로 진정으로 신의 은총을 구하려 하거나 양심의 목소리를 듣고자 한다면 어떤 권위에 의지할 수도 없다. 타인과 똑같아지려 하는 비본래적인 모습으로는 절대 얻을 수 없다. 자신의 머리로 생각하고 스스로 결단을 내릴 때 비로소 얻을 가능성이 열릴 것이다. 그것이 자신의 고유한 삶의 자세이며, 그런 삶을 사는 사람이 있다면 그 사람은 양심의 목소리를 들으려 하면서 살고 있다고 말할 수 있지 않을까? 그 자체로는 결코 존재자일 수 없는 양심이라는 것이 존재한다면 그런 사람의 삶의 자세에 나타날 것이다. 이것은 존재자가 아닌 존재가 나타나는 방식이기도 하다. **'양심'이라는 개념은 하이데거의 존재와 존재자의 구별을 이해하기 위한 좋은 예 중 하나**다.

 ## 하이데거의 형이상학 비판의 의의

하이데거의 철학은 형이상학에 대한 비판으로서 '존재'의 철학이라고 정리할 수 있다.『존재와 시간』이후의 하이데거는 존재의 철학과 형이상학 비판을 다른 방식으로 진행했다. 그것이 이른바 **후기 하이데거**다. 후기 하이데거는 독자적인 용어를 한층 많이 사용했는데, 이것은 형이상학의 전통적인 용어를 사용하지 않기 위함이리고도 이야기되고 있다.

하이데거의 형이상학 비판의 내용은 존재를 '현전성'으로 파악하는 것에 대한 비판이다. **존재는 결코 현전하지 않으며 숨어 있다. 그 목소리를 듣자는 것이 하이데거 존재의 철학의 정수**다.『존재와 시간』이 현대 철학의 거대한 기초가 된 이유도 형이상학을 비판한 그의 시도가 정당하다고 인정받았기 때문이다.

'없다.'를 생각하는 철학

 행동하는 지식인

장 폴 사르트르는 철학서『존재와 무』나 소설『구토』로 유명한 프랑스의 철학자다. 20세기 후반, 1950년대부터 1960년대에 걸쳐 세계적으로 크게 유행했던 철학자로, 동반자인 **시몬 드 보부아르**와 함께 전 세계를 돌아다니며 강연을 했다. 또한 정치 문제나 사회 문제에 대해 적극적으로 발언하고 참여해 '행동하는 지식인'으로 불렸다.

사르트르는 철학적으로는 '자유'를 이야기한 실존주의 철학자로 유명하다. 인간은 자유로운 존재지만 그 자유의 밑바탕에는 '무(無)'가 있다. 있을 리가 없는 **무를 생각한다는 것이 사르트르 철학의 독자성**이며, 과거의 서양 철학과 대립하는 부분이다.

 실존주의와 무신론적 실존주의의 차이

사르트르는 '무신론적 실존주의'를 자칭했다. 실존주의는 키르케고르 편에서 살펴봤듯이 자신의 주체적인 진리를 찾아내려는 철학이다. 그러나 자신이란 무엇인가를 생각할수록 자신이란 비진리 그 자체임이 분명해진다는 것이 키르케고르의 결론이었다. 그리고 비진리 그 자체인 자신이라는 존재에 대해 진리 그 자체인 신이라는 존재가 부각되었다. 그런 까닭에 사르트르의 '무신론적 실존주의'는 조금 모순을 띤 개념이다.

그러나 바로 그 모순이 사르트르의 노림수다. 진리인 신의 존재를 인정하지 않으면 인간은 비진리인 채로 남는다. 비진리인 존재는 비본질적·우연적인 존재라고도 바꿔 말할 수 있다.

사르트르는 **본질이 존재하지 않는 것이 인간 특유의 존재 방식**이라고 말했다.

　사르트르는 무신론의 입장을 취해 인간의 본질을 무효화함으로써 독자적인 인간의 존재 방식을 이끌어냈다. 그 상징이 "실존은 본질에 앞선다."라는 유명한 말이다.

"실존은 본질에 앞선다."의 의미는 자유의 확보

실존은 현실존재의 줄임말로, 실제로 있다는 뜻이다. 그리고 본질은 '○○이다. ○○을 위해서 존재한다.' 같은 규정이다.

　가령 도구는 본질이 실존에 앞선다. 가위는 물건을 자르기 위해 존재한다. 잘 드는 가위는 좋은 가위이며, 물건을 자르지 못하는 가위는 나쁜 가위다. 그 본질을 다할 수 있느냐 없느냐에 따라 우열 혹은 선악이 결정된다.

　그렇다면 생각해 보자. 만약 인간의 본질을 가위처럼 규정할 수 있다면 어떻게 될까? 실제로 그전까지는 '인간의 본질은 이성적이라는 것이다.' 같은 규정이 있었는데, 이 경우 이성적인 인간은 좋은·우수한 인간이고 비이성적인 인간은 나쁜·열등한 인간이라는 규범이 생겨버린다. 반면에 사르트르의 경우, **인간은 실존이 본질에 앞서므로 '이러해야 한다.'라는 생각으로부터 자유롭다.** 자신이 무엇인지 자유롭게 결정할 수 있다는 것이 사르트르의 생각이다.

　사르트르는 본질이 없다는 '무' 또는 '부정'을 긍정적으로 해석했다. **'무(無)이기에 자유롭다.'라는 것이 사르트르 철학의 기본**이다.

'없다.'를 생각해 무의 기원을 탐구하는 철학서

대표작 『존재와 무』는 무에 관한 고찰을 시도한 철학서다. 존재와 무는 파르메니데스 이후 친숙한 주제다. '없는 것은 없다.', 즉 무는 생각할 수가 없다. 그러므로 사고 가능한 것은 전부 '있다.'이다. 사르트르는 이것을 인정하면서도 어떤 형태로든 '없다.'를 생각하게 되는 우리 의식의 습성을 분석했다. 후설의 현상학에서 유래한 '의식의 방향성'이라는 개념을 사용해 그 문제에 몰두한 것이다.

사르트르의 생각에 따르면, **인간은 '무'의 개념을 통해 존재의 문제를 생각할 수 있다.** 이를 테면 '왜 아무것도 없지 않고 무엇인가가 존재하는가?'라는 의문이 그것이다.

그렇다면 무의 기원은 어디에 있을까? 세계에는 존재자밖에 없으므로 무는 결코 존재하지 않는다. 단순하게 생각하면 무라든가 부정이라는 것은 일종의 판단처럼 생각된다. '이 카페에 내 친구는 없다.', '지갑에 5,000원밖에 없다.' 같은 판단이 그렇다. 그러나 그런 판단은 사실 '부정'이 아니라 '차이'의 판단에 불과하다. 그러므로 무의 기원은 되지 못한다.

사르트르의 생각에 따르면, 무의 기원은 자기 자신이 무 또는 부정인 존재자에게서 유래한다. 그것이 바로 인간의 의식이다. 의식이란 '무엇인가를 향한 의식(방향성)'이며, 자신을 이탈해 나가는 것(탈자脫自)이기 때문이다. 의식 그 자체는 내용이 없는 무다. 그래서 사르트르는 인간을 '무를 분비하는 존재', '무를 세계에 도달시키는 존재'로 규정했다.

인간의 의식은 '대자존재'라고도 불린다. 대상을 통해서 자기 자신을 보는 존재라는 의미로, 알기 쉽게 말하면 명확한 자기 자신이라는 것이 없는 존재다. 한편 물체 등은 '즉자존재'로 불린다. 자기 자신인 존재, 즉 그 밖의 무엇도 아닌 존재라는 뜻이다.

 ## 인간의 자유는 무에서 유래한다

사르트르 철학의 의의는 인간의 본질을 어떤 유(有)＝존재에서 찾지 않고 무(無)에서 찾았다는 것에 있다. "있다."라고밖에 말할 수 없는 세계 속에서 언제나 '없다.'를 생각하는 우리의 현실을 이야기하는 철학이다. "실존이 본질에 앞선다."라는 이야기도 무의 문제와 연결되어 있다.

세계는 인간이 분비하고 도달시키는 무를 통해 다종다양한 가능성을 내포한다. 만약 무에서 유래하지 않는다면 온갖 사고나 행위는 필연적이며, 자유는 결코 존재할 수 없다. 자유는 단순한 정치적 구호가 아니라 존재와 무에 관한 형이상학에 뿌리를 둔 철학적 이념이다.

제1장
고대
자연철학 vs 형이상학

제2장
중세
그리스도교 vs 크리스트교철학

제3장
근대
인간이성 vs 자연세계

제4장
현대
신철학 vs 구철학

에로티시즘 vs 플라토니즘

 경제적 합리성을 부정하는 철학

조르주 바타유는 『에로티즘』이라는 책으로 유명한 프랑스의 철학자다. 철학뿐만 아니라 소설과 문학 비평·종교론·인류학 등 폭넓은 주제의 책을 썼다. **바타유 저서의 일관된 모티프는 합리성이나 경제성 같은 의미에서의 지의 부정**이다.

일상생활 속에서 우리는 아무래도 사물을 합리적·경제적으로 생각하게 된다. 이른바 가성비 사고다. 가급적 적은 노력을 들여서 큰 효과를 내려고 하는 사고를 현명함이나 지혜라고 생각한다.

바타유는 경제성·유용성에 바탕을 둔 지를 단호히 부정하고, 그런 사고는 인간 또는 자연의 왜소화라며 비판했다. 그 대신 바타유가 논한 것은 어떤 부족의 '포들래치'라고 불리는 대가 없는 증여, 합리성·언어화를 초월한 '내적 체험'(종교성을 동반하지 않는 신비 체험), 합리성이나 유용성을 기준으로 삼지 않는 '보편경제학' 등이다. 에로티시즘(에로티즘)에 관한 논고도 그중 하나다.

 에로티시즘이란 금기와 위반

바타유는 에로티시즘이란 무엇인가를 딱히 엄밀하게는 정의하지 않고 여러 가지 표현으로 설명했다. 이를테면 **'죽음에 놓일 때까지 삶을 찬미하는 것'**, '인간의 의식 속에 있으면서 인간 내부의 존재를 뒤흔드는 것', '금지의 규칙에 대한 위반' 등이다.

다만 『에로티즘』이라는 작품에서는 '금기와 위반'이 에로티시즘을 이해하는 키워드다. 인간과 동물을 구별하는 경계선을 바타유는 '금기'의 유무라고 생각했다. 금기는 터부 또는 규율이라고도 말할 수 있다. **동물은 금기를 설정해 자신이나 다른 동물의 행동을 제한하지 않지만, 인간은 그것을 설정해 자신이나 타인의 행동을 제약한다.**

물론 성애에 관한 행동에도 금지된 사항이 수없이 많다. 그 금기를 어기는 것, 즉 '위반'에서 에로티시즘이 탄생한다. 금지된 것일수록 하고 싶어진다는 말도 있듯이, 이것은 감각적으로 쉽게 이해가 될 것이다.

 ## 에로티시즘은 인간만의 것

에로티시즘은 성애나 생식에 관한 사항이므로 인간이 지닌 동물적인 측면을 화제로 삼았다고도 말할 수 있다. 즉 에로티시즘의 근원에는 동물성이 있다. 인간은 이성을 통해 자신의 동물성을 억누르고 있다. 그것이 금기의 역할이다.

자신의 이성을 통해서 설정한 성애에 관한 금기를 자신의 동물성을 통해서 위반하는 것. 이것이 에로티시즘의 특징이다. 그래서 바타유는 동물에게는 에로티시즘이 없다고 말했다. **에로티시즘은 인간성과 동물성의 혼합 또는 대립 속에서 비로소 탄생하는 것**이기 때문이다.

 ## 인간의 양면성이 '지고의 삶'으로 이끈다

다만 에로티시즘은 딱히 동물성을 찬양하는 것이 아니다. 인간에게는 양면성이 있으며, 그 양면성이 성의 활동을 에로틱한 것으로 만든다. 이 **양면성에서 유래하는 에로티시즘이 인간을 동물은 결코 도달할 수 없는 '지고의 삶'으로 이끈다.** 이것이 에로티시즘을 논한 바타유가 하고 싶었던 말이다.

그때까지의 철학에서는 일반적으로 이성은 인간 특유의 것이며 자신의 동물성을 벗어던지는 것이 인간성이라고 생각했다. 피타고라스와 플라톤의 '영혼의 정화'가 그 전형적인 예로, 육체와의 관계를 피하고 순수하게 영혼(이성)뿐인 상태에 근접하는 것이 지고의 삶이었다. 그러나 바타유는 에로티시즘에서 발견되는 인간의 양면성이야말로 인간 특유의 것(본질)이라고 생각했다. 이와 같은 **에로티시즘은 영혼의 정화라는 철학적 삶의 자세와 날카롭게 대립하는 사상**이다.

플라톤적인 아름다움과의 대립

바타유는 『에로티즘』의 후반에서 아름다움에 관해서도 이야기했다. 여기에서 눈길을 끄는 것은 "(우리는) 아름다움을 더럽히기 위해 아름다움을 추구한다."라는 말이다. 이것은 피타고라스나 플라톤 등이 지를 사랑하고 추구한 근본적인 동기에 대한 도전을 의미한다. 그들이 추구했던 영혼의 정화의 근원에는 아름다움의 추구가 자리하고 있기 때문이다. 그들에게는 아름다움을 추구하는 것이야말로 철학적인 삶의 자세였고, 가장 아름다운 것이 지였다. 그래서 철학은 지를 사랑하는 삶의 자세, 바꿔 말하면 '지를 향한 에로스(사랑)'였다.

그런 의미에서는 **플라토니즘(플라톤적 삶의 자세) 또한 에로티시즘**이다. 둘의 차이가 어디에 있는가 하면, 플라톤의 '영혼의 정화'라는 삶의 자세는 자신의 육체나 삶에 대한 부정으로 이어진다. 육체는 '영혼의 무덤'이기 때문이다. 반면에 바타유의 에로티시즘은 '죽음에 놓일 때까지 삶을 찬미하는 것'이다.

즉 에로티시즘이 인간의 삶을 숭고함으로 이끈다고 생각한다는 점은 같다. 다만 한쪽의 에로티시즘은 삶을 부정하고, 다른 쪽의 에로티시즘은 찬미한다. **바타유의 철학은 플라토니즘을 충분히 이해한 상태에서 플라토니즘을 극복하려는 시도**라고 이해할 수 있을 것이다.

다만, 의외로 바타유는 플라톤에 관한 정리된 논고를 남기지 않았다. 플라토니즘과의 대결이라는 자세는 틀림없이 엿보이지만 직접 대결은 하지 않았다. 그 대신 바타유는 앞에서도 언급한 폭넓은 분야의 저서를 통해 삶의 찬미와 에로티시즘의 모티프를 탐구했다.

에로티시즘의 철학은 플라톤적인 애지의 정신, 즉 서양 철학 전체에 대한 도전과 극복이라는 장대한 기획의 철학이다.

선악을 논하는 것이 철학이라고 착각하지 마라

 ## 철학병을 치료하는 철학자

루트비히 비트겐슈타인은 20세기를 대표하는 철학자다. **"말할 수 없는 것에 관해서는 침묵해야 한다."**라는 말로 유명하다. 그의 철학의 관심사는 언어로, 언어의 형식이나 의미를 분석했다. 철학의 역사에서는 '분석철학'이나 '언어철학'으로 분류되는데, 이들 철학은 현대 철학의 일대 조류다. 비트겐슈타인은 그 원류에 위치한 철학자인 것이다. 비트겐슈타인 이전에는 **고틀로프 프레게**와 **버트런드 러셀**이 기호논리학이라는 새로운 논리학을 구축하고 그것을 이용한 철학을 시작했다.

비트겐슈타인의 철학은 크게 전기와 후기로 나뉜다. 전기의 중요 저서는 『논리철학 논고』(이하 『논고』)이고, 후기는 『철학적 탐구』다. **전기와 후기의 일관된 주제는 철학병의 치료라고도 말할 수 있는 것**이다. 여기에서 말하는 철학병은 사물의 본질을 파악하고 싶어지는 유혹을 뜻한다. 철학은 이내 '본질'이라든가 '근원'이라든가 '실재' 같은 말을 하고 싶어 하기 때문이다. 당장 이 책에서도 이 말들이 수없이 사용되었다. 그러나 비트겐슈타인의 기본적인 견해에 따르면, 애초에 철학을 어떤 사물의 본질을 밝혀내는 학설이라고 생각해서는 안 된다.

철학병의 치료란 철학에 관한 오해나 유혹을 해소하는 것이다. 그 모티프가 명확히 드러난 『논고』의 내용을 소개하겠다. "말할 수 없는 것"도 『논고』의 마지막에 적혀 있다.

먼저, **『논고』의 목적은 사고 가능한 것과 불가능한 것의 구별**이다. 이것은 명확하지 않은 것을 명확히 하는 활동이며, 사고 불가능한 것이 '말할 수 없는 것'이기도 하다. 사고는 언어(글)를 통해 표현되기에 비트겐슈타인은 글을 바탕으로 고찰을 진행했다.

『논고』는 "세계는 사실의 총체다. 사물의 총체가 아니다."라는 말로 시작된다. 세계는 말로 지명되는 '물건'의 집합이 아니라 글로 묘사되는 '사실'의 집합이라는 말이다. 바꿔 말하면 세계는 지명되는 것이 아니라 기술되는 것이라는 의미다.

비트겐슈타인의 '세계'나 '사실' 같은 말은 조금 독특하다. 아래의 그림을 보기 바란다. **비트겐슈타인이 말할 수 있다고 생각한 것은 명제**다. 명제가 되지 않는 것은 말할 수 없는 것이다. 명제는 진위를 판단할 수 있는 글을 뜻한다. 가령 "빵은 품절됐다."라는 글은 명제이며 사고 가능하다. 상황을 상상할 수 있고 진위(사실인가 거짓인가)를 판단할 수 있기 때문이다. 그렇다

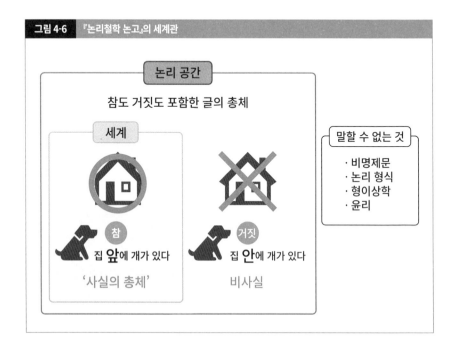

그림 4-6 『논리철학 논고』의 세계관

면 "점장은 품절됐다."는 어떨까? 이것은 "빵은 품절됐다."와 같은 방식으로는 사고가 불가능하다. "아니, 점장은 품절되지 않았어."라고도 말할 수 없기 때문에 진위의 판단도 불가능하다. 이런 글은 명제가 아니라 '난센스(무의미)'다.

나아가 비트겐슈타인은 어떤 글이 명제인지 아닌지를 구별하기 위해 글을 기호로 표기할 것을 제안했다(기호논리학). 즉 기호를 사용해 정합적으로 표기할 수 있는 글이나 단어는 명제이며 그럴 수 없는 것은 난센스, 즉 명제가 아닌 글이다.

이런 전제를 바탕으로 **명제처럼 보이는 글이 정말로 명제인지 아니면 유사명제인지 명확히 구별하는 것이 『논고』의 목적**이다. 그리고 철학의 문제는 명제가 될 수 없으므로 유사명제에 해당한다.

 ## 필연적인 명제와 우연적인 명제

비트겐슈타인은 명제를 **필연적인 명제와 우연적인 명제**로 나누었다. 필연적인 명제란 참 혹은 거짓일 수밖에 없는 명제이고, 우연적인 명제란 참일 수도 거짓일 수도 있는 명제다.

필연적인 명제는 논리의 형식만으로 진위를 판정할 수 있는 것이다. 예를 들어 '이것은 A이거나 A가 아니거나 둘 중 하나다.'는 A에 무엇을 대입하든 필연적으로 참이다. 눈앞에 있는 것을 가리키며 "이것은 말(馬)이거나 말이 아니거나 둘 중 하나다."라고 말한다면 반드시 참이다. 이런 명제를 '동어 반복(토톨로지)'이라고 한다. 또한 'A는 A가 아니다.'는 필연적으로 거짓이다. 이것을 '모순'이라고 한다.

동어 반복은 반드시 참이며, 모순은 반드시 거짓이다. A(구체적인 사태)의 내용을 고려하거나 진위를 검증할 필요가 없기 때문이다. 다만 새로운 지식이나 인식을 가져다주지는 않는다. 이런 형식적인 필연성을 동반하는 명제는 논리학의 지라고 말할 수 있다.

우연적인 명제는 새로운 지식을 가져다주는 명제로, 자연과학의 지라고 말할 수 있다. 형식적으로는 참일 수도 거짓일 수도 있는 명제는 A의 내용을 고려할 필요가 있다. 그런 명제는 우리의 지식을 넓혀 준다.

제1장
[고대]
형이상학
자연철학
vs

제2장
[중세]
크리스트교
철학
그리스철학
vs

제3장
[근대]
인간
이성
자연
세계
vs

제4장
[현대]
신철학
구철학
vs

또한 비트겐슈타인은 과학적인 지식도 우연적인 명제의 일종이라고 생각했다. 이를테면 만유인력(보편중력) 등의 자연 법칙은 실제로 작용하고 있다는 점에서 참이라고 말할 수 있다. 그러나 자연 법칙이란 근본적으로는 인과관계로 규정된 것이다. 그리고 인과관계는 세계를 설명하는 방법이지 세계에 실재하는 것이 아니다.

그러므로 **자연 법칙은 우리가 사물을 생각하는 방식을 나타내는 것이지 세계 속에 존재하는 '사실'이 아니다.** 다만 우리는 자연과학의 지식을 통해서 세계를 이해한다. 그래서 비트겐슈타인은 "참인 명제들의 총체가 자연과학 전체다."라고 말했다.

 ## "철학은 학설이 아니라 활동이다."

『논고』의 두 가지 중요한 주장을 정리하면 다음과 같다. ① 그 반대를 생각할 수 없는 필연적인 명제는 전부 동어 반복이거나 모순이며, 우리의 지식을 늘려 주지 않는다. ② 자연과학 등의 명제는 우리의 지식을 늘려 주지만, 그런 명제들이 참인 것은 우연적이다.

이 주장들은 기존의 철학과 비교하면 인과관계의 필연성을 부정한 흄이나 물자체는 알 수 없다고 말한 칸트의 생각에 가깝다. 다만 비트겐슈타인의 독자적인 주장은 "철학은 학설이 아니라 활동이다."라는 말이다. 학설이란 자연과학의 명제들처럼 진위를 판단할 수 있고 우리의 지식을 늘려 주는 것이다. 그러나 철학은 그런 학설을 제시하려 하지 않는다. 그는 "철학은 자연과학의 한 종류가 아니다."라고 말했다.

"철학의 목적은 생각을 논리적으로 명료히 하는 것이다."라고 비트겐슈타인은 말했다. 이것은 철학이란 무엇이냐는 규정이다. 이 규정에서는 기존의 철학이 관여했던 사항에 대한 비판이 엿보인다.

 ## 형이상학이나 윤리학은 말할 수 없다

여기에서 비트겐슈타인이 비판하는 철학은 주로 형이상학과 윤리학이다. 『논고』의 마지막 부분은 그에 관한 고찰이다.

형이상학이나 윤리학은 필연적인 지를 탐구하는 학문이다. 형이상학은 확실한 근거를 추구하며, 윤리학의 경우도 '○○해야 한다.'라는 형태로 표현되는 의무에는 필연성이 포함되어 있다. 그러나 비트겐슈타인이 밝혀낸 바에 비추어 보면 **형이상학도 윤리학도 진위를 판별할 수 있는 명제의 형태로는 말할 수 없는** 사항들이다.

형이상학과 윤리학을 상대하는 자세에 관해 비트겐슈타인은 다음과 같이 말했다. 철학 이야기를 하고 있다고 생각하는 상대에게 상대의 발언을 기호논리학의 언어로 분석·변환해 "당신의 발언은 명제가 아니오." 또는 "그건 논리학이나 자연과학의 이야기이지 철학의 이야기가 아니오."라고 지적하는 것이 유익하다고.

이상과 같이, "말할 수 없는 것에 관해서는 침묵해야 한다."라는 유명한 말은 철학병의 치료라는 모티프나 "철학은 학설이 아니라 활동이다."라는 말과 한 세트로 생각해야 깊게 이해할 수 있을 것이다.

 ## 『논고』의 의의① 언어의 명확화

『논고』의 의의 중 하나는 비트겐슈타인 본인이 말했듯이 명확화에 있다. 기존의 철학(형이상학이나 윤리학)에서 혼란이나 모순을 제거하는 자세를 보인 것이다. 흄이나 칸트도 어느 정도는 그런 시도를 했지만, 그들은 원리를 제시했을 뿐 각각의 구체적인 글을 분석하는 수단까지는 제시하지 않았다. 그러나 **비트겐슈타인은 기호논리학과 그 조작법을 확립하고 어떤 글이 유의미한지 무의미한지 판단하는 구체적인 방법을 만들어냈다.**

또한 이 명확화의 의의는 이후 '분석철학'으로 불리는 철학의 기본적인 자세가 되었다는 것이다. 이 자세를 철저히 추구해 모든 형이상학과 윤리학을 난센스로서 매장시킬 기세를 보였던 것이 '논리실증주의'다. 대표적인 철학자는 **루돌프 카르나프**로, 그는 하이데거의 강연을 거론하며 단순한 수사(레토릭), 혼란·모순된 말에 불과하다고 공격했다.

이 공격에는 하이데거 철학에 대한 몰이해도 있었으며, 철학이 의도적으로 불명확하고 무의미한 화법을 구사하는 데도 그 나름의 이유는 있다(헤라클레이토스 편 참조). 그러나 거의 아무도 이해하지 못하는 용어를 사용해서 무엇인가 심오한 진리를 이야기하는 것 같은 분위기를 자아내는 철학의 습성(나쁜 습관일 경우도 많다)에 대한 항의로서는 유의미하다.

요컨대 **명확화란 철학도 커뮤니케이션이 가능해야 한다는, 열린 철학을 지향하는 주장**이라고 생각하면 그 의의는 충분히 이해 가능하다. 실제로 후기 비트겐슈타인의 대표작인 『철학적 탐구』는 자기 내 대화의 형식으로 집필되었다.

 ## 『논고』의 의의② 말할 수 없는 것은 보여진다

또 다른 의의는 본인이 말하지 않은 '말할 수 없는 것'에 관한 취급이다. 카르나프 같은 논리실증주의와는 달리 비트겐슈타인 본인은 형이상학이나 윤리학을 공격하지 않았다.

그는 형이상학이나 윤리학 같은 **'말할 수 없는 것'은 '보여지는 것'**이라고 말했다. 형이상학이나 윤리학은 사실을 논하는 것이 아니라 가치를 논하는 것이다. 원리와 본질(형이상학의 고찰 대상), 선과 악(윤리학의 고찰 대상)의 경우 세계에는 직접 나타나지 않는 것이다. 그래서 그런 것들은 사실인지 아닌지 진위를 판정하는 명제의 형태로는 결코 나타나지 않는다.

가령 "도둑질은 악이다."라는 문장은 '악'이 무엇을 가리키는지 명확히 할 필요가 있다. 만약 이 '악'이 '손해'나 '불쾌감'을 의미한다면 세계에 직접 나타난다. 그러나 그것은 손익이나 쾌·불쾌를 논하는 것이지 선악 자체를 논하는 것이 아니다.

즉 **선악이란 사실로서 직접 논할 수는 없지만 손익이나 쾌·불쾌를 논하는 가운데 가치로서 보여지는** 것이다. 사실로서의 세계나 가능성을 포함한 논리 공간 속에서 우리는 어떤 가치를 찾아낼 것인가? 그것이 형이상학과 윤리학의 역할이다. 형이상학과 윤리학의 역할을 명확히 하고, 사실을 논하는 경우와 절대 혼동하지 말 것.

이것이 비트겐슈타인이 말할 수 있는 것과 말할 수 없는 것을 구별한 이유이며, 『논고』가 20세기 최대의 철학서로 평가받는 이유이다.

철학은 이윽고 자연 소멸한다?

철학자의 선입견을 폭로하는 철학

윌러드 밴 오먼 콰인은 분석철학의 거두로 알려진 미국의 철학자다. 분석철학은 영국과 미국의 주류 철학으로, 원류에는 비트겐슈타인과 논리실증주의자 등이 있다.

분석철학의 기본적인 방법은 언어 분석으로, 그 글이나 말이 무엇을 의미하는지 명확히 하는 것이다. 그 분석 결과 그때까지 당연하게 여겨졌던 생각이 사실은 모호한 것이었다든가 단순한 선입견일 뿐 근거가 없었음이 밝혀진다. 이것이 분석철학의 특기다. 선입견의 해명이라는 점에서는 고대 그리스 이후의 전통을 계승하는 철학이라고도 말할 수 있다.

철학은 언제나 인간의 소박한 선입견이 틀렸음을 밝혀 온 학문이지만, 콰인은 그런 철학자들의 선입견을 보여주었다. 기존의 철학이 단순한 선입견을 '진리'로 단정하고 얼마나 자신들의 입맛에 맞게 논리를 꾸며대 왔는지 밝힌, 철학에 대한 근본적인 비판이 콰인의 철학이다.

「경험주의의 두 가지 도그마」

콰인의 주요 공적 중 하나는 「경험주의의 두 가지 도그마(Two Dogmas of Empiricism)」라는 논문이다. 여기에서 말하는 경험주의는 논리실증주의를 뜻한다. 논리실증주의는 명제의 진위가 경험을 통해서 검증되는 것이라고 생각하기 때문이다.

두 가지 도그마는 ① '분석 판단과 종합 판단은 구별이 가능하다.'라는 생각, ② '특정 명제에 대해 그것을 검증하는 특정 경험이 존재한다.'라는 생각이다. 언뜻 지당하게 생각되는 이들 주장을 콰인은 도그마(근거가 없는 독단)라고 단언한 것이다. ①에 관해서는 "분석 명제는 존재하지 않는다."라고 말했고, ②에 관해서는 "개별 명제와 경험은 대응하지 않는다."라고 말했다.

먼저 첫 번째 도그마의 분석 명제와 종합 명제라는 용어에 대해 설명하겠다. 콰인은 **분석 명제란 '의미만으로 참(옳다)임을 알 수 있는 명제'**라고 말했다. '독신자는 미혼이다.'라는 명제는 '독신자'에 '결혼하지 않았다.'라는 의미가 포함되어 있으므로 참이다. 즉 사실의 고려가 필요 없는 명제가 분석 명제다.

한편, 종합 명제란 사실의 고려가 필요한 명제를 뜻한다. '내일은 맑음이다.'라는 명제는 내일이 되어야 비로소 진위를 판단할 수 있다.

이상이 분석 명제와 종합 명제의 차이다. 두 명제는 명백히 종류가 달라 보이지만, 콰인은 두 명제의 구별은 불가능하며 **분석 명제는 존재하지 않는다**고 말했다. 즉 진정으로 검증이 필요 없는 명제는 존재하지 않는다는 것이 콰인의 생각이다.

그전까지의 철학자들은 명제를 분석 명제와 종합 명제의 두 종류로 간단히 나누고 그 구별을 전제로 삼아 다양한 고찰을 해 왔다. 이에 대해 콰인은 그 전제가 결코 자명하지 않다고 말한 것이다.

전체의 문맥을 고려하는 홀리즘

두 번째 도그마는 '명제의 진위는 경험을 통해서 검증 가능하다는 생각'이다. 이 생각을 통해서 종합 명제가 검증 가능해진다. 그러나 콰인은 각각의 명제가 각각의 경험에 일대일로 대응하는 듯이 여기는 생각은 틀렸다고 말했다. 우리가 내일 날씨가 맑을지 어떨지 판단할 수 있는 근거는 과거의 다양한 경험을 토대로 삼고 있기 때문이다. 내일의 하늘만을 판단 재료로 삼아서 "맑다.", "맑지 않다."라고 말할 수는 없다. 이것이 **"개별 명제와 경험은 대응하지 않는다."**라는 말의 의미다.

콰인은 그럼에도 철학자들은 개별 명제의 진위를 개별·독립적으로 판단할 수 있다는 듯이 가정한다고 고발했다. 그의 이런 생각을 '홀리즘(전체론)'이라고 부른다.

제1장
고대
형이상학 vs 자연철학

제2장
(중세)
그리스철학 vs 크리스트교

제3장
근대
인간·이성 vs 자연·세계

제4장
(현대)
신철학 vs 구철학

철학자들의 독단과 전문 영역을 소거하다

콰인이 「경험주의의 두 가지 도그마」에서 시도한 것을 한마디로 정리하면 아프리오리한(경험에 의존하지 않는) 인식의 소거라고 말할 수 있다. 그는 모든 인식은 경험을 통해서만 얻을 수 있다는 생각을 지지했다.

그러나 철학은 직접적으로는 경험할 수 없는 사항을 이성과 논리를 통해 통찰하는 것을 전매특허로 삼아 왔을 터이다. 이것이 이른바 철학의 정체성이다. 다만 콰인이 생각하기에는 그런 정체성이야말로 도그마(독단)이며 근거 없는 선입견이다.

콰인은 철학을 과학의 일부라고 생각하고 양자의 연속성을 강조했다. 이 철학관은 현대에 '자연주의'로 불리는 철학적 견해의 토대를 이루는 생각이다. 콰인이나 자연주의의 생각을 밀고 나가면 철학은 과학 속으로 소멸된다. 그는 '노이라트의 배'라는 비유를 사용하며 "과학과 철학은 같은 배를 타고 있으면서 서로 협동·협력하는 선원이다."라고 말했다. 그러나 실질적으로 철학은 과학이라는 대기업에 인수되는 중소기업 같은 것이라고 이해할 수도 있다.

그리고 철학자라는 호칭은 독자적인 학문이나 문제를 탐구하는 학자를 의미하는 것이 아니라 과학자 중에서 이론을 담당하는 사람 정도의 의미가 될 것이다. 혹은 '왜 인간은 철학적 문제 따위를 생각하게 되는가?'라는 문제의 규명을 담당하는 사람이 될 것이다. 이 규명만이 철학에 남은 일일지도 모른다.

철학을 학문 연구의 어떤 전문 영역으로 간주한다면 이런 귀결은 조금도 이상하지 않다. 그러나 고대에는 철학이 전문 영역이나 직업을 의미하는 것이 아니라(그쪽은 소피스트) 삶의 자세라는 생각이 상식이었다. 이 상식을 다시 한 번 떠올릴 필요가 있을 것이다.

콰인의 철학은 철학자의 도그마를 밝혀내는 가운데 최종적으로는 학문 연구로서의 철학의 전문 영역의 소거를 지향했다. 철학의 정체성을 뿌리부터 뒤흔들어 철학이란 무엇이냐는 문제를 생각하게 만들었다는 점에서 커다란 충격을 준 도전적인 철학이다.

과거의 철학이 저지른 너무나도 기본적인 잘못

 '차이'를 이야기하는 포스트모던 철학자

질 들뢰즈는 대표작인『**차이와 반복**』이나 **펠릭스 가타리**와 함께 집필한『**안티 오이디푸스**』로 유명한 프랑스의 철학자다. 특정 회사나 소속에 얽매이지 않고 일하는 방식을 '**노마드**(유목민)'라고 하는데, 이것은 본래 들뢰즈가 독자적인 철학 개념으로서 이야기했던 것이다.

들뢰즈는 '**포스트모던**'이나 '**프랑스 현대사상**'으로 분류되는 철학의 대표적 인물로, 1990년대 혹은 2000년대에 들어와서야 본격적으로 연구되기 시작했다. 철학사 연구자로서도 우수했으며, 그의 철학도 철학사 연구를 토대로 삼고 있다.

포스트모던은 글자 그대로 해석하면 '근대 이후'라는 의미이며, 주로 근대의 사회나 철학의 구조를 해명하고 그것을 비판하는 내용의 철학이다. 들뢰즈의 경우는 주체나 주관이라는 개념을 비판하고 '**동일**'에 대한 '**차이**'의 개념을 근원적인 것으로서 이야기했다. 기존의 철학은 주관이나 동일성을 실재의 기초로서 생각했지만, 그렇지 않다. **주관이나 동일성 같은 것은 실재의 기초가 아니라 더욱 근원적인 것의 산물에 불과하다. 그 근원적인 것은 바로 '차이'다.** 이런 내용의 철학이다.

이와 같은 서양 철학 전체와의 대결 자세가 들뢰즈의 차이의 철학이다.

 근대 철학 연구를 통한 근대 비판

대표작『**차이와 반복**』을 집필하기 이전, 즉 초기의 들뢰즈는 철학사를 연구했다. 특히 흄(『경

제1장
[고대] 자연철학
형이상학
vs

제2장
중세 그리스도교
크리스트교
철학
vs

제3장
[근대] 자연세계
인간이성
vs

제4장
[현대] 구철학
신철학
vs

그림 4-7	현대사상의 특징과 키워드

과거의 철학을 하나로 정리하고, 그것과는 다른 원리를 이야기하다

	철학자와 저서	과거의 총괄	자신의 철학
	들뢰즈 『차이와 반복』	동일성	차이
	데리다 『목소리와 현상』	현전성 음성 중심주의	차연 탈구축
	앙리 『나타남의 본질』	초월 존재론적 일원론	내재 수동성
	레비나스 『전체성과 무한』	존재·전체성	타자·무한

험주의와 주체성』), 니체(『니체와 철학』), 베르그송(『베르그송주의』) 같은, 들뢰즈 이전에는 조금 마이너로 평가받았던 철학자들을 연구했다. 지금은 모두 메이저 철학자들인데, 들뢰즈의 연구를 통해 재평가되었다고 해도 과언은 아니다.

 ## '나'의 특권성을 벗겨 나가다

들뢰즈는 철학사 연구를 통해 근대의 '나'를 비판적으로 재고하면서 차이의 개념을 연구했다. 여기에서 '나'는 주관이나 주체로 바꿔 말해도 무방하다. 데카르트의 코기토나 피히테의 사행으로 대표되듯이, 나 또는 주관은 확실한 존재나 인식의 기초라는 지위를 부여받았다. 온갖 인식은 나로부터 시작되었다.

이것을 '나'의 특권성이라고 불러 보자. 들뢰즈는 '나'의 특권성이 현대에 들어와서 갑자기 비판받은 것이 아니며 근대의 동시대에도 중요한 비판이 있었음을 밝혀냈다. 그 예가 경험론의 흄이다. 흄은 "나(자아)란 관념의 조합·지각의 다발에 불과하다."라고 주장했다. 흄이 봤을 때, 나라는 것은 인식의 시작이 아니라 결과 중 하나에 불과했다. 관념이나 지각이 더 선행되며, 인간은 '나'를 가상할 뿐이다.

들뢰즈는 철학사 연구를 통해서 '나' 혹은 인간의 특권성을 하나하나 벗겨 나가는 치밀한 작업을 실시했다.

'나'의 특권성은 영원불변한 것을 인식하는 능력

'나'의 특권성 중에서도 가장 크다고 말할 수 있는 것은 영원불변한 것을 인식하는 능력이다. 눈앞의 탁자를 '탁자다.'라고 인식하는 것도 이 능력이다.

실제로 우리가 보고 있는 것은 평평한 판자나 판자를 지탱하는 길쭉한 다리에 불과하다. 엄밀히 말하면 판자도 다리도 보고 있지 않으며, 시야에 나타난 형태나 색을 보고 있을 뿐이다. 이것이 지각의 다발인데, 이 다발을 하나로 묶어서 '탁자다.'라고 생각한다. 이 '○○이다.'라는 인식이 영원불변한 것이다. 눈앞에 있는 형태나 색이 탁자인지 아닌지는 조건에 따라 달라지지만, '탁자'가 '탁자가 아니다.'로 바뀌는 일은 있을 수 없기 때문이다.

요컨대 우리는 눈앞의 변화할 수 있는 형태나 색(지각·현상)에서 변화하지 않는 '탁자'(본질·실체)를 이해한다. 그리고 진리란 변화하지 않는 것일 터이다. 이것이 나라는 존재가 진리를 인식할 수 있다고 말할 수 있는 근거다.

이 이야기는 원본과 복제를 예로 들면 이해하기 쉬울 것이다. **본질 또는 실체로서의 탁자가 원본인 데 비해, 눈앞의 탁자는 그 복제(열화품)다.** 이것은 플라톤이 이데아론을 설명할 때 사용한 예이며, 들뢰즈는 이런 생각을 비판했다.

영원불변이 동일성이고, 변화가 차이다

지금부터는 '차이'의 이야기다. '차이'는 '동일'과 대비되는 것이다. 변화하지 않는 것은 당연히 같은 것이다. 즉 **우리가 진리(영원불변)를 인식한다고 생각할 때의 근거는 '동일성'에 있다는 말이다.** 그전까지는 변화하는 것(차이)에서 변화하지 않는 것(동일)을 발견하는 것이 진리의 인식이라고 생각되어 왔다.

그러나 이 동일성은 결코 사물의 시작부터 있었던 것이 아니다. 우리가 경험하는 것은 변화하는 현상(차이)뿐이며, 여기에서 현상의 배후에 있을 영원불변한 것의 존재를 추정하는 데 불과하기 때문이다. 이 영원불변한 것은 존재하며 게다가 그것이 현상의 근원이라는 추정을 확실하다고 논증하고 설득하는 노력이 고대 이후 철학의 행위였다는 이야기가 된다. 여기에서 들뢰즈는 과거의 철학을 '동일성의 철학'으로 묶고 대결을 시도했다.

즉 들뢰즈의 생각에 동일성은 절대 사물의 인식의 근거가 아니었다. 현실은 정반대다. 우리가 실제로 보는 것은 차이뿐이기 때문이다. 그렇다면 **차이야말로 동일성을 추정시키는 근거이며, 존재의 근원**이라고 말해야 한다.

 ## 들뢰즈 철학의 의의

그런데 차이는 '차이란 ○○이다.'라고 규정할 수 있는 것이 아니다. 그렇게 하면 차이에 동일성이 생겨 버리기 때문이다. 오히려 차이는 동일성에 저항하는 것이다. 따라서 차이란 물리적으로는 유동성이나 움직임으로 이해되며, 수학적으로는 미분이나 무한소로 이해된다. 그리고 철학적으로는 **생성변화의 원리이며 우리가 무엇인가를 경험하기 위한 원리 또는 조건**으로서 이해된다. 차이를 만들어내는 원리의 해명이 우리의 생생한 경험을 이야기하게 되기 때문이다.

이런 문제의식이 그의 대표작인 『차이와 반복』의 주제다. 주관이나 동일성 같은 특권적인 개념을 허위로서 물리치고 그 이면에서 배제되어 온 차이라는 근원적인 존재를 탐구하는, 전에 없던 새로운 철학을 시작했다는 것. 이것이 들뢰즈의 철학적 의의다.

아무도 흉내 낼 수 없는 기예 수준의 독해

 기예라고 부를 만한 독해와 해석

자크 데리다는 『목소리와 현상』, 『그라마톨로지에 대하여』로 유명한 프랑스의 철학자다. '탈구축'이라는 개념이 데리다 철학의 대명사다.

데리다 철학의 매력은 과거 철학자들의 문헌(철학서)의 치밀한 독해에 있다. 단순히 정확하고 상세한 것이 아니다. 누구도 주목하지 않았던 부분이나 말에 주목하고, 그것을 바탕으로 그 철학자의 본질을 밝혀낸다. 탈구축이라는 개념도 기예 수준의 독해를 통해서 제시된 것이다.

 탈구축은 형이상학의 해체

먼저 탈구축의 의미를 대략적으로 설명하면, 형이상학의 해체다. 본래는 하이데거가 사용했던 '해체'라는 독일어의 번역어로 알려져 있다. 하이데거가 해체하려고 했던 것은 존재자만으로 고찰하고 존재는 고찰하지 않았던 서양 형이상학이었다.

그래서 데리다의 탈구축도 형이상학에 대한 비판과 대결이라는 측면이 있다. 즉 **형이상학이라는 이론적인 구축물을 해체하는 시도**다. 해체하려면 형이상학이라는 구축물을 지탱하고 있는 기둥과 뼈대를 파악해야 한다. 가령 들뢰즈라면 '동일성'에 해당하는 것이다. 데리다에게 그것은 '현전성'이었다.

데리다는 형이상학이라는 이론이 성립하는 대전제를 '현전성'으로 규정했다. 하이데거 편에서도 설명했듯이, 현전성은 눈앞에 생생하게 나타나는 것이다. 즉 물체를 보는 것처럼 명확하게 보일 때 무엇인가를 이해했다고 말할 수 있다는 생각이다.

사고는 눈에 보이지 않는 것이지만, 사고가 한 점의 흐림도 없이 명확하다면 그것은 그 사고가 옳다는 증명이다. 요컨대 사고의 현전성이나 직접성이 진리의 근거라는 말이다.

언뜻 지당하게 들리는 이야기지만, 그것을 '현전성의 특권화'라고 비판하고 **'탈구축'을 통해 철학의 사고를 근본부터 재검토하는 것이 데리다의 목적**이다.

 ## 현전성의 구체적인 예 '목소리'

형이상학의 현전성의 구체적인 예는 목소리로서의 언어(파롤)다. 저서 『목소리와 현상』에서 데리다는 후설의 현상학을 도마 위에 올리고, 형이상학을 '음성 중심주의'라고 비판했다.

그러면 순서대로 설명하겠다. 먼저, 목소리에는 발화자(發話者)가 있고 발화의 의도가 있다. 목소리 속에 생생하게 현전하는 것은 발화자의 의도다. 여기에서 **발화자의 의도를 올바르게 이해하는 것이 독해나 사고의 기본**이 되었다.

반대로 목소리가 아닌 언어는 글(에크리튀르)이다. 목소리와 다른 점은 글쓴이가 상대를 선택할 수 없다는 것, 또 읽는 이가 글쓴이의 의도를 확인할 수 없다는 것이다. 그래서 글쓴이의 의도는 목소리만큼 생생하게 현전하지 않고 모호하게 숨어 있다.

물론 우리는 글에서도 글쓴이의 의도를 읽어내려고 한다. 그런 의미에서는 문장도 목소리와 똑같이 읽을 수 있다. 다만 그런 태도가 데리다가 말하는 '음성 중심주의'에서 생겨난 것이라는 이야기다.

 ## '직접 이야기하자.'는 음성 중심주의

음성 중심주의적인 가치관에서 **글은 화자의 의도를 헤아린다는 측면에서 목소리의 대체품·B급품**이다. 목소리의 현전성·직접성에는 못 미치는 것으로 서열이 매겨진다. 친근한 예로는, 누군가와 문자 메시지로 대화를 하다 오해가 생기면 "우리 전화로 이야기하자."라고

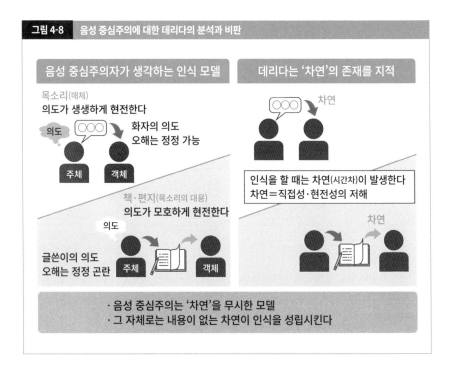

그림 4-8 음성 중심주의에 대한 데리다의 분석과 비판

음성 중심주의자가 생각하는 인식 모델

목소리(매체)
의도가 생생하게 현전한다

의도

화자의 의도
오해는 정정 가능

주체 객체

책·편지(목소리의 대용)
의도가 모호하게 현전한다

의도

글쓴이의 의도
오해는 정정 곤란

주체 객체

데리다는 '차연'의 존재를 지적

차연

인식을 할 때는 차연(시간차)이 발생한다
차연＝직접성·현전성의 저해

차연

· 음성 중심주의는 '차연'을 무시한 모델
· 그 자체로는 내용이 없는 차연이 인식을 성립시킨다

말할 때가 있다. '중요한 이야기는 직접 만나서 하는 편이 좋아.'라고 생각하는 사람도 있을 것이다. 이런 것들은 음성 중심주의적인 태도라고 말할 수 있다.

이처럼 우리는 일상 속에서 자신의 말의 의도를 명확히 전할 수 있다, 상대방의 말의 의도를 명확히 이해할 수 있다고 생각한다.

직접성과 현전성은 진리의 기준이 될 수 있는가?

목소리는 현전성의 상징이다. 즉 **목소리(파롤)와 글(에크리튀르)의 서열＝음성 중심주의가 형이상학 전체의 암묵의 전제가 되었다**고 데리다는 지적했다.

그런데 목소리가 그렇게까지 만능일까? 목소리가 지닌 직접성이나 현전성이 진리의 기준이라고 하는데, 목소리가 그렇게까지 직접적인 것일까? 데리다는 결코 그렇지는 않다고 생각했다.

실제로 후설 자신도 '의식류', '살아 있는 현재'라는 개념을 설명했다. 그 설명에 따르면, 우리의 사고나 인식은 반성을 통해서 생기는 것이다. 우리의 사고는 반드시 현재보다 조금 뒤에 성립하며, 여기에는 약간의 시간차가 존재한다.

여기에서 데리다는 직접성이나 현전성을 진리의 기준으로 삼는 음성 중심주의가 절대적이지 않음을 지적했다. 오히려 이 약간의 시간차가 있기에 비로소 인식이 성립하는 것이므로 **시간차야말로 인식의 조건**이라고도 말할 수 있다. 이 오차를 '차연'이라고 부른다.

즉 차연이라는 시간차는 그 자체로는 내용이 없으며 그저 오차일 뿐이다. 그러나 존재라고도 비존재라고도 말할 수 없는 그 차연이야말로 인식이 성립하는 데 없어서는 안 될 요소라는 것이 데리다의 생각이었다. 그런 차연을 존재하지 않는 것으로 치부하고 직접성이나 현전성(목소리)을 진리의 기준으로 삼는 것은 잘못되었다는 말을 하고 싶은 것이다.

말과 문자라는 서열의 존재를 지적하고, 치밀한 독해를 통해서 그 서열의 근거를 무너뜨려 서열 자체를 모호하게 만든다. 이것이 탈구축의 예다. 형이상학의 사고가 성립하는 전제를 뒤흔드는 것이 데리다의 철학이라고 말할 수 있다.

 ## 프랑스 현대사상적인 지성의 본질

데리다 철학의 의의는 철학서를 읽는 것의 수준을 끌어올리고 독해의 가능성을 크게 연 것이다. '그런 식으로도 읽을 수 있구나!'라는 놀라움을 주는 것이 데리다의 철학이다.

비유적으로 말하면 '철학서 자신이 자신의 철학을 이야기하게 한다.'라는 이미지다. 그 결과 밝혀진 것은 형이상학이 스스로 만들어낸 논리를 스스로 파괴하는 모습이었다.

어떤 의미에서 데리다는 그 어떤 비판도 하지 않았으며, 그 어떤 이야기도 하지 않았다. 그저 문헌을 꼼꼼히 읽었을 뿐이다. 그것이 결과적으로 서양 형이상학을 토대부터 뒤흔들었다. 이런 **우아한 '독해와 해석'의 자세가 프랑스 현대사상의 특징**이다.

능동 < 수동, 주체 < 객체, 진정한 철학은 그곳에 있다

 프랑스의 현상학

미셸 앙리는 프랑스 현상학의 대표적 철학자로, 들뢰즈나 데리다와 거의 같은 세대다. 대표작은 『**나타남의 본질**(L' essence de la manifestation)』이다.

그는 기존 서양 철학의 존재론을 전부 본질이나 초월만을 추구하는 '존재론적 일원론'이라고 비판하고, 현상의 근원에 내재하는 '생'을 파악하는 철학을 모색했다. 또한 그와 다음 항목에서 소개할 레비나스는 현상하지 않는 것을 이야기하는 현상학자로 불린다.

 앙리 철학의 기본 '초월이 아니라 내재를'

앙리의 철학은 초월이 아니라 내재를 추구하는 철학이다. 간단히 말하면, 초월은 '보이는 것·나타나는 것'이고 내재는 '보이지 않는 것·나타나지 않는 것'이다.

앙리는 기존의 서양 형이상학이 초월을 존재의 본질로 생각하는 '존재론적 일원론'이었다고 비판했다. 이 비판은 '현전성'에 대한 하이데거나 데리다의 비판과 유사하다. 그런데 '존재란 보이는·나타나는 것이다.'라고 생각하면 무엇이 문제인 것일까? 그 이유는 무엇인가가 보이거나 나타나려면 우리의 이성 또는 주관이 개입해야 하기 때문이다. 이성이나 주관은 사고나 판단의 주체이므로 자기 자신이다. 즉 무엇인가가 존재한다고 말하려면 먼저 자기 자신의 존재가 확보되어야 한다.

앙리의 생각에 따르면, **내가 존재한다는 확신은 능동적인 사고에서가 아니라 수동적인 감**

정에서 얻어진다. '생각하는 것'을 통해서가 아니라 '느끼는 것'을 통해서 나 자신의 존재를 확신할 수 있다는 말이다.

 ## 나의 존재의 근원에 있는 수동성

가령 '나는 여기에 있다.'를 생각해도, 그 '나'는 이른바 '사고하는 능동적인 나'와 '사고되고 있는 수동적인 나'로 나뉘어 나 자신 속에서 격차가 발생한다. 그러나 느낀다는 것은 행위나 상황에 촉발되어 자신의 의향과 상관없이 발생하는 것이다. 그러므로 '촉발하는 나'와 '촉발되는 나'로 나뉘는 일은 없으며, '느끼는 나'와 '느껴지고 있는 나'는 완전히 동일하다는 것이 앙리의 주장이다. 앙리는 이런 부분에서 사고와 감정의 차이를 발견했다.

그리고 이 '나'를 느끼는 것이 '내재'로서의 나타남이다. **기존의 형이상학은 이런 수동성·내재라는 존재의 상태에 관해 거의 되돌아보지 않았다**고 앙리는 지적했다.

 ## 앙리의 철학적 의의

앙리의 철학은 존재의 본질을 능동이나 이성 같은 개념으로부터 떼어 놓은 것에 의의가 있다. 존재란 무엇인가의 능동적인 표출이며, 그 표출을 이성이 능동적으로 판단한다는 철학의 전통을 뒤엎었다.

주체적이고 능동적인 상태야말로 존재의 본래적인 상태·탁월성(덕)이라고 생각해 왔던 서양 철학의 전통에 대해 **객체적이고 수동적인 상태야말로 그 주체성을 지탱하는 것이라고 지적한 철학자가 앙리**다.

이런 생각을 기반에 두면 세계와 인간의 관계에 관한 가치관도 달라질 것이다. 세계란 내가 잘 살기 위해 그곳에 작용하는 장소나 객체적 대상이 아니다. 오히려 나를 촉발하고 나의 존재를 밑바탕에서 지탱해 주는 무엇인가다.

수동성이야말로 존재의 본질이라고 규정한 앙리는 만년에 크리스트교에 관한 철학서를 잇달아 출판했다. 그리스도는 수고(受苦)를 통해 인류의 존재를 용서하고 지탱한 신이기 때문이다.

제1장
고대 자연철학
형이상학 vs

제2장
중세 크리스트교
그리스 철학 vs

제3장
근대 자연
인간 세계
이성 vs

제4장
현대 구
신 철학
철학 vs

타도 파르메니데스, 고대 vs 현대의 대결전

 ## 서양 형이상학과 대결한 유대인 철학자

에마뉘엘 레비나스는 『전체성과 무한』, 『존재와 달리 또는 존재성을 넘어』로 유명한 철학자다. 리투아니아에서 태어나 프랑스로 귀화한 유대인이다.

그의 철학은 '무한'이나 '타자', '죽이지 말라고 명령하는 얼굴' 같은 윤리적인 개념이 유명한데, 그 밑바탕에는 서양 형이상학 전체와 대결하는 의식이 자리하고 있다. 가령 『전체성과 무한』에서는 **"우리는 파르메니데스적 존재의 철학으로부터 빠져나온다."**라며 대결의 자세를 드러냈다.

 ## 존재란 힘

레비나스는 존재를 일종의 '힘'으로 이해했다. 우리는 사물을 생각할 때 항상 그곳에 존재를 동반하기 때문이다. 파르메니데스의 말처럼 '없다(비존재).'를 생각하는 것은 불가능하다. 그래서 모든 사고는 '있다(존재).'를 전제로 삼는다. 우리의 사고에 대한 존재로부터의 강제를 레비나스는 '존재의 힘'이라고 불렀다.

존재의 힘을 해명하는 것. 그리고 **'존재한다.'와는 다른 방식으로 사고하는 것의 불가능성에 저항하는 것. 이것이 레비나스 철학의 기본**이다.

전체성이란 이성의 폭력

『전체성과 무한』이라는 제목에는 레비나스의 철학이 잘 드러나 있다. 레비나스의 생각에 따르면, 전체성이란 서양 형이상학의 사고법이다. 형이상학은 이성을 통해 사물의 본질을 파악하는 학문이다. 본질이란 사물(이를테면 탁자)을 사물(탁자)답게 만드는 무엇인가다.

본질을 파악하는 사고는 다른 것 속에서 동일한 것을 찾아내는 것이다. 그리고 **동일성이나 보편성을 찾아내는 것은 그 반대인 차이성이나 개별성을 배제·무시하는 것**이다. 레비나스는 이 본질 파악이 이성의 폭력 같은 것이라고 생각했다. 인식하는 것은 물론이고 그 인식이 옳은지 그른지 결정하는 것도 이성이기 때문이다.

 무한은 전체성·동일성의 틀 속에 들어가지 않는 것

무한은 이성을 통한 전체화·동일화로부터 벗어난 무엇인가다. 무한은 전체를 이해할 수 없는 것이기 때문이다. 전체를 이해할 수 있는 것은 유한이다.

또한 그 완전히는 파악할 수 없는 무엇인가는 '타자'라고도 바꿔 말할 수 있다. 타자는 자신이 아닌 것을 의미한다. 이해할 수 없는 것은 자신이 아닌 다른 것으로서 존재하는 것이기 때문이다.

이 무한, 결코 전체성이나 동일성 같은 틀 안에 들어가지 않는 타자를 이야기하려고 하는 것이 레비나스 철학이다.

 무한이나 타자는 존재가 아니다

무한이나 타자는 존재자가 아니다. 어떤 식의 존재자라고 생각해 버리면 존재자라는 동일성의 틀 안에 들어가 버리기 때문이다. 그런 까닭에 절대 존재자로 취급해서는 안 된다.

그래서 레비나스는 그것들을 '부재'라고 불렀다. 부재는 비존재(없다)와도 다르다. 만약 비존재라면 파르메니데스의 '존재론'이 말하듯이 생각할 수도 없기 때문이다.

제1장
[고대]
자연철학
형이상학
vs

제2장
[중세]
크리스트교
그리스철학
vs

제3장
[근대]
인간
자연
이성
세계
vs

제4장
[현대]
신철학
구철학
vs

그것들은 '(신의) 흔적'으로도 불린다. 흔적이란 그것의 부재를 의미한다. 왜 신의 흔적인가 하면, 신은 존재자가 아니기 때문이다. 그렇다고 해서 비존재도 아니다. 신이란 무한 또는 타자 같은 것이다. 부재는 신이나 무한, 타자 같은 개념의 포인트다.

이처럼 레비나스는 존재에도 비존재에도 속하지 않는 사항을 '존재한다.'와는 다른 방식으로 생각하려 했다. 그것은 말로 표현할 수 없다. 말로 표현하면 그 순간 '존재하는 무엇인가'로서 나타나 버리기 때문이다.

 ## 파르메니데스와는 다른 방식으로 철학하다

레비나스 철학의 의의는 파르메니데스의 철학과는 다른 방식으로 사고하는 것의 가능성에 대한 모색이다. 고대의 플라톤이나 아리스토텔레스도 파르메니데스의 철학과는 다른 방식으로 사고하려 했다. 그들은 "없다는 어떤 의미에서 있다."(플라톤), "있다는 다양한 의미에서

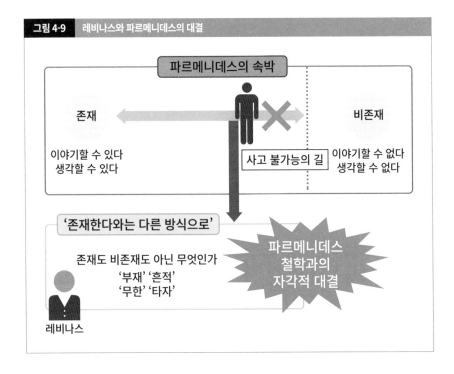

그림 4-9 **레비나스와 파르메니데스의 대결**

파르메니데스의 속박

존재
이야기할 수 있다
생각할 수 있다

사고 불가능의 길

비존재
이야기할 수 없다
생각할 수 없다

'존재한다와는 다른 방식으로'

존재도 비존재도 아닌 무엇인가
'부재' '흔적'
'무한' '타자'

레비나스

파르메니데스
철학과의
자각적 대결

이야기할 수 있다."(아리스토텔레스)라고 말했다. 이런 고찰을 통해 그들은 존재의 실재, 존재의 의미를 이야기하려 했다.

그러나 레비나스는 실재는 존재와도 비존재와도 다른, 부재를 통해서 성립한다고 생각했다. 이것이 레비나스 철학의 독자성이다. 레비나스 철학은 **파르메니데스 철학과의 대결을 자각적으로 시도한 유일무이한 철학**이다.

제1장
[고대]
자연철학 vs 형이상학

제2장
[중세]
그리스 철학 vs 크리스트교

제3장
[근대]
자연세계 vs 인간이성

제4장
[현대]
신철학 vs 구철학

철학은 왜 서로를 비판하기만 하는 걸까?

 ## 20세기에도 영국·미국과 독일·프랑스의 대립이 있었다

분석철학은 주로 20세기의 영국과 미국에서 주류 철학이었다. 반면에 현상학, 이른바 프랑스 현대사상은 독일과 프랑스에서 주류 철학이었다. 이들은 과장되게 말하면 상성이 좋지 않았으며, 서로를 경멸하기도 했다. 본문에서도 카르나프(분석철학)가 하이데거(현상학)를 폄하했다는 이야기를 소개했는데, 이에 대해 하이데거도 "카르나프 같은 자야말로 철학의 피상화(皮相化)의 극치다."라고 평했던 모양이다.

즉 분석철학의 관점에서 보면 독일과 프랑스의 철학은 쓸데없이 난해하고 심오한 척할 뿐인 무의미한 단어의 나열로 느껴질 것이다. 반면에 독일·프랑스 철학의 관점에서 보면 분석철학은 명석함·명쾌함을 슬로건으로 내걸면서 철학을 저속하고 진부한 것으로 만들고 있다고 느껴질 것이다. 이것은 **철학이 지닌 다양한 측면의 발현**이다. 완전히 정반대의 이야기를 하는 경우도 종종 있다. 그러므로 일단 이해를 돕기 위해 대립축을 기반으로 철학을 이야기하는 일도 많으며, 이 책도 그 방식을 답습했다. '자연철학과 형이상학'으로 시작해, '있다와 없다', '정신과 물체', '가능과 현실', '능동과 수동' 등 다양한 대비를 소개했다. 그러나 이런 대비조차도 무너뜨리려고 마음먹으면 손쉽게 무너뜨릴 수 있으며, 안일한 대비를 초월한, 말로는 표현할 수 없는 것을 이야기하는 학문이 철학이다.

말로는 표현할 수 없는 것을 이야기하려고 하기 때문에 어떤 이야기든 할 수 있다. 역사에 남은 위대한 철학자들은 그때까지 들어 본 적 없었던 이야기를 한 인물이라고도 할 수 있다.

마치며

이 책은 나에게 커다란 도전이었다. 비전문가가 철학의 역사를 쓴다는 것이 얼마나 무모하고 어려운 일인지 잘 알면서도 쓴 책이다.

굳이 이 책의 의의를 말한다면, 우리의 선입견을 깨부수는 것이다. '철학은 전문적으로 공부하지 않으면 이해하지 못한다.'라는 선입견을 버리고 누구나 철학자의 정수를 즐겁게 공부할 수 있음을 제시한 책이다.

독자 여러분은 부디 '이 철학자, 재미있을 것 같은데?'라는 생각이 드는 누군가를 찾게 되길 바란다. 그것이 계기가 되어서 실제 철학서나 다른 해설서도 읽어 보게 될 것이다. 철학은 긴 시간을 들여서 공부할 가치가 있는 학문이다. 이 책이 그 계기가 된다면 기쁠 것이다.

이 책이 세상에 나오기까지 수많은 책과 사람들의 도움이 있었다. 먼저, 전문가들이 쌓아 올린 풍부한 철학 연구의 세계가 존재하기에 일반인인 우리도 철학의 세계를 들여다볼 수 있게 되었다. 또한 많은 분들이 이 책의 집필에 협력해 주셨다. 특히 고바야시 유야 씨, 다카쿠 겐타 씨, 가쿠슈인 대학교의 고지마 가즈오 교수님은 지속적으로 나의 초고를 읽고 유익한 지적과 조언, 격려를 해 주셨다.

그림과 지도는 우사미 유키코 씨가 맡아서 나의 지저분한 낙서로부터 아름다운 질서를 만들어내 주셨다. 그리고 일부 초고를 읽고 감상을 말씀해 주신 네오고등유민 독서회 모임의 회원 여러분, 응원·협력해 주신 그 밖의 모든 분에게 고마움을 전한다.

마지막으로, 타이에서 생활하는 정체를 알 수 없는 철학 유튜버에게 이 책을 집필할 기회를 주신 편집 담당 오자와 모모노 씨에게 감사의 인사를 전한다.

2024년 3월

네오고등유민